# Die Preußischen Besoldungsgesetze

Erläutert von

**Dr. Hermann Erythropel**
Ministerialdirektor im Preußischen Finanzministerium

3. Auflage

---

## 2. Ergänzungsheft (1925)

herausgegeben von

**Otto König**
Ministerialrat im Preußischen Finanzministerium

1925
Verlag von H. W. Müller
Berlin SW. 68, Schützenstr. 29/30.

Gebr. Parcus A.G., Großdruckerei und Buchbinderei, München.

# Vorwort.

Das im Jahre 1924 herausgegebene Ergänzungsheft zur dritten Auflage der Preußischen Besoldungsgesetze ist vergriffen. In dem nachstehend veröffentlichten Neudruck sind die zahlreichen kleinen Änderungen der seltener gebrauchten Nebengesetze nicht mehr wörtlich zum Abdruck gebracht. Es ist in einer Zusammenstellung nur kurz auf den Inhalt der Änderung verwiesen und das Datum der Gesetze sowie die Seitenzahl der Gesetzblätter angegeben, in denen der Abdruck erfolgt ist. Dagegen sind die wichtigsten Vorschriften, das Beamtendiensteinkommensgesetz, die preußischen Besoldungsvorschriften, der Runderlaß des Finanzministers über Notstandsbeihilfen und die Bestimmungen über Wohnungsbeihilfen in vollem Wortlaut neu abgedruckt. Auf die wesentlichsten Änderungen gegenüber dem Abdruck in der dritten Auflage ist beim Beamtendiensteinkommensgesetz in den Vorbemerkungen verwiesen, bei den preußischen Besoldungsvorschriften und dem Runderlaß über Notstandsbeihilfen sind sie durch Fettdruck kenntlichgemacht. Die Bestimmungen über Wohnungsbeihilfen sind neu in die Sammlung aufgenommen, die Vorschriften der Personalabbauverordnung über Pensionskürzung und die dazu erlassenen Ausführungsbestimmungen sind weggelassen, da mit der baldigen Aufhebung dieser Vorschriften gerechnet werden kann.

# Inhaltsübersicht.

Seite

# 1. Gesetz über das Diensteinkommen der unmittelbaren Staatsbeamten (Beamten-Diensteinkommensgesetz).

## Vom $\frac{\text{17. Dezember 1920}}{\text{1. April 1924}}$ in der Fassung des Gesetzes vom 6. Juni 1925.

### Vorbemerkungen.

Die im Jahre 1923 immer rascher fortschreitende Geldentwertung hat zu zahlreichen schnell aufeinanderfolgenden Gesetzen und Verordnungen über Änderungen der verschiedenen Besoldungsgesetze geführt. Die meisten dieser Abänderungsgesetze betreffen lediglich Erhöhungen des jeweils geltenden Ausgleichszuschlages. Mit dem Eintritt stabiler Währungsverhältnisse erfolgte sodann eine neue Regelung der Grundgehälter, die am 1. Dezember 1923 in Kraft trat. Die Gehälter wurden dabei in Goldmark festgesetzt, mußten jedoch mit Rücksicht auf die schwierige Finanzlage des Staates äußerst niedrig bemessen werden. Bei der Beratung im Landtage gab deshalb die Regierung die Erklärung ab, daß diese völlig unzulänglichen Gehälter aufgebessert werden würden, sobald die Finanzlage des Staates es gestattete. Insbesondere wurde auch eine baldige Erhöhung der Ortszuschlagssätze in Aussicht gestellt, da mit einer raschen Steigerung der bis dahin künstlich niedrig gehaltenen Miete gerechnet werden mußte. Mit dem 1. April 1924 trat daher eine neue Gehaltsregelung in Kraft, die neben einer Steigerung der Grundgehälter eine völlige Neugestaltung des bisherigen Ortszuschlages einleitete. Während dieser bis dahin die vollen Kosten der Wohnung des Beamten deckte, und darüber hinaus noch einen den Teuerungsverhältnissen der einzelnen Ortsklassen angepaßten Zuschlag zum Grundgehalt darstellte, soll er künftig wieder wie vor 1920 nur einen Zuschuß zu den Kosten der Wohnungsmiete bilden. Die durch die Verordnung vom 17. April 1924 (GS. 469) getroffene Regelung stellte daher nur ein Provisorium dar.

Die Gehälter sind dann im Laufe des Jahres 1924 noch zweimal erhöht worden. Mit Wirkung vom 1. Juli 1924 an wurden neue Grundgehaltssätze festgesetzt (Verordnung vom 9. 10. 1924 — GS. 621 —) und vom 16. November bzw. 1. Dezember 1924 an wurde zu diesen Grundgehaltssätzen ein Zuschlag von 12½% (für die Besoldungsgruppen 1 bis 6) bzw. 10% (für alle übrigen Besoldungsgruppen) gewährt. Ebenso wurden auch die Frauen- und Kinderbeihilfen erhöht (vgl. Tabelle S. 163).

Die Ortszuschläge (Wohnungsgeldzuschüsse) wurden mit Wirkung vom 1. November 1924 an neu geregelt, nachdem im Laufe des Sommers 1924 zur Vorbereitung der Neuregelung im ganzen Reiche Erhebungen über die Friedensmietpreise der von den Beamten innegehabten Wohnungen stattgefunden hatten. Die neuen Sätze (vgl. S. 125) wurden den Beamten jedoch nicht in voller Höhe, sondern nur zu 85% gezahlt und der Finanzminister wurde ermächtigt, entsprechend den weiteren Steigerungen der Miete den zu zahlenden Prozentsatz allmählich zu erhöhen. Zurzeit werden 95% gezahlt (vgl. Tabelle S. 125).

Mit dem 1. November 1924 ist denn auch ein neues Ortsklassenverzeichnis in Kraft getreten (abgedruckt im Reichsbesoldungsbl. Nr. 54 S. 291 ff.). Da durch dieses Verzeichnis, das lediglich auf den Wohnungsmieten, nicht aber auf den allgemeinen Teuerungsverhältnissen der einzelnen Orte aufgebaut war, zahlreiche Orte herabgestuft wurden, wodurch die Beamten zum Teil einen geringeren Ortszuschlag erhielten als sie ihn vor dem 1. November 1924 erhalten hatten, so wurde in diesen Orten den Beamten eine einmalige Entschädigung in Höhe des Jahresbetrages des Unterschiedes gezahlt (Art. III des Gesetzes vom 6. Juni 1925 — GSS. 61 —).

Die neuen Grundgehaltssätze, Ortszuschläge und Sozialzulagen sind selbstverständlich auch für die Lehrpersonen, deren Bezüge durch das Volksschullehrer-Diensteinkommensgesetz, Mittelschullehrer-Diensteinkommensgesetz, und das Handels- und Gewerbelehrer-Diensteinkommensgesetz geregelt sind, in Kraft getreten.

An wichtigen Änderungen des Beamtendiensteinkommensgesetzes gegenüber dem Abdruck in der dritten Auflage sind neben den neuen Gehaltssätzen insbesondere noch hervorzuheben:

1. die Streichung der §§ 19 bis 22, 26 bis 28 und 36,
2. die Neufassung der Vorschriften über die Kinderbeihilfe und die Frauenbeihilfe, §§ 18 und 19 (bisher §§ 17 und 17a),
3. die Umgestaltung der Besoldungsordnung, in welcher die Unterteilung der einzelnen Gruppen nach den verschiedenen Verwaltungszweigen weggefallen ist,
4. die in die Besoldungsordnung aufgenommenen neuen Amtsbezeichnungen, die durch Beschluß des Preuß. Staatsministeriums vom 18. März 1924 einzelnen Beamten verliehen worden sind.

# I. Diensteinkommen.

## A. Planmäßige Beamte.

### § 1.

Grundgehalt.

(1) Die planmäßig angestellten unmittelbaren Staatsbeamten einschließlich derjenigen Hofbeamten (§ 1 der Verordnung über die Versorgung der Hofbeamten und ihrer Hinterbliebenen vom 10. März 1919, Gesetzsamml. S. 45), welche sich am 1. April 1920 in einer nach dem Haushaltsplane der bisherigen Kronkasse vorgesehenen planmäßigen Stelle befanden, erhalten ein Grundgehalt nach Maßgabe der diesem Gesetz als Anlage 1 beigefügten Besoldungsordnnng.

(2) Die weiblichen Beamten erhalten bei gleichen Pflichten die gleichen Gehaltsbezüge wie die männlichen Beamten.

(3) Beamten, die gleichzeitig mehrere in der Besoldungsordnung vorgesehene Stellen bekleiden, wird das Grundgehalt nur einmal gewährt, und zwar für diejenige Stelle, für die das höhere Grundgehalt vorgesehen ist.

## § 2.

### Dienstaltersstufen.

(1) Das Grundgehalt der planmäßigen Beamten, soweit es nicht ein Einzelgehalt ist, steigt nach Dienstaltersstufen mit zweijähriger Aufrückungsfrist bis zur Erreichung des Höchstgehalts. Die höheren Gehaltssätze werden jeweils vom Ersten des Kalendermonats an gezahlt, in den der Eintritt in die neue Dienstaltersstufe fällt.

(2) Auf das Aufrücken im Grundgehalte haben die planmäßigen Beamten einen Rechtsanspruch. Der Anspruch ruht, solange ein förmliches Disziplinarverfahren oder wegen eines Verbrechens oder Vergehens ein Hauptverfahren oder eine Voruntersuchung schwebt. Führt das Verfahren zum Verluste des Amtes, so findet eine Nachzahlung des zurückbehaltenen Mehrgehalts nicht statt.

(3) Die von ihren amtlichen Verpflichtungen entbundenen Lehrer an den wissenschaftlichen Hochschulen rücken im Grundgehalte nicht mehr auf.

## § 3.

### Besoldungsdienstalter.

(1) Das Besoldungsdienstalter der planmäßigen Beamten mit aufsteigenden Gehältern beginnt mit dem Tage der Anstellung in der jeweiligen planmäßigen Stelle, soweit in diesem Gesetz oder in den Ausführungsbestimmungen dazu nichts Abweichendes bestimmt oder zugelassen ist. Von diesem Zeitpunkt an sind die Zeitabschnitte für das Verbleiben im Anfangsgrundgehalt und für das Aufsteigen in die höheren Gehaltsstufen zu rechnen. Als Tag der planmäßigen Anstellung gilt der Tag, von dem an das Diensteinkommen der Stelle bezogen wird. Durch den Staatshaushalt neugeschaffene Stellen können, auch wenn die Besetzung später ausgesprochen wird, bereits mit Wirkung vom Beginne des Rechnungsjahres verliehen werden, sofern der zu beleihende Beamte die Geschäfte der neugeschaffenen oder einer anderen gleichartigen Stelle bereits von diesem Zeitpunkt an versehen hat.

(2) Bei der Festsetzung des Besoldungsdienstalters ist von der Zeit zwischen dem Beginne des Anwärterdienstalters und der ersten planmäßigen Anstellung, falls diese bei dem gleichen Dienstzweig erfolgt, der Teil auf das Besoldungsdienstalter anzurechnen, der 5 Jahre übersteigt

(3) Den Militäranwärtern (Inhaber des Zivilversorgungsscheins) wird bei der ersten planmäßigen Anstellung, wenn sie im Heere oder in der Marine

a) neun Jahre oder weniger gedient haben, die tatsächlich abgeleistete Militär- und Marinedienstzeit bis zu einem Jahre,

b) über neun Jahre gedient haben, außerdem die nachfolgende Militär- und Marinedienstzeit und die nachfolgende Zivildienstzeit mit höchstens weiteren 4 Jahren auf das Besoldungsdienstalter angerechnet.

Außerdem wird nach Abs. 2 die 5 Jahre übersteigende Anwärterdienstzeit angerechnet, soweit nicht schon eine Anrechnung nach b erfolgt ist. Die vor dem vollendeten 17. Lebensjahre liegende Militär- und Marinedienstzeit bleibt außer Betracht, soweit es sich nicht um eine tatsächlich geleistete Kriegsdienstzeit handelt.

(4) Darüber, nach welchen Grundsätzen beim Übertritte von ehemaligen aktiven Offizieren des Heeres und der Marine sowie der Schutztruppen, von Inhabern des Beamtenscheins auf Grund des § 33 des Reichsversorgungsgesetzes vom 12. Mai 1920 (Reichs-Gesetzbl. S. 989), von bewaffneten und uniformierten Beamten der der Verwaltung des Innern unterstehenden Schutzpolizei sowie von Soldaten der Wehrmacht in planmäßige Beamtenstellen das Besoldungsdienstalter festzusetzen ist, bestimmt das Staatsministerium das Nähere.

(5) Der Beamte erhält beim Aufrücken aus einer Besoldungsgruppe in eine andere in der neuen Besoldungsgruppe stets den gegenüber seinem bisherigen Grundgehaltssatz nächsthöheren Satz und behält diesen die volle für das Weiteraufsteigen in die folgende Stufe vorgeschriebene Zeit. Wäre er jedoch in der früheren Besoldungsgruppe bereits vor Ablauf dieser Zeit in die nächsthöhere Stufe aufgestiegen und damit zu einem Grundgehaltssatze gelangt, der über den ihm in der neuen Besoldungsgruppe gewährten hinausgeht oder ihm gleichkommt, so steigt er auch in der neuen Besoldungsgruppe zu derselben Zeit in die folgende Stufe. Das Besoldungsdienstalter darf bei einem Übertritt in die nächsthöhere Besoldungsgruppe nicht um mehr als vier Jahre, beim Übertritt aus Gruppe 12 in Gruppe 13 nicht um mehr als sechs Jahre verkürzt werden. Werden bei einer Beförderung Besoldungsgruppen übersprungen, so ist das Besoldungsdienstalter so festzusetzen, wie wenn der Beamte zunächst in die dazwischenliegenden Gruppen eingetreten wäre. Tritt ein Beamter in eine niedrigere Besoldungsgruppe über, so wird das neue Besoldungsdienstalter von dem zuständigen Minister in Gemeinschaft mit dem Finanzminister festgesetzt.

(6) Ist ein Beamter aus einer planmäßigen Stelle des Staatsdienstes freiwillig ausgeschieden oder ist sein früheres Beamtenverhältnis durch Dienstentlassung gelöst worden, so wird im Falle seiner Wiederanstellung bei der Festsetzung des Besoldungsdienstalters und des Diensteinkommens der neuen Stelle auf das frühere Besoldungsdienstalter und das frühere Diensteinkommen des Beamten in der Regel keine Rücksicht genommen. Beamte, die ihre Stelle freiwillig aufgeben, sind hierauf ausdrücklich hinzuweisen. Soll von dieser Regelung in einzelnen Fällen abgewichen werden, so entscheidet darüber der zuständige Minister in Gemeinschaft mit dem Finanzminister. Beamten, welche wegen eines in Ausübung des Dienstes erlittenen Unfalls in den Ruhestand versetzt worden sind, muß im Falle ihrer späteren Wiederanstellung die frühere Dienstzeit auf das Besoldungsdienstalter angerechnet werden.

(7) Wieweit sonst in einzelnen Fällen die Dienstzeit in einem anderen Zweige des Staatsdienstes, die Zeit im Dienste des Reichs oder eines der Länder oder die Zeit im Gemeinde-, Kirchen und Schuldienst oder die Zeit praktischer Beschäftigung außerhalb des Staatsbeamtenverhältnisses zur Vermeidung von Härten auf das Besoldungsdienstalter angerechnet werden kann, wird von dem zuständigen Minister in Gemeinschaft mit dem Finanzminister bestimmt. Die hierbei anzurechnende Zeit praktischer Beschäftigung außerhalb des Staatsbeamtenverhältnisses darf die Hälfte der Gesamtaufrückungszeit der Besoldungsgruppe nicht übersteigen, in der der Beamte planmäßig angestellt wird. Über vorstehende Bestimmungen hinaus können die genannten Minister in besonders gearteten Ausnahmefällen zur Vermeidung offenbarer Härten eine Vorrückung des Besoldungsdienstalters zulassen.

(8) Bei der Anstellung in dem Amt eines Richters oder Staatsanwalts steht die Dienstzeit, die im Richter- oder Staatsanwaltsdienste bei einem für preußische Gebietsteile und für Gebiete anderer Länder gebildeten gemeinschaftlichen Gericht oder bei der Staatsanwaltschaft eines solchen zurückgelegt ist, einer in der entsprechenden Stellung bei einer preußischen Justizbehörde zurückgelegten Dienstzeit gleich.

(9) Der Beamte ist von der Festsetzung seines Besoldungsdienstalters schriftlich zu benachrichtigen.

(10) Die Entscheidung der Verwaltungsbehörden über die Festsetzung des Besoldungsdienstalters ist für die Beurteilung der vor den Gerichten geltendgemachten vermögensrechtlichen Diensteinkommensansprüche maßgebend.

## § 4.

### Ortszuschlag.

(1) Zum Grundgehalte tritt als weiterer Bestandteil des Diensteinkommens ein Ortszuschlag nach Maßgabe der Anlage 2.

(2) Eine verheiratete Beamtin erhält den Ortszuschlag nur zur Hälfte.

(3) Beamten, die gleichzeitig auch eine Stelle im Dienste des Reichs oder eines der Länder bekleiden, wird der nach dem höchsten Grundgehalte zu berechnende Ortszuschlag nur in Höhe eines dem aus der Staatskasse gezahlten Grundgehalt entsprechenden Teilbetrags gewährt.

## § 5.

### Ortsklassenverzeichnis.

(1) Die Stellung der Orte in den verschiedenen Ortsklassen bestimmt sich nach dem Ortsklassenverzeichnisse, wie es nach reichsgesetzlicher Regelung für die Gewährung von Ortszuschlägen an die Reichsbeamten jeweilig maßgebend ist.

(2) Welcher Ortsklasse ein außerhalb Deutschlands gelegener, in diesem Ortsklassenverzeichnisse nicht enthaltener Ort, an dem preußische Beamte ihren dienstlichen Wohnsitz haben, zuzuweisen ist, wird von dem zuständigen Minister in Gemeinschaft mit dem Finanzminister bestimmt.

## § 6.

### Ortszuschlagsatz.

(1) Für die Höhe des Ortszuschlags ist der dienstliche Wohnsitz maßgebend.

(2) Bei Versetzungen wird der Ortszuschlag vom Ersten des auf die Änderung des dienstlichen Wohnsitzes folgenden Monats nach dem Satze des Ortszuschlags für den Versetzungsort gezahlt. Findet die Änderung des dienstlichen Wohnsitzes am ersten Werktag eines Monats statt, so tritt der Wechsel im Satz des Ortszuschlags schon mit diesem Monat ein.

(3) Die bei der Versetzung an den Ort einer niedrigeren Ortsklasse eintretende Verminderung des Ortszuschlags wird als eine Verkürzung des Diensteinkommens im Sinne des § 53 des Gesetzes betreffend die Dienstvergehen der Richter und die unfreiwillige Versetzung derselben auf eine andere Stelle oder in den Ruhestand, vom 7. Mai 1851 (Gesetzsamml. S. 218) und des § 87 des Gesetzes, betreffend die Dienstvergehen der nichtrichterlichen Beamten, vom 21. Juli 1852 (Gesetzessamml. S. 465) nicht angesehen.

## § 7.
### Dienstwohnungen.

(1) Wird dem Beamten eine Dienstwohnung zugewiesen, so wird ihm dafür auf den ihm zustehenden Ortszuschlag einschließlich Ausgleichszuschlag (§ 20) ein angemessener Betrag angerechnet. Dieser Betrag soll den am Wohnorte des Beamten für Wohnungen derselben Art zu zahlenden Mietpreisen entsprechen. Die Festsetzung geschieht durch die zuständige Behörde unter Mitwirkung der zuständigen Beamtenvertretung. Bei dieser Festsetzung ist zu berücksichtigen außer dem wirklichen Werte der Wohnung auch der Wert, den die Wohnung für den Beamten hat.

(2) Gibt der Inhaber einer Dienstwohnung unter Zustimmung seiner vorgesetzten Dienstbehörde Räume anderweit ab, die bei der letzten Wertfestsetzung berücksichtigt sind, so ist der anzurechnende Wert der Wohnung neu festzusetzen. Der Erlös für die abgegebenen Räume fällt dem Staate zu.

## § 8.
### Sondervergütungen.

In der Besoldungsordnung nicht vorgesehene Vergütungen, insbesondere Vergütungen für über das festgesetzte oder übliche Arbeitsmaß hinausgehende Dienstleistungen, werden dem Beamten aus dem Hauptamte nicht gewährt. Außerordentliche Vergütungen können im Einzelfalle ausnahmsweise bewilligt werden, falls die dazu erforderlichen Mittel im Staatshaushalte besonders vorgesehen sind.

## § 9.
### Nebenbezüge.

(1) Mit einem Amte verbundene besondere Nebenbezüge, wie Vorlesungs- und Unterrichtshonorare, Gebührenanteile, Gewinnanteile und dergleichen, fließen den Beamten als Diensteinkommen nur soweit zu, als es in der Besoldungsordnung ausdrücklich zugelassen ist.

(2) Für ein Nebenamt oder Nebengeschäft kann dem Beamten eine besondere Vergütung aus der Staatskasse bewilligt werden, wenn es mit dem Hauptamte nicht in unmittelbarem Zusammenhange steht oder den Beamten in besonderem Maße in Anspruch nimmt.

## § 10.
### Sonstige Vergünstigungen.

(1) Staatsseitig gewährte Nutzung von Wirtschaftsland, Feuerungs- und Beleuchtungsmittel, Verpflegung, Jagdnutzung und dergleichen werden dem Beamten mit einem angemessenen Betrage auf das Diensteinkommen angerechnet. Die Höhe dieses Betrags wird von der zuständigen Behörde unter Mitwirkung der zuständigen Beamtenvertretung festgelegt. In Zweifelsfällen entscheidet der zuständige Minister in Gemeinschaft mit dem Finanzminister endgültig.

(2) Den Beamten, welche im Interesse der öffentlichen Sicherheit und Ordnung zum Tragen von Dienstkleidung gezwungen sind, ist diese unter Anrechnung eines angemessenen Betrags zu liefern.

(3) Die Gewährung von Unterkunft, Verpflegung, Bekleidung und ärztlicher Behandlung an die bewaffneten nnd uniformierten Beamten der der Verwaltung des Innern unterstehenden Schutzpolizei, deren Umfang und die Anrechnung ihres Wertes auf das Diensteinkommen wird durch den Staatshaushaltsplan geregelt.

## B. Nichtplanmäßige Beamte und ihnen gleichgestellte Beamte.

### § 11.

Grundvergütung.

(1) Die im Staatsdienst als Stellenanwärter voll beschäftigten nichtplanmäßigen unmittelbaren Staatsbeamten sowie die wissenschaftlichen Assistenten mit planmäßiger Vergütung bei den wissenschaftlichen Hochschulen (Universitäten, Technischen, Landwirtschaftlichen, Tierärztlichen Hochschulen, Berg- und Forstakademien) und die ihnen in der anliegenden Nachweisung der Dienstbezüge der nichtplanmäßigen Beamten — Anlage 3 — gleichgestellten Hilfskräfte der wissenschaftlichen Hochschulen, Anstalten und Institute erhalten eine Grundvergütung nach Maßgabe dieser Nachweisung.

(2) Die Vorschrift des § 1 Abs. 2 findet auf weibliche Stellenanwärter sinngemäß Anwendung.

(3) Beamten, die gleichzeitig mehrere in der Besoldungsordnung vorgesehene Stellen bekleiden, wird die Grundvergütung nur einmal gewährt, und zwar für diejenige Stelle, für die die höhere Grundvergütung vorgesehen ist.

### § 12 (bisher § 11 a).

Bis zur anderweitigen Regelung durch den Staatshaushaltsplan oder durch besonderes Gesetz erhalten die nichtplanmäßigen Beamten, die wissenschaftlichen Assistenten mit planmäßiger Vergütung an den wissenschaftlichen Hochschulen und die ihnen gleichgestellten Hilfskräfte der wissenschaftlichen Hochschulen, Anstalten und Institute

zur Grundvergütung nebst Ausgleichszuschlägen einen Notzuschlag in der Höhe, daß Grundvergütung, Ausgleichszuschläge und Notzuschlag (ohne Frauenbeihilfe) zusammen betragen,

wenn sie Zivilanwärter sind,

| | | | |
|---|---|---|---|
| im 1. Anwärterdienstjahr | . . . . . . . | 95 | vom Hundert, |
| „ 2. „ | . . . . . . . | 95 | „ „ |
| „ 3. „ | . . . . . . . | 98 | „ „ |
| „ 4. „ | . . . . . . . | 100 | „ „ |
| „ 5. „ | . . . . . . . | 100 | „ „ |

wenn sie Militäranwärter sind,

| | | | |
|---|---|---|---|
| im 1. Anwärterdienstjahr | . . . . . . . | 95 | vom Hundert, |
| „ 2. „ | . . . . . . . | 98 | „ „ |
| „ 3. „ | . . . . . . . | 100 | „ „ |
| „ 4. „ | . . . . . . . | 100 | „ „ |

des Anfangsgrundgehalts nebst Ausgleichszuschlägen (ohne Frauenbeihilfe) derjenigen Gruppe, in der sie beim regelmäßigen Verlauf ihrer Dienstlaufbahn zuerst planmäßig angestellt werden. Bei Anwärterinnen auf Stellen, die in der Besoldungsordnung mit einem † bezeichnet sind, ist der Berechnung dieses Notzuschlages das um 10 vom Hundert gekürzte Anfangsgrundgehalt solcher Stellen zugrundezulegen.

### § 13 (bisher § 12).

#### Dienstaltersstufen.

(1) Die Grundvergütung der nichtplanmäßigen Beamten steigt bis zur Vollendung des fünften, bei Militäranwärtern bis zur Vollendung des vierten Anwärterdienstjahrs nach Dienstaltersstufen mit einjähriger Aufrückungsfrist. Die höheren Grundvergütungssätze werden jeweils vom Ersten des Kalendermonats an gezahlt, in den der Eintritt in die neue Dienstaltersstufe fällt.

(2) Das Aufrücken in der Grundvergütung kann versagt werden, wenn gegen das dienstliche oder außerdienstliche Verhalten des Stellenanwärters eine erhebliche Ausstellung vorliegt.

(3) Vor der Verfügung ist dem Beamten Gelegenheit zu geben, sich über die Gründe der beabsichtigten Maßregel zu äußern. Wird das Aufrücken versagt, so sind dem Beamten die Gründe hierfür schriftlich zu eröffnen.

(4) Gegen die Verfügung steht dem Beamten, sofern sie nicht von der obersten Verwaltungsbehörde erlassen ist, die Beschwerde an diese zu.

(5) Nach Behebung der Anstände ist der vorläufig versagte Grundvergütungssatz zu gewähren, und zwar vom ersten Tage des Kalendermonats ab, in dem die Bewilligungsverfügung ergeht. Nur aus besonderen Gründen ist die Gewährung von einem früheren Zeitpunkt ab zulässig. Eine Nachgewährung für rückliegende Rechnungsjahre bedarf der Genehmigung der obersten Verwaltungsbehörde.

(6) Die einstweilige Versagung des Aufrückens hat für sich allein nicht die Wirkung, daß dadurch der Zeitpunkt für das Aufsteigen in die nächstfolgende Vergütungsstufe hinausgeschoben wird.

### § 14 (bisher § 13).

#### Anwärterdienstalter.

(1) Das Anwärterdienstalter des nichtplanmäßigen Beamten beginnt mit dem Tage, von dem ab er nach erlangter Befähigung für das Amt endgültig in den Staatsdienst übernommen ist, soweit in diesem Gesetz oder den Ausführungsbestimmungen dazu nichts Abweichendes bestimmt oder zugelassen ist. Von diesem Zeitpunkt an sind die Zeitabschnitte für das Verbleiben in den Dienstaltersstufen zu rechnen.

(2) Die Anwärterdienstzeit darf fünf Jahre, bei Militäranwärtern vier Jahre nicht übersteigen. Ist ein Zivilanwärter bis zur Vollendung des fünften Anwärterdienstjahrs, ein Militäranwärter bis zur Vollendung des vierten Anwärterdienstjahrs noch nicht planmäßig angestellt, so erhält der Zivilanwärter vom Beginn des sechsten, der Militäranwärter vom Beginn des fünften Anwärterdienstjahrs an nach Dienstaltersstufen mit zweijähriger Aufrückungsfrist steigend eine Grundvergütung in Höhe der Grundgehaltssätze derjenigen Besoldungsgruppe, in der er beim regelmäßigen Verlaufe seiner Dienstlaufbahn zuerst planmäßig angestellt wird. Die Zahl der einzustellenden Anwärter ist alljährlich von dem zuständigen Minister im Einvernehmen mit dem Finanzminister festzusetzen.

(3) Im übrigen gelten die Vorschriften unter § 3 Abs. 5 bis 7, Abs. 9 und 10 sinngemäß.

### § 15 (bisher § 14).

### Ortszuschlag.

(1) Zur Grundvergütung der nichtplanmäßigen Beamten tritt als weiterer Bestandteil des Diensteinkommens ein Ortszuschlag in Höhe des Ortszuschlags, den sie als planmäßige Beamte in der ersten Gehaltsstufe derjenigen Besoldungsgruppe beziehen würden, in der sie bei regelmäßigem Verlauf ihrer Dienstlaufbahn zuerst planmäßig angestellt werden. Ist ein Zivilanwärter bis zur Vollendung des fünften Anwärterdienstjahrs, ein Militäranwärter bis zur Vollendung des vierten Anwärterdienstjahrs noch nicht planmäßig angestellt, so erhält der Zivilanwärter vom Beginn des sechsten, der Militäranwärter vom Beginn des fünften Anwärterdienstjahrs an den Ortszuschlag, den sie als planmäßige Beamte in der von ihnen erreichten Vergütungsstufe beziehen würden, in voller Höhe.

(2) Für die wissenschaftlichen Assistenten mit planmäßiger Vergütung bei den wissenschaftlichen Hochschulen und die ihnen gleichgestellten Hilfskräfte der wissenschaftlichen Hochschulen, Anstalten und Institute beträgt der Ortszuschlag 100 vom Hundert des Ortszuschlags, den sie als planmäßige Beamte in der ersten Gehaltsstufe der Besoldungsgruppe 10 beziehen würden, und sobald die ihnen gewährte Grundvergütung in ihrer Höhe den Grundgehaltssätzen dieser Besoldungsgruppe entspricht, 100 vom Hundert des Ortszuschlags, den sie als planmäßige Beamte in der von ihnen erreichten Vergütungsstufe beziehen würden.

(3) § 4 Abs. 2 und 3 gelten sinngemäß.

### § 16 (bisher § 15).

### Dienstwohnung.

Wird dem nichtplanmäßigen Beamten eine Dienstwohnung zugewiesen, so ist § 7 sinngemäß anzuwenden. Dabei gilt als Besoldungsgruppe des Wohnungsinhabers diejenige, in der der Beamte beim regelmäßigen Verlauf seiner Dienstlaufbahn zuerst planmäßig angestellt wird, bei den im § 15 Abs. 2 genannten Beamten die Besoldungsgruppe 10.

### § 17 (bisher § 16).

### Sondervergütungen, Nebenbezüge und sonstige Vergünstigungen.

Für die nichtplanmäßigen und die sonst im § 11 Abs. 1 genannten Beamten gelten §§ 8, 9 und 10 sinngemäß mit der Maßgabe, daß an die Stelle der Besoldungsordnung die Nachweisung der Dienstbezüge der nichtplanmäßigen Beamten Anlage 3 tritt.

## II. Kinderbeihilfe und Frauenbeihilfe.

### § 18 (bisher § 17).

### Betrag und Voraussetzung der Kinderbeihilfe.

(1) Die Beamten erhalten für jedes unterhaltsberechtigte Kind eine Kinderbeihilfe. Diese beträgt für Kinder bis zum vollendeten 6. Lebensjahre monatlich sechzehn Goldmark, bis zum vollendeten 16. Lebensjahre monatlich achtzehn Goldmark und bis zum vollendeten 21. Lebensjahre monatlich zwanzig Goldmark.

(2) Die Kinderbeihilfe wird jedoch für Kinder vom 16. bis 21. Lebensjahre nur gewährt, wenn sie

1. sich in der Schulausbildung oder in der Ausbildung für einen künftig gegen Entgelt auszuübenden Lebensberuf befinden oder wenn sie wegen körperlicher oder geistiger Gebrechen dauernd erwerbsunfähig sind, und wenn sie
2. eigenes Einkommen nicht haben oder wenn das eigene Einkommen des Kindes die Kinderbeihilfe einschließlich des Ausgleichszuschlags nicht übersteigt. Übersteigt das eigene Einkommen des Kindes den Betrag der Kinderbeihilfe einschließlich des Ausgleichszuschlags, ohne das Doppelte dieses Betrages zu erreichen, so wird die Kinderbeihilfe nur zur Hälfte gewährt; erreicht oder übersteigt das eigene Einkommen des Kindes das Doppelte der Kinderbeihilfe einschließlich des Ausgleichszuschlags, so fällt die Kinderbeihilfe fort.

(3) Unterhaltsberechtigt im Sinne des Abs. 1 sind:

1. eheliche Kinder;
2. für ehelich erklärte Kinder;
3. an Kindes Statt angenommene Kinder;
4. Stiefkinder, die in den Hausstand des Beamten aufgenommen sind;
5. uneheliche Kinder.

(4) Ein Beamter erhält als Erzeuger eines unehelichen Kindes die Kinderbeihilfe nur, wenn seine Vaterschaft festgestellt ist und wenn er das Kind in seinen Hausstand aufgenommen hat oder auf andere Weise nachweislich für seinen vollen Unterhalt aufkommt.

(5) Die Kinderbeihilfen fallen fort mit dem Ablaufe des Vierteljahrs, in dem das für den Wegfall der Beihilfe maßgebende Ereignis sich zugetragen hat.

### § 19 (bisher § 17a).

Betrag und Voraussetzung der Frauenbeihilfe.

Die verheirateten männlichen planmäßigen und nichtplanmäßigen unmittelbaren Staatsbeamten erhalten für die unterhaltsberechtigte Ehefrau eine Frauenbeihilfe von monatlich **zehn** Goldmark. Die Frauenbeihilfe wird auch verwitweten Beamten gewährt, wenn sie im eigenen Hausstande für den vollen Unterhalt von Kindern aufkommen, für welche sie nach § 18 Kinderbeihilfe beziehen.

## III. Ausgleichszuschlag.

### § 20 (bisher § 18).

Zur Anpassung an die Veränderungen in der allgemeinen Wirtschaftslage kann zum Grundgehalte, zur Grundvergütung und zum Ortszuschlage sowie zu den Kinderbeihilfen und zur Frauenbeihilfe ein veränderlicher Ausgleichszuschlag gewährt werden. Die Art und Höhe des Satzes wird durch den Staatshaushaltsplan oder durch besonderes Gesetz bestimmt.

## IV. Wartegeld, Ruhegehalt, Hinterbliebenenbezüge.

### § 21 (bisher § 23).

Versorgungszuschlag.

(1) Zur Anpassung an die Veränderungen in der allgemeinen Wirtschaftslage kann zu den Ruhegehältern, Wartegeldern (Witwen- und Waisengeldern) ein veränderlicher Versorgungszuschlag gewährt werden.

(2) Der Versorgungszuschlag der Ruhegehalts-, Wartegeldempfänger, **Witwen und Waisen** wird aus dem Ruhegehalte, Wartegeld, Witwen- und Waisengeld in derselben Art und in demselben Verhältnis berechnet, wie die Ausgleichszuschläge gleichartiger im Dienste befindlichen Beamten von deren Grundgehalt oder Grundvergütung und Ortszuschlage berechnet werden.

(3) Beim Vorliegen besonderer Verhältnisse kann auf Antrag der Versorgungszuschlag zum Ruhegehalt, Wartegeld und Witwengeld bis auf die volle Höhe desjenigen Betrags erhöht werden, der als Ausgleichszuschlag auf das zuletzt bezogene ruhegehaltsfähige Diensteinkommen, soweit es aus Grundgehalt oder Grundvergütung und anrechnungsfähigem Ortszuschlage bestand, entfallen würde. Für den Versorgungszuschlag zum Witwengelde gilt dies nur insoweit, als unter Hinzurechnung des Versorgungszuschlags zum Waisengeld (Abs. 1) der vorbezeichnete Höchstbetrag nicht überschritten wird.

(4) Ändern sich später Art und Höhe des Ausgleichszuschlagssatzes für die Beamten im Dienste, so ist auch der Versorgungszuschlag für die Ruhegehaltsempfänger, Wartegeldempfänger, Witwen und Waisen entsprechend neu zu berechnen.

### § 22 (bisher § 24).

Kinderbeihilfe und Frauenbeihilfe an Wartegeldempfänger, Ruhegehaltsempfänger und Hinterbliebene.

(1) Die im § 18 vorgesehene Kinderbeihilfe einschließlich Ausgleichszuschlag wird in der gleichen Weise unter den dort genannten Voraussetzungen auch den zu einem späteren Zeitpunkt als dem 1. April 1920 einstweilen oder dauernd in den Ruhestand versetzten Beamten sowie für die Kinder der am 1. April 1920 oder später im Amt oder im Ruhestande verstorbenen Beamten gewährt.

(2) Die im § 19 vorgesehene Frauenbeihilfe einschließlich Ausgleichszuschlag wird in der gleichen Weise unter den dort genannten Voraussetzungen auch den zu einem späteren Zeitpunkt als dem 1. April 1920 einstweilen oder dauernd in den Ruhestand versetzten verheirateten und verwitweten Beamten gewährt.

## V. Übergangsvorschriften.

### § 23 (bisher § 25).

Einreihung in die neuen Gehalts- und Vergütungsstufen.

(1) Die am 1. April 1920 im Dienste befindlichen planmäßigen Beamten mit aufsteigenden Gehältern werden in die Besoldungsgruppen der Besoldungsordnung mit derjenigen Gehaltsstufe eingereiht, die ihrem bisherigen Besoldungsdienstalter in der Stelle entspricht, die sie am 1. April 1920 bekleiden. Dabei wird für diejenigen Beamten, die bisher ein Einzelgehalt

bezogen haben und für die durch dieses Gesetz Dienstaltersstufen eingeführt werden, das Besoldungsdienstalter auf den Tag des Einrückens in ihre Stelle festgesetzt. Für Beamte, die zum 1. April 1920 in eine Stelle befördert werden, die in einer höheren Besoldungsgruppe als die bisher von dem Beamten bekleidete Stelle vorgesehen ist, wird das Besoldungsdienstalter unter Berücksichtigung von § 3 Abs. 5 so festgesetzt, als wenn sie erst im Laufe des 1. April 1920 in die Stelle eingerückt wären. Das gleiche gilt für diejenigen Beamten, welche mit Wirkung vom 1. April 1920 in Stellen eingereiht werden, die in der Vorbemerkung 1 zur Besoldungsordnung als Aufrückungsstellen bezeichnet werden.

(2) Allen planmäßigen Beamten, auch wenn sie sich nicht mehr in ihrer ersten planmäßigen Stelle befinden, wird das Besoldungsdienstalter soweit vorgerückt, wie es vorgerückt wäre, wenn § 14 Abs. 2 Satz 1 schon zur Zeit ihrer ersten planmäßigen Anstellung gegolten hätte. Den Beamten aus der Klasse der ehemaligen Militäranwärter, auch wenn sie sich nicht mehr in ihrer ersten planmäßigen Stelle befinden, wird das Besoldungsdienstalter soweit vorgerückt, wie es vorgerückt wäre, wenn der § 3 Abs. 3 schon zur Zeit ihrer ersten planmäßigen Anstellung oder ihrer Überführung in eine höhere Gehaltsklasse gegolten hätte.

(3) Sollte sich für einzelne vor dem 1. April 1920 beförderte oder aus dienstlichen Rücksichten versetzte Beamte ergeben, daß am 1. April 1920 nach den neuen Grundgehaltssätzen ihr Grundgehalt in der jetzigen Stelle hinter dem Satze zurückbleibt, den sie erhalten haben würden, wenn sie in einer früher von ihnen bekleideten Stelle verblieben und erst zum 1. April 1920 befördert worden wären, oder daß sie in der früheren Stelle bei dem nächsten Aufsteigen nach dem 1. April 1920 früher einen höheren oder gleichen Grundgehaltssatz erreicht hätten als es in der neuen Stelle der Fall sein würde, so ist das Besoldungsdienstalter so festzusetzen, als wenn sie erst im Laufe des 1. April 1920 in die neue Stelle eingerückt wären.

(4) Beamte, die infolge der Umbildung der Staatsbehörden oder infolge Abtretung von Gebieten oder Staatswerken aus dienstlichen Rücksichten in Stellen einer Besoldungsgruppe mit geringen Grundgehaltssätzen verwendet werden, erhalten während der Dauer dieser Verwendung das Grundgehalt, das sie in ihrer früheren Stelle nach den Vorschriften dieses Gesetzes bezogen hätten.

(5) Die am 1. April 1920 im Dienste befindlichen nichtplanmäßigen Beamten und die am gleichen Tage im Dienste befindlichen sonst im § 11 Abs. 1 genannten Beamten werden in die Gruppen der Nachweisung — Anlage 3 — mit derjenigen Vergütungsstufe eingereiht, die ihrem Anwärterdienstalter in der Stelle entspricht, die sie am 1. April 1920 bekleiden.

(6) Über vorstehende Bestimmungen hinaus kann der zuständige Minister in Gemeinschaft mit dem Finanzminister in besonders gearteten Ausnahmefällen zur Vermeidung offenbarer Härten eine Vorrückung des Besoldungsdienstalters zulassen.

## VI. Schlußvorschriften.

### § 24 (bisher § 29).

**Möglichkeit der gesetzlichen Änderung der Bezüge.**

(1) Änderungen der durch dieses Gesetz geregelten Diensteinkommensbezüge und Kinderbeihilfen sowie der auf Grund dieser Diensteinkommens-

bezüge festgesetzten Wartegelder, Ruhegehälter und Hinterbliebenenbezüge können durch Gesetz erfolgen.

(2) Werden Beamte durch eine solche Änderung hinsichtlich der im Abs. 1 genannten Bezüge oder hinsichtlich ihrer Einreihung in die Gruppen der Besoldungsordnung mit rückwirkender Kraft schlechter gestellt, so sind die Unterschiedsbeträge nicht zurückzuerstatten.

(3) Abs. 2 gilt sinngemäß für Versorgungsberechtigte.

(4) In allen übrigen Fällen sind zuviel erhobene Diensteinkommensbezüge, Wartegelder, Ruhegehälter und Hinterbliebenenbezüge zurückzuzahlen.

## § 25. (bisher § 30).

### Änderung der Besoldungsordnung.

Änderungen der Besoldungsordnung können insoweit durch den Staatshaushalt erfolgen, als sie durch Änderungen in der Organisation des Staatsdienstes, insbesondere durch die Einrichtung neuer in der Besoldungsordnung nicht aufgeführter Beamtenklassen, erforderlich werden.

## § 26 (bisher § 31).

### Dienstverhältnisse der bisherigen Gerichtsschreibergehilfen.

(1) Der Justizminister wird ermächtigt, die Dienstverhältnisse der an die Stelle der bisherigen Gerichtsschreibergehilfen tretenden Justizsekretäre und Registratoren vorläufig zu regeln.

(2) Die auf Grund dieser Ermächtigung jeweilig erlassenen Bestimmungen sind dem Landtage alsbald zur Genehmigung vorzulegen.

## § 27 (bisher § 32).

### Anwendung des Gesetzes auf die Schutzpolizei.

(1) Die Vorschriften dieses Gesetzes finden auf die Angehörigen der der Verwaltung des Innern unterstehenden Schutzpolizei erst Anwendung, sobald ihnen durch Anstellungsverfügung oder Bestallungsurkunde die Eigenschaften von unmittelbaren Staatsbeamten verliehen worden sind.

(2) Bis zum Erlaß eines Polizeibeamten-Ruhegehaltsgesetzes kann den bewaffneten und uniformierten Beamten der der Verwaltung des Innern unterstehenden Schutzpolizei, sofern sie wegen eingetretener dauernder Dienstunfähigkeit ausscheiden müssen, ein Ruhegehalt bis zur Höhe der im Zivilruhegehaltsgesetze vom 27. März 1872/27. Mai 1907 (Gesetzsamml. S. 268 und S. 95) bestimmten Sätze durch den Minister des Innern in Gemeinschaft mit dem Finanzminister bewilligt werden. Auf die Witwen und Waisen dieser Beamten findet Artikel VI des Gesetzes wegen Abänderung des Gesetzes betreffend die Fürsorge für die Witwen und Waisen der unmittelbaren Staatsbeamten, vom 20. Mai 1882 (Gesetzsamml. S. 298) und des Gesetzes vom 1. Juni 1897 (Gesetzsamml. S. 169), vom 27. Mai 1907 (Gesetzsamml. S. 99) bis auf weiteres sinngemäß Anwendung.

## § 28 (bisher § 33).

### Mitwirkung von Beamtenvertretungen.

Soweit bei Ausführung dieses Gesetzes Streitigkeiten über die dem einzelnen Beamten aus diesem Gesetze zustehenden Ansprüche entstehen, ist von den zur Entscheidung berufenen Verwaltungsbehörden auf Antrag des Beamten die für ihn zuständige Beamtenvertretung zur Mitwirkung hinzuzuziehen.

## § 29 (bisher § 34).

### Aufgehobene Gesetzesbestimmungen.

Alle diesem Gesetz entgegenstehenden Bestimmungen werden aufgehoben, insbesondere:

a) § 2 des Gesetzes betreffend die Bereitstellung von Mitteln zu Diensteinkommensverbesserungen vom 26. Mai 1909 (Gesetzsamml. S. 85);
b) das Gesetz zur Abänderung der Besoldungsordnung vom 29. Juni 1914 (Gesetzsamml. S. 121);
c) das Richterbesoldungsgesetz vom 29. Mai 1907 (Gesetzsamml. S. 111);
d) das Gesetz betreffend die Gewährung von Wohnungsgeldzuschüssen an die unmittelbaren Staatsbeamten vom 12. Mai 1873 (Gesetzsamml. S. 209) in der Fassung des Gesetzes vom 26. Juni 1918 (Gesetzsamml. S. 105);
e) die §§ 8 und 59 des Ausführungsgesetzes zum Deutschen Gerichtsverfassungsgesetze vom 24. April 1878 (Gesetzsamml. S. 230);
f) § 4 Satz 2 der Verordnung betreffend die Rechtsstellung der Landgendarmerie vom 10. März 1919 (Gesetzsamml. S. 37).
g) das Gesetz betreffend das Diensteinkommen der unmittelbaren Staatsbeamten (Beamten-Diensteinkommensgesetz) vom 7. Mai 1920 (Gesetzsamml. S. 191).

## § 30 (bisher § 35).

### Ausführungsbestimmungen.

Der Finanzminister wird mit der Ausführung dieses Gesetzes beauftragt, insbesondere auch ermächtigt, die zur Ergänzung der gesetzlichen Vorschriften über die Festsetzung des Besoldungsdienstalters erforderlichen Ausführungsbestimmungen zu erlassen. Diese sind dem Landtage zur Nachprüfung vorzulegen. In gleicher Weise ist der Finanzminister ermächtigt, Bestimmungen für solche Fälle zu treffen, in denen die besondere Lage der Verhältnisse eine abweichende Regelung geboten erscheinen läßt.

## § 31 (bisher § 37).

### Inkrafttreten.

Dieses Gesetz tritt mit Ausnahme des § 14 Abs. 2 Satz 1 mit Wirkung vom 1. April 1920 in Kraft[1]). § 14 Abs. 2 Satz 1 tritt mit dem 1. April 1930 in Kraft.

---

[1]) Soweit nicht in den Abänderungsgesetzen für einzelne der vorstehenden neuen Bestimmungen ein anderer Zeitpunkt des Inkrafttretens bestimmt ist.

**Anlage 1.**
(§ 1).

# Besoldungsordnung für die planmäßigen unmittelbaren Staatsbeamten.

Vorbemerkungen.

1. Die in einzelnen Besoldungsgruppen mit dem Zeichen •) versehenen Beamten erhalten die Bezüge dieser Gruppen, sobald ihnen eine Aufrückungsstelle verliehen worden ist.
2. Weibliche Beamte in den mit einem Kreuz †) bezeichneten Stellen erhalten die Grundgehaltssätze um 10 v. H. gekürzt. Auf die Berechnung des Ortszuschlags ist die Kürzung des Grundgehalts ohne Einfluß.

## Abschnitt I.

## 1. Aufsteigende Gehälter.

### A. Gehälter mit festen Grundgehaltssätzen.

**Gruppe 1.**

**804—840—864—900—936—996—1056—1116—1164** Goldmark jährlich.

Ablagewärter, Hauswärterinnen bei den Staatstheatern — künftig wegfallend.

**Gruppe 2.**

**876—912—948—1008—1068—1128—1188—1236—1272** Goldmark jährlich.

Amtsgehilfen, Kassengehilfen, Rohrleitungsaufseher, Weideaufseher, Parkaufseher, Rehnenmeister, Spreewehrwärter, Domänenrentwarte, Pförtner, Pförtner [2]), Akademiegehilfen, Ateliergehilfen, Bibliotheksgehilfen, Institutsgehilfen, Schulgehilfen, Heizer, Museumsaufseher [1]), Museumsaufseherinnen, Pedelle (bisher teilweise Amtsgehilfen), Schloßaufseher, Eichwarte, Bahnwärter, Justizunterwachtmeister, Unterwachtmeister bei den Strafvollzugsämtern, Polizeiamtsgehilfen, Polizeiunterwachtmeister, Hausmeister bei der Schutzpolizei, Schleusenmeister, Leuchtfeuerwärter, Signalwärter, Steuermänner, Schiffbrückenaufseher, Brückenaufseher, Stackmeister, Gestütwärter.

[1]) Die am 1. April 1920 im Amte befindlich gewesenen Museumsaufseher (bisher Zeugwarte 2. Klasse) beim Zeughaus in Berlin erhalten für ihre Person die Bezüge der Gruppe 3.
[2]) Die am 31. März 1920 im Amte befindlich gewesenen Pförtner bei Ministerien und sonstigen Zentralbehörden erhalten für ihre Person die Bezüge der Gruppe 3.

**Gruppe 3.**

**960—1020—1080—1140—1200—1260—1308—1344—1380** Goldmark jährlich.

Ministerialamtsgehilfen, Amtsmeister (bisher Botenmeister), Amtsgehilfen beim Geh. Staatsarchiv in Berlin, bei der Oberrechnungskammer, bei der Verwaltung der Duisburg-Ruhrorter Häfen, beim Oberverwaltungsgericht und bei den Landjägerschulen, beim Evangelischen Oberkirchenrat, bei den staatlichen Bildungsanstalten, Amtsgehilfen •), Kassengehilfen •), Gärtner, Wiesenmeister, Weideverwalter, Brunnenmeister, Bademeister, Parkwärter, Hausmeister, Domänenrentwarte •), Unterförster, Pedelle (bisher teilweise Hausmeister), Zähler, Badekartenverkäuferinnen, Badepolizeiwachtmeister [1]), Kohlenmesser, Schlafhausmeister, Wegebauaufseher, Grubenoberwächter, Drucker, Zimmermann bei der Verwaltung des Tiergartens in Berlin, Eichwarte •), Oberbahnwärter, Rottenführer, Weichenwärter, Brückenoberaufseher, Rangierer, Stellwerksschlosser, Justizwachtmeister [2]), Strafanstaltswachtmeisterinnen, Kreisamtsgehilfen und Oberamtsgehilfen, Polizeiamtsgehilfen) •) Schauhausgehilfen, Polizeiwachtmeister, Polizeigefängniswachtmeisterinnen, Hausmeister •)

[1]) Die am 31. März 1920 im Amte befindlich gewesenen Inhaber der Stellen erhalten für ihre Person die Bezüge der Gruppe 4.
[2]) Ein durch den Haushaltsplan zu bestimmender Teil der Stellen ist demnächst wegfallend und für den Fall der Erledigung in Stellen für Justizunterwachtmeister der Gruppe 2 umzuwandeln.

bei der Schutzpolizei, Institutsgehilfen ●), Technische Amtsgehilfen, Laboratoriumsgehilfen, Pedelle (bisher teilweise Hausverwalter bei den Tierärztlichen Hochschulen), Maschinisten, Oberschleusenmeister, Leuchtfeuer- und Signaloberwärter, Buschaufseher, Schiffbrückenoberaufseher, Gestütoberwärter, Kastellane, Hausmeisterinnen, Hausinspektor beim Kunstgewerbemuseum, in Berlin, Museumsoberaufseher, Oberaufseher im Bereiche der Verwaltung des Ministeriums für Wissenschaft, Bibliotheksgehilfen ●), Museumsaufseher ●), Pedelle (bisher teilweise Amtsgehilfen) ●), darunter 1 zugleich Kassengehilfe, Pförtner ●), Kastellan ●), zugleich Hilfspedell und Karzeraufseher bei der Universität Königsberg, Akademiegehilfen ●), Ateliergehilfen ●), Heizer ●), Schulgehilfen ●), Materialverwalter, Mechaniker, Oberformer, Unterförster beim Münsterschen Studienfonds, Bühnenmaschinisten, Theaterwarte, Beleuchter, Garderobiers, Garderobieren, Requisiteure, Statisten, Institutsgehilfen bei der Verwaltung der Observatorien und dem Geodätischen Institut bei Potsdam, Erziehungsgehilfinnen (bisher Aufseherinnen bei den Staatlichen Erziehungsanstalten).

### Gruppe 4.

**1104—1176—1248—1320—1392—1428—1476—1524—1572** Goldmark jährlich.

Kanzleiassistenten[1]), Fischmeister bei der Domänenverwaltung, Grabenmeister, Erste Brunnenmeister, Erste Bademeister, Torf-, Flöß- usw. Meister, Wiesenverwalter, Produkten-, Materialien- usw. Aufseher, Kanalaufseher, Schleusenverwalter, Dünenwart (bisher Dünenaufseher), Fährmeister, Oberbeschlagschmiede, Obertischler, Stut-, Sattel- und Futtermeister, Erziehungsgehilfen (bisher Aufseher bei den staatlichen Erziehungsanstalten), Erziehungsobergehilfinnen (bisher Oberaufseherinnen), Obergärtner, Rebobergärtner, Gartenmeister bei der Tiergartenverwaltung in Berlin, Münzmechaniker, Münzwerkmeister, Obermechaniker, Oberzähler, Telegraphisten, Oberkohlenmesser, Salzsteuerwart, Badepolizeioberwachtmeister, Küster beim Charitékrankenhaus in Berlin, Aquarienverwalter, Schloßbauwart bei der Schloßverwaltung in Marienburg, Gruppenleiter bei den Staatstheatern, Statistenführer bei den Staatstheatern in Berlin, Laboratoriumswerkmeister bei den Technischen Hochschulen, Laboranten, Technischer Gehilfe bei der Nationalgalerie, Lokomotivheizer, Rangieraufseher, Rottenaufseher, Oberweichenwärter, Schiffsführer, Baggerführer, Hafenpolizeioberwachtmeister[2]), Brückengelderheber, Magazinverwalter, Maschinisten ●), Obermaschinisten, Hafenbauaufseher, Vollziehungsbeamte, Justizoberwachtmeister als Amtsmeister bei großen Behörden, Strafanstaltsoberwachtmeister, Strafanstaltsoberwachtmeisterinnen, Polizeioberwachtmeister, Polizeigefängnisoberwachtmeister, Polizeigefängnisoberwachtmeisterinnen, Landjäger[3]), Polizei- und Kriminalbetriebsassistenten[2]), Schiffahrtspolizeibetriebsassistenten (bisher Schiffahrtspolizeioberwachtmeister)[2]), Polizeikanzleiassistenten[2]), Amtsgehilfen ●) beim Geh. Staatsarchiv in Berlin, bei der Oberrechnungskammer, beim Oberverwaltungsgericht, beim Evangelischen Oberkirchenrat, Ministerialamtsgehilfen ●), Amtsmeister (bisher Botenmeister bei der Oberrechnungskammer, beim Oberverwaltungsgericht, beim Evangel. Oberkirchenrat, bei besonders großen Behörden, Ministerialamtsmeister (bisher Ministerialbotenmeister), Ministerialhausinspektoren, Oberpedelle, Hausinspektoren bei der Oberrechnungskammer, beim Oberverwaltungsgericht, bei der Landwirtsch. Hochschule in Berlin, bei größeren Universitätsanstalten.

---

[1]) Die am 31. März 1920 im Amte befindlich gewesenen Inhaber der Stellen erhalten für ihre Person die Bezüge der Gruppe 5; die am 31. März 1920 vorhanden gewesenen Anwärter auf Stellen für Kanzleiassistenten und die am 31. März 1920 vorhanden gewesenen Justizkanzleigehilfen gelten bei Bemessung ihrer Dienstbezüge als Stellenanwärter der Gruppe 5, s. auch Fußnote 4.

[2]) Die am 31. März 1920 im Amt befindlich gewesenen Inhaber der Stellen erhalten für ihre Person, soweit sie 16 Dienstjahre vollendet hatten, die Bezüge der Gruppe 5.

[3]) Die am 31. März 1920 im Amt befindlich gewesenen Inhaber der Stellen erhalten für ihre Person, sobald sie 16 Dienstjahre vollendet haben, die Bezüge der Gruppe 5.

[4]) Die in Fußnote 1 genannten Kanzleibeamten erhalten — und zwar die Anwärter bei ihrer Anstellung — die Amtsbezeichnung „Kanzleisekretär".

### Gruppe 5.

**1296—1380—1452—1524—1596—1668—1716—1776—1824** Goldmark jährlich.

Kanzleisekretäre, Maschinenmeister, Magazinmeister, Fischmeister bei der landwirtschaftlichen Verwaltung, Fischmeister in Sonderstellungen bei der Domänenverwaltung, Fischereisachverständiger bei der Biologischen Anstalt auf Helgoland, Strommeister, Gartenmeister beim Botanischen Garten in Berlin-Dahlem, Oberstut-, Obersattel- und Oberfuttermeister, Modellmeister bei der Bergakademie in Klausthal, Bohrmeister, Münzobermechaniker, Münzwerkmeister, Werkführer, Leitungswerkführer, Erster Laboratoriumswerkmeister (bisher Erste Laboranten bei den Technischen Hochschulen), Hausväter, Oberaufseher, Lagerverwalter, Oberzähler ●), Obergeldzähler, Reservelokomotivführer, Lokomotivoberheizer, Rangiermeister, Wagenmeister, Rottenmeister, Stellwerksmeister, Gerichtskassenvollzieher (bisher Gerichtskostenerheber bei größeren Kassen), Obervollziehungsbeamte, Eisenbahnassistenten,

Hafenpolizeiassistenten, Schiffahrtspolizeiassistenten[1]), Polizei- und Kriminalassistenten[1]), Polizeiassistenten, Hafenbauassistenten (bisher Hafenbauaufseher), Wasserstraßenassistenten, Schleusenassistenten, Verwaltungsassistenten, Kapitäne, Fährbetriebsleiter, Dünenoberwarte (bisher Dünenoberaufseher), Registraturassistenten, Justizbüroassistenten (bisher Registraturassistenten), Bibliotheksassistenten, Bibliotheksexpedienten, Alumnatsassistenten bei den Staatlichen Bildungsanstalten, Ministerialbüroassistentinnen (bisher Büroassistentinnen in den Ministerien), Oberpfleger, Oberpflegerinnen, Strafanstaltshauptwachtmeister, Polizeigefängnishauptwachtmeister, Polizeiwerkführer, Oberlandjäger, Oberbeschlagmeister bei den Polizeiverwaltungen, Vorsteherin des Polizeigewahrsams in Berlin, Polizeikanzleisekretäre, Polizeileutnants während der ersten vier Dienstjahre als solche, Oberpräparatoren, Hilfsrestauratoren,

| | |
|---|---|
| Verwalter des Schuhmagazins, Frühschichtmeister, Hausinspektoren, Technischer Assistent, Beleuchtungsaufseher, Dekorationsmaler, Obergarderobieren, Requisitenverwalter, Zuschneider | bei den Staatstheatern in Cassel und Wiesbaden, |
| Theatermeister, Chorinspizient, Obergarderobiers, Garderobenmeister, Garderobenmeisterin, Oberrequisiteure, Oberbeleuchter, Werkmeister, Oberfriseure | bei den Staatstheatern in Berlin. |

---

[1]) Die am 31. März 1920 im Amt befindlich gewesenen Inhaber der Stellen erhalten für ihre Stellen die Bezüge der Gruppe 6.

## Gruppe 6.

**1596—1704—1812—1920—2028—2124—2208—2292—2376** Goldmark jährlich.

Domänenbausekretäre[1]) (bisher Kulturbausekretäre), Forstsekretäre, Verwaltungssekretär bei der forstlichen Hochschule, Lotteriesekretäre, Bergsekretäre[1]), Bergvermessungssekretäre[1]) (bisher Zeichner bei den Oberbergämtern), Wasserstraßensekretäre, Ministerialkanzleisekretäre, Ministerialbüroassistentinnen [1]), Kanzleisekretäre bei der Oberrechnungskammer, bei dem Oberverwaltungsgericht, bei dem Staatsrat, bei dem Evangel. Oberkirchenrat, Kanzleiinspektoren als Kanzleivorsteher, Kanzleiinspektor bei einem Strafvollzugsamt, Kanzleivorsteher beim Fürsorgeamt für Beamte aus den Grenzgebieten, Archivsekretäre[1]), Vermessungssekretäre[1]), Katastersekretäre[1]), Regierungssekretäre[1]), Regierungsbausekretäre[1]), Kassensekretäre bei Kreiskassen, Sekretäre[1]) bei gewerblichen Fachschulen, bei den Strafvollzugsämtern, Eichungssekretäre[1]), Hafenpolizeisekretäre[1]), Wasserbausekretäre[1]), Eisenbahnsekretäre[1]), Hafensekretäre[1]), Hafenkassensekretäre[1]), Justizsekretäre[1]), Strafanstaltssekretäre[1]), Strafanstaltssekretärinnen[1]), Kreissekretäre[1]) (bisher Kreisamtssekretäre), Kriminalsekretäre[1]), Polizeisekretäre[1]), Polizeitelegraphensekretäre[1]), Technische Polizeisekretäre[1]), Sekretäre beim Statistischen Landesamt, Landeskultursekretäre[1]) (bisher Kultursekretäre), Kulturbausekretäre[1]), Gestütsekretäre[1]), Gestütbausekretär[1]) (bisher Gestütkulturbausekretär), Landjägereisekretäre[1]), Verwaltungssekretäre[1]), Alumnatssekretäre, Theatersekretäre[1]), Maschineriesekretär, Kassensekretär bei den Staatstheatern in Berlin, Verwaltungssekretäre[1]) (bisher Bürosekretäre bei den Anstalten und Instituten des Volksgesundheitswesens), Moorvögte[1]), Verwalter der Dimmerwiesen, Grabensteiger, Erste Maschinenmeister, Förster, Gartenverwalter bei der forstlichen Hochschule (bisher Akademischer Gartenverwalter), Eichmeister[1]), Mittlere Werksbeamte ohne abgeschlossene Fachschulbildung[1]), Rechnungsführer bei gewerblichen Fachschulen[1]), Erste Maschinenmeister[1]) (bisher Werkmeister bei Maschinenbauschulen), Beschußmeister, Gewerbepflegerinnen[1]), Materialienverwalter bei der Porzellanmanufaktur, Lokomotivführer, Werkmeister[1]), Schiffskapitäne, Kippmeister, Leitungswerkmeister, Erste Werkmeister, Obergerichtsvollzieher[1]) (bisher Gerichtsvollzieher), Polizeiwerkmeister[1]), Landjägermeister[1]), Polizeileutnants mit mehr als vier Dienstjahren als solche, Erste Fischmeister (bisher Fischmeister in Sonderstellung bei der Landwirtsch.-Verwaltung), Deichvögte[1]), Schleusenvorsteher, Abgabenrevisoren, Bauhofsvorsteher[1]), Schleppbetriebsleiter, Schiffbrückenmeister, Obermaterialienverwalter bei der höheren Lehranstalt für Wein-, Obst- und Gartenbau in Geisenheim, Gestütaufseher, Bibliotheksexpedienten in Stellen von besonderer Bedeutung, Rendant bei den Erziehungs- und Bildungsanstalten in Droyssig, Rendant und Sekretär bei der Landeskulturanstalt in Spandau, bei der Blindenanstalt in Steglitz, Obergartenmeister, Ständige Techniker[1]), Restauratoren[1]), Technische Inspektoren[1]), Kunstformer, Gießer, Inspektoren bei den staatlichen Bildungsanstalten[1]), Beleuchtungsinspektoren[1]), Garderobeinspektor.

---

[1]) Die am 31. März 1920 im Amt befindlich gewesenen Inhaber von planmäßigen Stellen der ehemaligen Assistentenklasse erhalten im Rahmen der im Staatshaushaltsplane vorgesehenen Stellenzahl und nach näherer Maßgabe der vom Staatsministerium entsprechend dem Schiedsspruch des Reichsschiedsgerichts zu treffenden Anordnungen die Bezüge der Gruppe 7.

**Gruppe 7[1]).**

**2100—2220—2340—2460—2640—2760—2880—3000—3120** Goldmark jährlich.

Forstsekretäre •), Verwaltungssekretär bei der forstlichen Hochschule (bisher Sekretär der forstlichen Hochschule) •), Kanzleisekretäre •) bei der Oberrechnungskammer, beim Landeswasseramt, beim Oberverwaltungsgericht, Kanzleisekretär •) beim Evangelischen Oberkirchenrat (bisher Kanzleisekretär) •), Ministerialkanzleisekretäre •), Domänenbauoberbausekretäre (bisher Technische Regierungsobersekretäre), Forstobersekretäre, Lotterieobersekretäre, Münzobersekretäre, Bergobersekretäre, Obersekretäre, Kassenobersekretäre beim Finanzministerium, Regierungsobersekretäre, Kassenobersekretäre, Rentenbauobersekretäre (bisher Obersekretäre bei den Rentenbanken), Regierungsbauobersekretäre (bisher Technische Regierungsobersekretäre und Regierungsoberbausekretäre), Katasterobersekretäre, Eichungsobersekretäre, Hafenpolizeiobersekretäre, Justizobersekretäre, Dolmetscherobersekretäre, Justizobersekretäre (bisher Obersekretäre bei den Strafvollzugsämtern), Kreisobersekretäre (bisher Kreissekretäre), Oberamtssekretäre, Kreisversicherungsobersekretäre, Polizeiobersekretäre, Polizeikassenobersekretäre, Polizeitelegraphenobersekretäre, Landjägerobersekretäre, Landeskulturobersekretäre (bisher Kulturobersekretäre), Verwaltungsobersekretär (bisher Obersekretär bei den Tierärztlichen Hochschulen), Verwaltungsbauobersekretär (bisher Kulturoberbausekretär bei der Landwirtsch. Hochschule in Bonn-Poppelsdorf, Wasserbauobersekretäre, Wasserstraßenobersekretäre, Kulturbauobersekretäre (bisher Kulturoberbausekretäre), Gestütobersekretär (bisher Oberverwaltungssekretär), Konsistorialobersekretäre (bisher Obersekretäre beim Konsistorium), Provinzialschulobersekretäre (bisher Obersekretäre beim Provinzialschulkollegium), Hochschulobersekretäre (bisher Obersekretäre bei den Hochschulen), Museumsobersekretäre (bisher Obersekretäre bei den Museen), Akademieobersekretäre (bisher Obersekretäre bei der Akademie der Künste), Universitätsobersekretäre (bisher Obersekretäre bei den Universitäten), Charitéobersekretäre (bisher Obersekretäre bei dem Charitékrankenhaus in Berlin), Theaterobersekretäre bei den Staatstheatern, Bibliotheksobersekretäre (bisher teilweise Bibliothekssekretäre), Bibliotheksobersekretärinnen (bisher teilweise Bibliothekssekretärinnen), Verwaltungsobersekretäre, Verwaltungsbauobersekretäre (bisher Technische Regierungsobersekretäre bei der Landesanstalt für Wasserhygiene), Moorvögte •), Weinbergsverwalter, Kellerverwalter, Revierförster, Forstverwalter (bisher Verwaltende Revierförster), Forstschullehrer (bisher Lehrer an den Forstschulen), Förster •), Kartographen, Mittlere Werksbeamte mit abgeschlossener Fachschulbildung, Ministerialkanzleiinspektoren, Kanzleiinspektoren bei der Oberrechnungskammer, beim Oberverwaltungsgericht, beim Evangelischen Oberkirchenrat, Weinbauinspektoren (bisher Garteninspektoren bei den Rebenveredelungsstellen), Garteninspektoren bei der Verwaltung des Tiergartens in Berlin, Plankammerverwalter, Obereichmeister, Oberbeschußmeister,

Buchhalter }
Magazinverwalter } bei der Porzellanmanufaktur,

See- und Binnenlotsen, Hafenmeister, Scheibenmodelleur, Fachlehrer, Oberkippmeister, Strafanstaltsinspektoren, Ingenieure bei den Strafanstalten, Strafanstaltsoberinnen, Polizeigefängnisvorsteher (darunter ein Polizeigefängnisinspektor), Polizeioberleutnants während der ersten vier Dienstjahre als solche, Polizeioberwerkmeister, Saatzuchtmeister (bisher Saatzuchtleiter), Maschinenbetriebsleiter, Seekapitäne, Dünenmeister, Ökonomieinspektoren, Gestütrendanten, Lehrer in der Gestütverwaltung, Betriebsleiter, Maschineninspektor bei den Staatstheatern in Berlin, Administratoren,

Bibliotheksverwalter }
Verwalter der Stoffsammlung } bei den staatlichen Museen in Berlin,

Rendanten { bei der Waisen- und Schulanstalt in Bunzlau,
{ bei den staatlichen Bildungsanstalten,

Verwaltende Revierförster, Universitäts-, Kassen- und Quästurkontrolleure, Oberpräparatoren, Vorschullehrer.

---

[1]) Diejenigen in der Besoldungsgruppe 7 aufgeführten Beamten, die am 31. März 1920 in einer Stelle der Gehaltsklassen 21—23 und 54 Nr. 6 (Legationskanzlisten) des Gesetzes, betreffend die Bereitstellung von Mitteln zu Diensteinkommensverbesserungen, vom 26. Mai 1909 (Gesetzsamml. S. 85) planmäßig angestellt waren, erhalten, sobald sie in den Gehaltsklassen 14—23 und 54 Nr. 6 jenes Gesetzes nach einer für die erwähnten Gehaltsklassen 21—23 und 54 Nr. 6 abgelegten Prüfung oder in einer Eingangsstelle der Besoldungsgruppe 7 dieses Gesetzes eine Dienstzeit von insgesamt 10 Jahren zurückgelegt haben, für ihre Person im Wege der Aufrückung die Bezüge der Besoldungsgruppe 8.

**Gruppe 8.**

**2400—2580—2760—2940—3060—3240—3420—3600** Goldmark jährlich.

Münzobersekretäre •), Bergobersekretäre •), Lotterieobersekretäre •), Obersekretäre •) Regierungsobersekretäre •), Rentenbankobersekretäre (bisher Obersekretäre bei den Rentenbanken) •), Regierungsbauobersekretäre (bisher Technische Regierungsobersekretäre) •),

Katasterobersekretäre • ), Hafenpolizeiobersekretäre • ), Justizobersekretäre • ), Dolmetscherobersekretäre • ), Oberamtssekretäre • ), Kreisversicherungsobersekretäre • ), Polizeiobersekretäre • ), Polizeikassenobersekretäre • ), Polizeitelegraphenobersekretäre • ), Landeskulturobersekretäre (bisher Kulturobersekretäre) • ), Kulturbauobersekretäre (bisher Kulturoberbausekretäre) • ), Regierungsbauobersekretäre (bisher Regierungsoberbausekretäre), Wasserbauobersekretäre • ), Bibliotheksobersekretäre und -obersekretärinnen • ), Theaterobersekretäre • ), Verwaltungsobersekretäre • ), Bergobersekretär bei der Bergakademie in Clausthal, Bergobersekretäre als Vorsteher der Materialien- und Produktenverwaltung und der Inspektionsbüros auf den größeren Berg- und Hüttenwerken und Salinen, als Vorsteher der Lohnbüros, Obersekretäre als Bürovorsteher bei der Ansiedlungskommission, Verwaltungsobersekretäre in den Ministerien, Ministerialregistratoren, Wasserstraßeninspektoren (bisher Wasserstraßenobersekretäre als Bürovorsteher),

Obersekretär { bei dem Kuratorium der Universität in Göttingen,<br>bei der Preußischen Staatsbibliothek,

Strafanstaltsinspektoren • ), Garteninspektoren • ), Lotterieinspektoren (bisher Finanzobersekretäre und Lotterieobersekretäre in Beförderungsstellen), Bergrevierinspektoren (bisher Einfahrer),

Regierungsinspektoren<br>Kasseninspektoren } (bisher Regierungsobersekretäre, Kassenobersekretäre als Bürovorsteher),

Regierungsbauinspektoren (bisher Technische Regierungsobersekretäre als Bürovorsteher), Bergverwaltungsinspektoren, Eichverwaltungsinspektoren, Eichungsinspektoren, Beschlußinspektor (bisher Oberbeschlußmeister), Hafenbetriebsinspektor, Eisenbahninspektor, Kippbetriebsinspektor, Justizinspektoren (bisher Justizobersekretäre im Ministerium), Justizinspektoren, Dolmetscherinspektoren, Justizinspektoren (bisher Inspektoren bei den Strafvollzugsämtern), Kreisinspektoren (bisher Kreissekretäre), Kreisversicherungsinspektoren (bisher Kreisversicherungsobersekretäre), Polizeiinspektoren (bisher Polizeiobersekretäre als Bürovorsteher), Polizeikasseninspektor als Kassierer (bisher Kassierer bei der Polizeihauptkasse in Berlin), Landjägerinspektoren (bisher Landjägerobersekretäre als Bürovorsteher), Landeskulturinspektoren (bisher Kulturobersekretäre als Bürovorsteher), Regierungsbauinspektoren (bisher Regierungsoberbausekretäre als Bürovorsteher), Kulturbauinspektoren (bisher Kulturoberbausekretäre als Bürovorsteher), Weinbauinspektor (bisher Gartenoberinspektor bei den Rebenveredelungsanstalten), Verwaltungsbauinspektor (bisher Kulturoberbausekretär bei der Landwirtschaftlichen Versuchs- und Forschungsanstalt in Landsberg a. W.), Verwaltungsinspektor (bisher Obersekretär bei der Landwirtschaftlichen Hochschule Bonn-Poppelsdorf), Werftinspektoren (bisher Oberbauhofsvorsteher als Bürovorsteher), Wasserbauinspektoren (bisher Wasserbauobersekretäre als Bürovorsteher), Maschinenbetriebsinspektoren, Schleppbetriebsinspektoren, Verwaltungsinspektor als Bürovorsteher (bisher Bürovorsteher bei den staatlichen Museen in Berlin und der Nationalgalerie), Verwaltungsinspektor (bisher Bürovorsteher bei den Universitätskliniken), Verwaltungsinspektoren, Verwaltungsinspektoren als Bürovorsteher (bisher Bürovorsteher bei den Anstalten und Instituten des Volksgesundheitswesens), Oberfischmeister für die Küstengewässer und bei der Domänenverwaltung, Gartenoberinspektoren, Weinbau- oder Kellereiinspektoren, Forstrentmeister, Forstschullehrer (bisher Lehrer an den Forstschulen) • ), Verwaltende Revierförster in den Klosterforsten der Provinz Hannover, Garderobenoberinspektor (künftig wegfallend), Medailleur, Materialienverwalter, Rendanten kleinerer Berg-, Hüttenwerke und Salinen, Oberbuchhalter auf großen Steinkohlenbergwerken, Vorsteher der Zeichenbüros[1]) bei der Geologischen Landesanstalt, Topograph, Obere Werksbeamte 2. Klasse, Mittlere Werksbeamte mit abgeschlossener Fachschulbildung • ), Konrektoren an den Vorschulen der Bergschule in Saarbrücken, Kassierer, Rentmeister, Baukommissar, Verkaufsbeamte bei der Porzellanmanufaktur, Seeoberlotsen, Binnenoberlotsen, Eisenbahningenieure, Gewerbeoberschullehrerinnen (bisher Handels- und Gewerbelehrerinnen), Pensionatsvorsteherinnen, Justizrentmeister (bisher Rendanten bei Gerichtskassen am Sitze der Landgerichte sowie bei Amtsgerichten mit 3 und mehr Richtern), Amtsgerichtskalkulatoren, Strafanstaltsoberinnen • ), Strafanstaltsrentmeister (bisher Strafanstaltskassenrendanten bei den Strafanstalten in Plötzensee und Berlin-Tegel sowie beim Untersuchungsgefängnis Berlin-Moabit), Strafanstaltslehrer und †)Strafanstaltslehrerinnen, Polizeikommissare, Kriminalkommissare, Polizeirentmeister (bisher Polizeikassenrendanten), Polizeioberleutnants mit mehr als 4 Dienstjahren als solche, Grenzkommissare, Lehrer bei der Versuchs- und Forschungsanstalt für Milchwirtschaft in Kiel, Oberbauhofsvorsteher • ), Erste Seekapitäne, Lehrer • ) in der Gestütverwaltung, Rendanten der Haupt- und Landgestüte • ),

Verwalter der Stoffsammlung • )<br>Bibliotheksverwalter • ) } bei den staatlichen Museen in Berlin,

Administratoren • ), Universitätskassen- und Quästurkontrolleure • ), Geschäftsführender Sekretär der Vereinigung für staatswissenschaftliche Fortbildung in Berlin, Erste ständige Techniker, Rentmeister bei dem Materialprüfungsamt in Berlin-Dahlem (bisher Rendant), Rentmeister der staatlichen Museen in Berlin (bisher Rendanten), Rentmeister bei Technischen Hochschulen (bisher Rendanten und Obersekretäre), Rentmeister der staatlichen Bildungs-

---

[1]) Einer der am 31. März 1920 im Amte befindlich gewesenen Inhaber der Stelle erhält für seine Person die Bezüge der Gruppe 10.

anstalten in Berlin-Lichterfelde (bisher Rendant), Bürobeamter bei der Universität Berlin, Rendanten ●) bei den staatlichen Bildungsanstalten, Rentmeister der Charité in Berlin (bisher Rendant), Bibliothekar bei der Hochschule für Musik in Charlottenburg, Theaterrentmeister, Chordirektor (künftig wegfallend), Präparandenlehrer,

Oberschullehrer
†) Oberschullehrerinnen bisher
- Lyzeallehrer [2])
- Gymnasiallehrer
- Realgymnasiallehrer
- Oberrealschullehrer
- Realschullehrer
- Zeichenlehrer
- Gesanglehrer
- Turnlehrer
- Gewerbelehrerinnen
- †) Zeichenlehrerinnen
- †) Gesanglehrerinnen
- †) Turnlehrerinnen
- †) Jugendleiterinnen
- †) Lyzeallehrerinnen

an höheren Lehranstalten,

Nicht akademisch gebildete Oberinnen an den mit den Oberlyzeen verbundenen Frauenschulen, †) Lehrerin für weibliche Handarbeiten,
Hausmutter bei der Blindenanstalt Steglitz,
†) Lehrerin für weibliche Handarbeiten an der Taubstummenanstalt in Neukölln,
†) Technische Lehrerin bei der Taubstummenanstalt in Neukölln,
Rentmeister (bisher Rendanten) bei den Anstalten und Instituten des Volksgesundheitswesens und den landwirtschaftlichen Lehranstalten,
Lehrer und †) Lehrerinnen bei den staatlichen Erziehungsanstalten.

---

[2]) Diejenigen Oberschullehrer — bisher Lyzeallehrer, früher ordentliche Lehrer — an den höheren Lehranstalten für die weibliche Jugend, die am 31. März 1920 das Gehalt der ordentlichen Seminarlehrer (Gehaltsklasse 24b des Ges. vom 26. Mai 1909 — GS. S. 85 — bezogen, erhalten für ihre Person die Bezüge der Seminaroberlehrer (bisher ordentliche Lehrer an den Lehrerseminaren).

## Gruppe 9.

**2820—3000—3180—3360—3540—3720—3900—4140** Goldmark jährlich.
Eichungsinspektoren ●).
Domänenrent- und Bauoberinspektoren (bisher Domänenrent- und Bauinspektoren).
Lotterieoberinspektoren (bisher Finanzobersekretäre bei der Lotterieverwaltung).
Bergverwaltungsoberinspektoren (bisher der Erste Bürovorsteher an Oberbergämtern und am Knappschaftsversicherungsamte Dortmund sowie Erste Bürovorsteher der Bernstein-, der Ober-, der Unterharzer Berg- und Hüttenwerke).
Bergrevieroberinspektor (bisher Obereinfahrer).
Kassenoberinspektor (bisher Kassenobersekretär in Sonderstellung beim Finanzministerium).
Präsidialoberinspektoren (bisher Präsidialsekretäre).
Rentenbankoberinspektoren (bisher Rentenbankobersekretäre bei den Rentenbanken und Kontrolleur bei der Rentenbank in Berlin).
Regierungsoberinspektoren / Kassenoberinspektoren } (bisher Regierungsobersekretäre und Kassenobersekretäre in Sonderstellungen).
Regierungsbauoberinspektoren (bisher Technische Regierungsobersekretäre in Sonderstellungen).
Eichungsoberinspektoren.
Oberinspektor (bisher Obersekretär in Sonderstellung) beim Provinzialschulkollegium Berlin — Abteilung für das Fach- und Fortbildungsschulwesen.
Hafenbüro-Oberinspektor (bisher Hafenpolizeiobersekretär in Sonderstellung).
Hafenpolizei-Oberinspektoren (bisher Hafeninspektoren).
Eisenbahnoberinspektor.
Justizoberinspektoren.
Dolmetscheroberinspektoren.
Kassenoberinspektoren (bisher Hauptkassenkontrolleure bei den besonders organisierten Gerichtskassen).
Kassenoberinspektor als Vorsteher des Einziehungsamts bei der Gerichtskasse Berlin-Mitte.
Justizoberinspektor (bisher Zwangsverwaltungsinspektor).
Justizoberinspektor (bisher Gerichtsvollzieher-Inspektor beim Amtsgerichte Berlin-Mitte).
Kreisoberinspektoren (bisher Kreissekretäre in Sonderstellungen).
Kriminaloberinspektoren (bisher Kriminalinspektoren).
Polizeipräsidialoberinspektor (bisher Zentralbürovorsteher).
Polizeioberinspektoren (bisher { Polizeiinspektoren, Kalkulaturvorsteher, Polizeiobersekretäre in Sonderstellungen).

Polizeikassenoberinspektoren (bisher Polizeikassenobersekretäre in Sonderstellungen).
Landjägereioberinspektoren (bisher Landjägerobersekretäre in Sonderstellungen).
Oberinspektoren beim Oberlandeskulturamt (bisher Obersekretäre).
Verwaltungsoberinspektoren (bisher Zentralbürovorsteher bei den Landwirtschaftlichen und Tierärztlichen Hochschulen.
Landeskulturoberinspektoren (bisher Kulturobersekretäre in Sonderstellungen).
Verwaltungsoberinspektor (bisher Obersekretär in Sonderstellung bei der Tierärztlichen Hochschule in Hannover).
Regierungsbauoberinspektoren, Kulturbauoberinspektoren (bisher Regierungsoberbausekretäre bzw. Kulturoberbausekretäre in Sonderstellungen).
Weinbauoberinspektor (bisher Gartenoberinspektor).
Wasserbauoberinspektoren (bisher Wasserbauobersekretäre in Sonderstellungen).
Verwaltungsoberinspektoren als Zentralbürovorsteher (bisher Zentralbürovorsteher bei
- den Technischen Hochschulen,
- der Preußischen Staatsbibliothek,
- den staatlichen Museen in Berlin,
- dem Charitékrankenhaus in Berlin,
- dem Materialprüfungsamt in Berlin-Dahlem,
- dem Meteorologischen Institut in Berlin nebst Observatorien bei Potsdam,
- dem Geodätischen Institut bei Potsdam,
- der Akademie der Wissenschaften).

Verwaltungsoberinspektor bei Universitäten (bisher Kuratorialbürovorsteher, Bürovorsteher bei Universitäten, Zentralbürovorsteher bei der Universität Berlin).
Gartenoberinspektor beim Botanischen Garten in Berlin-Dahlem.
Präsidialoberinspektoren (bisher Zentralbürovorsteher bei den Konsistorien und den Provinzialschulkollegien).
Verwaltungsoberinspektor als Bürovorsteher (bisher Bürovorsteher bei den staatlichen Museen in Berlin).
Oberinspektoren (bisher Obersekretäre in Sonderstellungen).
Konsistorialoberinspektoren (bisher Konsistorialobersekretäre in Sonderstellungen).
Verwaltungsoberinspektoren.
Bibliotheksoberinspektoren und -oberinspektorinnen (bisher Bibliotheksobersekretäre und -obersekretärinnen in Sonderstellung).
Verwaltungsoberinspektor als Zentralbürovorsteher (bisher Bürovorsteher bei den Anstalten und Instituten des Volksgesundheitswesens).
Theateroberinspektoren (bisher Theaterobersekretäre in Sonderstellung.)
Obersekretäre als Bürovorsteher beim Statistischen Landesamt.
Domänenoberrentmeister (bisher Domänenrentmeister).
Domänenoberrentmeister (bisher Domänenrent- und Oberfischmeister).
Oberrentmeister.
Forstoberrentmeister (bisher Forstrentmeister bei den großen Forstkassen).
Bergoberrentmeister (bisher Rendanten bei den Oberbergämtern und der Geologischen Landesanstalt).
Oberrentmeister (bisher Rendant beim Reichs- und Staatsanzeiger).
Oberrentmeister (bisher Rentmeister bei den großen Kreiskassen sowie beim Fürsorgeamt für Beamte aus den Grenzgebieten).
Justizoberrentmeister.
Polizeioberrentmeister (bisher Polizeikassenrendanten).
Oberrentmeister (bisher Rendanten bei den Landwirtschaftlichen und Tierärztlichen Hochschulen).
Oberrentmeister bei Technischen Hochschulen (bisher Rendanten).
Landjägereioberrentmeister (bisher Rentmeister bei der Landjägerei).
Güterdirektoren.
Kurdirektor.
Rendanten, Kontrolleur, Buchhaltereivorsteher bei der Lotterieverwaltung und der Berg-, Hütten- und Salinenverwaltung.
Buchhalter und Kontrolleur bei der Münzverwaltung.
Zweiter Münzingenieur.
Hauptrendanten bei den besonders großen Steinkohlenbergwerken.
Rechnungsrevisoren.
Hauptbuchhaltereivorsteher, Lagerverwalter, Vorsteher der Zweiggeschäftsstelle der Bernsteinwerke.
Obere Werksbeamte 1. Klasse.
Betriebsführer.
Vorsteher des Revisionsbüros und des Handelsbüros der Bergwerksdirektionen.
Markscheider.

Konrektor •) an den Vorschulen der Bergschule in Saarbrücken.
Katasterdirektoren (bisher Katasterkontrolleure).
Regierungslandmesser.
Oberbuchhalter.
Direktor des Tiergartens in Berlin.
Vorsteher des Revisionsbüros }
Vorsteher des Direktionsbüros } bei der Porzellanmanufaktur.
Hauptkassierer }
Eichungsrentmeister.
Lotsenkommandeure.
Seefahrtoberlehrer (bisher Seefahrtlehrer).
Oberlehrer bei den Baugewerk- und Maschinenbauschulen und sonstigen Fachschulen für Metallindustrie sowie bei den Schiffsingenieur- und Seemaschinistenschulen).
Handelsoberlehrerin (bisher Handelslehrerin).
Gewerbeoberschullehrerinnen (bisher Gewerbelehrerinnen) •) im Bereiche des Min. für Handel und Gewerbe.
Pensionatsvorsteherinnen •).
Oberamtsanwälte (bisher Amtsanwälte).
Bezirksrevisoren bei den Landgerichten und bei dem Amtsgerichte Berlin-Mitte.
Gerichtskassenkuratoren.
Strafanstaltsvorsteher.
Strafanstaltsvorsteherin.
Abteilungsvorsteher.
Oberingenieur.
Strafanstaltsoberlehrer } (bisher Strafanstaltslehrer, Strafanstaltslehrerin
Strafanstaltsoberlehrerin } in Sonderstellungen).
Vorsteher bei einem Strafvollzugsamte.
Polizeiräte.
Polizeirechnungsrevisoren (bisher Rechnungsrevisoren beim Polizeipräsidium in Berlin).
Telegrapheningenieur beim Polizeipräsidium in Berlin.
Polizeigefängnisdirektor in Berlin.
Polizeidistriktskommissare — zum Teil künftig wegfallend —.
Polizeihauptleute während der ersten 2 Dienstjahre als solche.
Polizeiapotheker.
Administratoren.
Weinbauoberlehrer } (bisher Fachlehrer an Landwirtschaftlichen Lehranstalten).
Obstbauoberlehrer }
Hauptlehrer.
Gestüttierärzte.
Quästoren (bisher Universitätskassenrendanten und Quästoren).
Universitätskassen- und Quästurkontrolleur in Berlin.
Ständige Hilfsarbeiter beim Materialprüfungsamt in Berlin-Dahlem.
Chordirektor — künftig wegfallend — bei den Staatstheatern in Berlin.
Maschineriedirektor bei den Staatstheatern in Cassel und Wiesbaden.
Seminar-Oberlehrer und †)-lehrerinnen (bisher Ordentliche Lehrer und †)Lehrerinnen an den Lehrer- bzw. Lehrerinnenseminaren).
Blindenoberlehrer } (bisher Ordentliche Lehrer an der Blindenanstalt in Steglitz
Taubstummenoberlehrer } an der Taubstummenanstalt in Neukölln).
Waisenhausoberlehrer (bisher Ordentliche Lehrer an der Waisen- und Schulanstalt in Bunzlau).
Oberschullehrerinnen (bisher Gewerbelehrerinnen) •) im Bereiche des Min. für Wissenschaft.
†) Blindenoberlehrerinnen } (bisher †)Ordentliche Lehrerinnen an der Blindenanstalt
†) Taubstummenoberlehrerinnen } in Steglitz und an der Taubstummenanstalt in Neukölln).
Präparandenlehrer •).
Oberschullehrer (bisher Gymnasial- usw., Zeichen-, Gesang-, Turn- und Lyzeallehrer) •).
†)Oberschullehrerinnen (bisher †) Zeichen-, †) Lyzeal-, †) Gesang- und †)Turnlehrerinnen sowie †)Jugendleiterinnen an höheren Lehranstalten) •).
Nicht akademisch gebildete Oberinnen an den mit den Oberlyzeen verbundenen Frauenschulen •).
Lehrer als Hauptlehrer }
†) Lehrerin als Hauptlehrerin } an den staatlichen Erziehungsanstalten.
Oberinnen als Vorsteherinnen }

### Gruppe 10.

**3600—3900—4140—4380—4620—4860—5100—5400** Goldmark jährlich.

Regierungsräte.
Regierungs- und Vermessungsräte.
Bergräte.

Erste Bergräte (bisher Bergräte als Bergrevierbeamte).
Berg- und Vermessungsräte (bisher Oberbergamtsmarkscheider).
Regierungs- und Bauräte.
Staatsarchivräte (bisher Staatsarchivare).
Regierungs- und Steuerräte.
Regierungs- und Kassenräte (bisher Kassentechnische Regierungsräte).
Regierungsbauräte (bisher Regierungs- und Bauräte in der Ortsinstanz sowie Regierungsoberingenieur bei den Wanderkursen für Heizer und Maschinisten).
Gewerberäte.
Studienräte.
†) Studienrätinnen.
Amtsgerichtsräte.
Landgerichtsräte.
Staatsanwaltschaftsräte.
Justizverwaltungsrat (bisher Verwaltungsreferent beim Kammergericht).
Landräte, Oberamtmänner und Kreisverwalter.
Kreisräte (bisher Landrätliche Hilfsbeamte).
Regierungs- und Versicherungsräte (bisher Versicherungsrevisoren).
Polizeiräte ●).
Polizeimedizinalräte (bisher Polizeiärzte).
Polizeiveterinärräte (bisher Polizeitierärzte).
Regierungs- und Landjägerräte.
Regierungs- und Kulturräte.
Regierungs- und Kulturräte.
Vermessungsräte (bisher Regierungsoberlandmesser als leitende Vermessungsbeamte sowie Ständige Hilfsarbeiter im Büro für die Hauptnivellements).
Nichtvollbesoldete Veterinärräte[1]) (bisher nicht vollbesoldete Kreistierärzte)[1]).
Gestütveterinärräte.
Bibliotheksräte (bisher Bibliothekare bei der Preußischen Staatsbibliothek, den Universitätsbibliotheken, dem Seminar für Orientalische Sprachen, der Hochschule für die bildenden Künste in Charlottenburg, den Technischen Hochschulen und der Landwirtschaftlichen Hochschule in Berlin).
Schulräte (bisher Kreisschulräte).
Studienräte, †) Studienrätinnen (bisher Oberzeichenlehrer, Obermusiklehrer bzw. †) Oberzeichenlehrerinnen, †) Obermusiklehrerinnen an den höheren Lehranstalten für die männliche und weibliche Jugend).
Seminar-Studienräte, †) Seminar-Studienrätinnen (bisher Oberlehrer an den Lehrer- und Lehrerinnenseminaren bzw. †) Oberlehrerinnen an den Lehrerinnenseminaren).
Turnräte, männliche und †) weibliche und Medizinalrat bei der Landesturnanstalt in Spandau.
Vollbesoldete Medizinalräte (bisher vollbesoldete Kreismedizinalräte).
Nicht vollbesoldete Medizinalräte[1]) (bisher nicht vollbesoldete Kreismedizinalräte)[1]).
Regierungs- und Bankräte (bisher Bankinspektoren als banktechnische Revisoren beim Wohnungs- und Siedlungswesen).
Studienräte (bisher Oberlehrer an den Kunstgewerbe-, Handwerker- und keramischen Fachschulen).
Amtsräte (bisher Ministerialsekretäre, technische Ministerialsekretäre).
Amtsräte als Ministerialbibliothekare (bisher Ministerialbibliothekare).
Amtsräte beim Direktorium der Staatsarchive (bisher Bürobeamte), bei der Oberrechnungskammer (bisher Revisoren, Registratoren).
Amtsräte beim Oberverwaltungsgericht (bisher Oberverwaltungsgerichtssekretäre einschließlich Bibliothekar), beim Staatsrat (bisher Bürobeamter beim Staatsrat), beim Evangelischen Oberkirchenrat (bisher Verwaltungsobersekretär).
Amtmänner.
Regierungsbauamtmann (bisher technischer Regierungsamtmann).
Verwaltungsamtmann beim Statistischen Landesamte.
Bergamtmänner. Technische Bergamtmänner. Regierungsamtmänner. Eichungsamtmann.
Justizamtmänner. Polizeiamtmänner.
Regierungsbauamtmänner (bisher Kulturbauamtmänner und technische Amtmänner).
Landeskulturamtmänner (bisher Kulturamtmänner).
Theateramtmänner (bisher Theateroberinspektoren bei den Staatstheatern in Berlin).
Oberförster.
Regierungsoberlandmesser.
Münzoberingenieur (bisher Münzbetriebsinspektor).
Münzwardein.
Erster Münzingenieur.
Bezirksgeologe, Bezirksgeologe und Professor (bisher Bergrat), Kustos, Kustos und Professor (bisher Kustoden), Chemiker, Chemiker und Professor (bisher Chemiker) — bei der Geologischen Landesanstalt.

Oberlehrer bei der Bergschule in Saarbrücken.
Revidierende Markscheider.
Markscheider ●).
Berghauptkassenrendanten.
Legationssekretär.
Rechnungsdirektor (bisher Universitätskassenrendant und Quästor in Berlin).
Rechnungsdirektor (bisher Vorsteher der Expedition beim Reichs- und Staatsanzeiger).
Kanzleidirektoren bei den Ministerien und Zentralbehörden.
Lektoren.
Katasterdirektoren (bisher Katasterkontrolleure) ●).
Regierungslandmesser
Landrentmeister.
Provinzialrentmeister bei den Rentenbanken.
Gartendirektor in Pyrmont.
Chemiker, Chemiker und Professor (bisher Chemiker der Versuchsanstalt).
Verkaufsvorsteher }
Malereivorsteher } bei der Porzellanmanufaktur.
Eichungsdirektoren.
Leiter der Bildhauer- usw. Klasse und Professor (bisher Oberlehrer an den Kunstgewerbe-, Handwerker- und keramischen Fachschulen als Leiter von Entwurfsklassen).
Vorsteherinnen.
Seefahrtoberlehrer (bisher Seefahrtlehrer.).
Baugewerkschuloberlehrer }
Maschinenbauschuloberlehrer }
Schiffsingenieurschuloberlehrer }
Seemaschinistenschuloberlehrer }
Fachschuloberlehrer } (bisher Lehrer bei den Baugewerk- und Maschinenbauschulen und sonstigen Fachschulen für Metallindustrie sowie bei den Schiffsingenieur- und Seemaschinistenschulen) ●).
Handelsoberlehrerinnen (bisher Handelslehrerinnen) ●).
Direktor der Beschlußanstalt in Suhl.
Oberamtsanwälte (bisher Amtsanwälte ●).
Direktoren der Rechnungsämter (bisher Rechnungsdirektoren bei den Oberlandesgerichten).
Kassendirektoren. Justizlandrentmeister. Rechnungsoberrevisoren. Strafanstaltsdirektoren.
Strafanstaltspfarrer. Strafanstaltsärzte. Polizeidirektoren. Kriminaldirektoren.
Telegraphendirektor beim Polizeipräsidium in Berlin.
Landrentmeister als Rendant der Polizeihauptkasse in Berlin.
Polizeihauptleute mit mehr als 2 Dienstjahren als solche.
Polizeioberapotheker.
Schulrat bei der Polizeiverwaltung.
Distriktskommissare ●).
Verwaltungsdirektor bei der Landjägerei.
Direktoren der chemischen Untersuchungsanstalten bei den Auslandsfleischbeschaustellen.
Oberfischmeister für die Binnengewässer.
Gartenbauoberlehrer, Weinbauoberlehrer, Obstbauoberlehrer (bisher Fachlehrer an den Landwirtschaftlichen Lehranstalten) ●).
Chemiker, Chemiker und Professor (bisher Erster Chemiker an der Landesanstalt für Fischerei).
Chemiker beim Landwirtschaftlichen Institut in Halle.
Zentralbürovorsteher beim Oberlandeskulturamte.
Landstallmeister (bisher Gestütdirektoren).
Pfarrer beim Charitékrankenhaus in Berlin.
Oberapotheker beim Charitékrankenhaus in Berlin.
Kustoden, Kustoden und Professoren.
Observatoren, Observatoren und Professoren.
Prosektor beim Anatomischen Universitätsinstitut in Halle (künftig wegfallend).
Ständige Mitglieder, Ständige Mitglieder und Professoren (bisher Ständige Mitglieder beim Materialprüfungsamt in Berlin-Dahlem).
Ständige Mitarbeiter, Ständige Mitarbeiter und Professoren (bisher Ständige Hilfsarbeiter beim Materialprüfungsamt in Berlin-Dahlem) ●).
Weltliche Konsistorialräte.
Wissenschaftlicher Beamter (Bibliothekar beim Akademischen Auskunftsamte der Universität in Berlin).
Zweiter Sekretär, Zweiter Sekretär und Professor }
Dritter Sekretär, Dritter Sekretär und Professor } (bisher Zweiter und Dritter Sekretär beim Historischen Institut in Rom).
Akademisch gebildete Oberinnen an den mit Lyzeen und Oberlyzeen verbundenen Frauenschulen.
Akademische Turn- und Sportlehrer.
Prorektoren an den Seminaren.
Oberlehrer an der Blindenanstalt in Steglitz, an der Waisen- und Schulanstalt in Bunzlau.
Seminar-Oberlehrer }
†) Seminar-Oberlehrerinnen } (bisher Ordentliche Lehrer und †)Lehrerinnen an den Lehrer- bzw. Lehrerinnenseminaren) ●).

Blindenoberlehrer
Taubstummenoberlehrer
} (bisher Ordentliche Lehrer an der Blindenanstalt in Steglitz und der Taubstummenanstalt in Neukölln) •).

Ordentliche Lehrer •) an der Waisen- und Schulanstalt in Bunzlau.

†)Blindenoberlehrerinnen
†)Taubstummenoberlehrerinnen
} (bisher †)Ordentliche Lehrerinnen an der Blindenanstalt in Steglitz und an der Taubstummenanstalt in Neukölln) •)

Lehrer, Lehrer und Professoren (bisher Lehrer am Seminar für Orientalische Sprachen in Berlin).

Lehrer und Professoren (bisher Lehrer an der Kunstschule in Berlin).

Vorsteher der staatlichen Präparandenanstalten.

Theateroberrentmeister bei den Staatstheatern in Berlin.

Verwaltungsdirektor bei dem Staatstheater Cassel.

Oberturnlehrer und †)Oberturnlehrerinnen.

Medizinalräte als Direktoren der Medizinaluntersuchungsämter.

Wissenschaftliche Mitglieder bei der staatlichen Nahrungsmitteluntersuchungsanstalt und der Landesanstalt für Wasserhygiene.

Erziehungsdirektoren (bisher Direktoren bei den staatlichen Erziehungsanstalten).

Abteilungsvorsteher und Professoren bei den Hygienischen Instituten in Beuthen und Landsberg a. W.

---

[1]) Die nichtvollbesoldeten Medizinalräte und die nichtvollbesoldeten Veterinärräte erhalten 75 v. H. der Grundgehaltssätze der vollbesoldeten Medizinalräte und der vollbesoldeten Veterinärräte.

## Gruppe 11.

**4200—4500—4800—5100—5400—5700—6000—6300** Goldmark jährlich.

Regierungsräte
Finanzräte
Justizräte
Regierungs- und Bauräte
Regierungs- und Forsträte
Regierungs- und Veterinärräte
Regierungs- und Landesökonomieräte
} in den Ministerien.

Bergräte (bisher Regierungsräte und Oberbergräte im Ministerium für Handel und Gewerbe).

Regierungs- und Forsträte.

Oberbergräte als Mitglieder der Bergwerksdirektionen und der Oberbergämter.

Bergräte in Sonderstellungen.

Regierungs- und Bauräte
- bei der Berg-, Hütten- und Salinenverwaltung,
- beim Wohnungs- und Siedlungswesen und beim Siedlungsverband Ruhrkohlenbezirk,
- im Finanzministerium, bei den Provinzialbehörden in sonstigen Beförderungsstellen,
- als Vertreter des Vorstandes der Verwaltung der Duisburg-Ruhrorter Häfen,
- als Vorsteher des Büros für die Hauptnivellements,
- bei der Landesanstalt für Gewässerkunde,
- bei den Provinzialbehörden und in sonstigen Beförderungsstellen der Landwirtschaftlichen Verwaltung,
- bei den staatlichen Museen in Berlin.

Regierungsräte, Finanzrat, Justizrat als Ministerial-Bürovorsteher — in jedem Ministerium einer — (bisher Ministerial-Bürovorsteher).

Erster Staatsarchivrat (bisher Erster Staatsarchivar).

Regierungs- und Gewerberäte.

Regierungs- und Gewerbeschulräte.

Amtsgerichts- und Landgerichtsräte als Vorsitzende der Kammern für Handelssachen, der auswärtigen Strafkammern und als Aufsichtführende Richter bei Amtsgerichten mit 5 und mehr Richtern, soweit nicht in Gruppe 12.

Erste Staatsanwälte als Leiter großer Amtsanwaltschaften, als Abteilungsvorsteher bei großen Staatsanwaltschaften, als Abteilungsvorsteher bei der Amtsanwaltschaft Berlin-Mitte sowie als ständige Vertreter von Oberstaatsanwälten.

Justizräte bei den Strafvollzugsämtern.

Regierungs- und Landjägerräte.

Regierungs- und Kassenrat (bisher Kassentechnischer Regierungsrat) beim Polizeipräsidium in Berlin).

Regierungs- und Volkswirtschaftsräte (Mitglieder des Statistischen Landesamts).

Regierungs- und Polizeirat (bisher Polizeitechnischer Hilfsarbeiter im Ministerium des Innern).

Regierungs- und Kriminalrat (bisher Kriminaltechnischer Hilfsarbeiter im Ministerium des Innern).

Regierungs- und Landjägerrat (bisher Landjägerrat als Hilfsarbeiter im Ministerium des Innern).
Polizeipharmazierat (bisher Polizeioberapotheker als ständiger Hilfsarbeiter im Ministerium des Innern).
Regierungs- und Landeskulturräte bei den Landeskulturämtern.
Regierungs- und Veterinärräte bei der Landwirtschaftlichen Verwaltung.
Verwaltungsrat für die wirtschaftlichen Angelegenheiten der Universitätskliniken und des Charitékrankenhauses.
Regierungs- und Baurat und Akademischer Oberförster bei der Universität in Greifswald.
Regierungs- und Schulräte.
Geistliche Konsistorialräte.
Erste Bibliotheksräte (bisher Oberbibliothekare als stellvertretende Direktoren und als Abteilungsdirigenten im Bereiche der Verwaltung des Ministeriums für Wissenschaft, Kunst und Volksbildung).
Regierungsrat bei den staatlichen Museen in Berlin.
Regierungs- und Medizinalräte.
Regierungsräte •).
Erste Bergräte (bisher Bergräte als Bergrevierbeamte) •).
Berg- und Vermessungsräte (bisher Oberbergamtsmarkscheider) •).
Staatsarchivräte (bisher Staatsarchivare) •).
Regierungs- und Steuerräte •).
Regierungs- und Kassenräte (bisher Kassentechnische Regierungsräte) •).
Regierungsbauräte (bisher Regierungs- und Bauräte in der Ortsinstanz sowie Regierungsoberingenieure bei den Wanderkursen für Heizer und Maschinisten) •).
Regierungs- und Bauräte •).
Gewerberäte •).
Studienräte (bisher Oberlehrer bei den Kunstgewerbe-, Handwerker- und keramischen Fachschulen) •).
Amtsgerichtsräte •).
Landgerichtsräte •).
Staatsanwaltschaftsräte •).
Regierungs- und Versicherungsräte (bisher Versicherungsrevisoren) •).
Landräte •) und Oberamtmänner •).
Polizeimedizinalräte (bisher Polizeiärzte) •).
Polizeiveterinärräte (bisher Polizeitierärzte) •).
Veterinärräte (bisher Vollbesoldete Kreistierärzte).
Nichtvollbesoldete Veterinärräte (bisher nichtvollbesoldete Kreistierärzte) •)[1]).
Regierungs- und Kulturräte •) als Kulturamtsvorsteher.
Regierungs- und Vermessungsräte •).
Gestütveterinärräte •).
Schulräte (bisher Kreisschulräte) •).
Weltliche Konsistorialräte •).
Turnräte bzw. Medizinalrat •) bei der Landesturnanstalt in Spandau.
Bibliotheksräte (bisher Bibliothekare im Bereiche der Verwaltung des Ministeriums für Wissenschaft, Kunst und Volksbildung) •).
Studienräte •), †) Studienrätinnen •).
Seminar-Studienräte (bisher Oberlehrer an den Lehrer- und Lehrerinnenseminaren) •).
†) Seminar-Studienrätinnen (bisher †) Oberlehrerinnen an den Lehrerinnenseminaren) •).
Medizinalräte (bisher vollbesoldete Kreismedizinalräte sowie vollbesoldete Kreismedizinalräte als Gewerbemedizinalräte und als Hilfsarbeiter bei Regierungen) •).
Regierungs- und Bankräte (bisher Bankinspektoren als Banktechnische Revisoren beim Wohnungs- und Siedlungswesen) •).
Medizinalräte als Direktoren der Medizinaluntersuchungsämter (bisher Direktoren der Medizinaluntersuchungsämter) •).
Erste Amtsräte — sofern mehr als ein Ministerial-Bürovorsteher vorhanden — (bisher Ministerial-Bürovorsteher).
Erste Amtsräte als Oberbuchhalter und als Kassierer der Generalstaatskasse (bisher Oberbuchhalter und Kassierer).
Erste Amtsräte
- beim Direktorium der Staatsarchive (bisher Bürovorsteher),
- beim Oberverwaltungsgericht (bisher Bürovorsteher),
- beim Staatsrat (bisher Erster Bürobeamter),
- beim Evangelischen Oberkirchenrat (bisher Bürovorsteher).

Amtsräte (bisher Ministerialsekretäre, technische Ministerialsekretäre) •).
Amtsräte als Ministerialbibliothekare (bisher Ministerialbibliothekare) •).
Amtsräte
- bei der Oberrechnungskammer (bisher Revisoren, Registratoren) •),
- beim Oberverwaltungsgericht (bisher Oberverwaltungsgerichtssekretäre einschließlich Bibliothekar),
- beim Evangelischen Oberkirchenrat (bisher Verwaltungsobersekretäre) •).

Weinbaudirektoren.
Oberförster als Leiter und Lehrer bei den Forstschulen.
Oberförster als Forsttechnischer Beirat beim Regierungspräsidenten in Sigmaringen.
Oberförster •).
Direktoren bei der Generallotteriedirektion.
Obermünzwardein.
Betriebsdirektor als Obermünzmeister (bisher Obermünzmeister).
Oberbergräte als Direktoren kleiner Werke.
Landesgeologen und Professoren (bisher Landesgeologen).
Chemiker •).
Direktor der Bergschule in Saarbrücken, Oberlehrer •) bei der Bergschule in Saarbrücken.
Revidierende Markscheider •).
Direktor und Redakteur beim Reichs- und Staatsanzeiger.
Obereichungsdirektoren •).
Fachschuldirektoren der Fachschulen für Metallindustrie und der keramischen Fachschulen (bisher Direktoren).
Seefahrtschuldirektoren.
Chemiker, Chemiker und Professor (bisher Chemiker bei der Porzellanmanufaktur) •).
Direktorinnen der Handels- und Gewerbeschulen für Mädchen und Lehrerinnenbildungsanstalten.
Leiter der Bildhauer- usw. Klasse und Professor (bisher Oberlehrer bei Kunstgewerbe-, Handwerker- und keramischen Fachschulen) •).
Direktoren der Rechnungsämter (bisher Rechnungsdirektoren) •).
Strafanstaltsdirektoren •).
Strafanstaltspfarrer •).
Strafanstaltsärzte •).
Polizeimedizinalrat, Polizeiveterinärrat als ständige Hilfsarbeiter im Ministerium des Innern.
Polizeimajore.
Polizeioberapotheker in Sonderstellung.
Direktoren •) als Vorsteher der chemischen Untersuchungsanstalt bei den Auslandsfleischbeschaustellen.
Institutsvorsteherstellvertreter.
Landstallmeister (bisher Gestütdirektoren) •).
Landstallmeister als Dirigenten der kleinen Hauptgestüte.
Pfarrer •) beim Charitékrankenhaus.
Oberförster bei dem Stift Neuzelle.
Direktor der Blindenanstalt in Steglitz und der Taubstummenanstalt in Neukölln.
Zweiter Direktor und Professor (bisher Zweiter Direktor des Botanischen Gartens und Museums in Berlin-Dahlem).
Vorsteher der staatlichen Bildstelle in Berlin.
Vorsteher der staatlichen Präparandenanstalten •).
Zweiter Direktor und Professor (bisher Zweiter Direktor des Zoologischen Universitätsmuseums in Berlin).
Direktor des Saalburgmuseums.
Direktor des Museums vaterländischer Altertümer in Kiel.
Ständige Mitglieder, Ständige Mitglieder und Professoren (bisher Ständige Mitglieder beim Materialprüfungsamt in Berlin-Dahlem) •).
Kustoden, Kustoden und Professoren •).
Observatoren, Observatoren und Professoren •).
Wissenschaftliche Mitglieder und Professoren (bisher Wissenschaftliche Mitglieder beim Institut für experimentelle Therapie in Frankfurt a. M.).
Studiendirektoren der Nichtvollanstalten mit weniger als 12 Klassen und an höheren Lehranstalten für die männliche und weibliche Jugend.
Direktor des Akademischen Auskunftsamts an der Universität in Berlin.
Ständige Sekretäre und Professoren (bisher Ständige Sekretäre bei der Akademie der Künste in Berlin).
Lehrer, Lehrer und Professoren (bisher Lehrer am Seminar für orientalische Sprachen in Berlin) •).
Lehrer und Professoren (bisher Lehrer an der Kunstschule in Berlin) •).
Akademisch gebildete Oberinnen an den mit Lyzeen und Oberlyzeen verbundenen Frauenschulen) •).
Studiendirektoren und -Direktorinnen (bisher Seminardirektoren und -Direktorinnen).
Prorektoren •) an den Seminaren.
Oberlehrer an der Blindenanstalt in Steglitz und an der Waisen- und Schulanstalt in Bunzlau •).
Betriebsdirektoren bei den Staatstheatern in Berlin (künftig wegfallend).
Verwaltungsdirektor bei dem Staatstheater in Wiesbaden.
Akademischer Turn- und Sportlehrer •).

Theateroberrentmeister •).
Theateroberinspektor •).
Abteilungsleiter und Professor (bisher Abteilungsleiter bei dem Institut für Infektionskrankheiten „Robert Koch", bei der Landesanstalt für Wasserhygiene und der staatlichen Nahrungsmitteluntersuchungsanstalt).
Wissenschaftliche Mitglieder, Wissenschaftliche Mitglieder und Professoren (bisher Wissenschaftliche Mitglieder bei der staatlichen Nahrungsmitteluntersuchungsanstalt) •).
Abteilungsvorsteher, Abteilungsvorsteher und Professor (bisher Abteilungsvorsteher bei den hygienischen Instituten in Beuthen und Landsberg a. W.) •).
Erziehungsdirektor (bisher Direktor bei den staatlichen Erziehungsanstalten) •).

---

[1]) Die nicht vollbesoldeten Veterinärräte •) erhalten 75 v. H. der Grundgehaltssätze der Veterinärräte (bisher vollbesoldete Kreistierärzt •).

## Gruppe 12.

**4860—5220—5580—5940—6360—6780—7200** Goldmark jährlich.

Oberregierungsräte. Oberfinanzräte. Oberjustizräte. Oberbergräte. Oberstudienräte.
Oberstudienrätinnen bei Provinzialschulkollegien.†) Oberstudienrätinnen bei höheren Lehranstalten.
Oberschulräte. Oberlandesgerichtsräte. Landräte bei großen Landratsämtern.
Weltliche Oberkonsistorialräte. Geistliche Oberkonsistorialräte.
Oberregierungs- und -forsträte (bisher Regierungs- und Forsträte in Sonderstellungen).
Erste Bergräte (bisher Bergräte als Bergrevierbeamte in Sonderstellungen).
Oberregierungsräte, Oberfinanzrat, Oberjustizrat als Ministerialverwaltungsdirektoren (bisher Ministerial-Bürodirektoren).
Oberregierungsräte (bisher Regierungsräte in Sonderstellungen).
Regierungsbaurat (bisher Oberbauräte und Regierungs- und Bauräte in Sonderstellungen in der Ortsinstanz).
Oberregierungs- und -bauräte (bisher Oberbauräte und Regierungs- und Bauräte in Sonderstellungen).
Oberregierungs- und Gewerberäte (bisher Oberregierungs- und Gewerberäte und Regierungs- und Gewerberäte in Sonderstellungen).
Oberregierungs- und Gewerbeschulräte (bisher Regierungs- und Gewerbeschulräte in Sonderstellungen).
Gewerberäte in Sonderstellungen.
Polizeiobermedizinalrat (bisher Polizeiarzt in Sonderstellung beim Polizeipräsidium in Berlin).
Polizeimedizinalräte (bisher Polizeiärzte in Sonderstellungen).
Polizeioberveterinärrat (bisher Polizeitierarzt in Sonderstellung beim Polizeipräsidium in Berlin).
Polizeiveterinärräte (bisher Polizeitierärzte in Sonderstellungen).
Oberregierungs- und -landeskulturräte (bisher Regierungs- und Landeskulturräte in Sonderstellungen).
Oberregierungs- und -veterinärräte (bisher Regierungs- und Veterinärräte in Sonderstellungen).
Oberregierungs- und -schulräte (bisher Oberregierungs- und Schulräte bei den größeren Regierungen und Regierungs- und Schulräte in Sonderstellung).
Medizinalrat als Direktor des Medizinaluntersuchungsamts (bisher Direktor in Sonderstellung bei dem Medizinaluntersuchungsamt).
Oberregierungs- und -medizinalräte (bisher Regierungs- und Medizinalräte in Sonderstellungen).
Verwaltungsdirektoren { bei der Oberrechnungskammer (bisher Ministerial-Bürodirektor), beim Oberverwaltungsgericht (bisher Bürodirektor), beim Staatsrat (bisher Bürodirektor).
Direktor der Generalstaatskasse (bisher Rendant).
Direktor der Hauptbuchhalterei (bisher Vorsteher der Hauptbuchhalterei des Finanzministeriums).
Direktor der Technischen Abteilung und Professor (bisher Direktor der Technischen Abteilung bei der Porzellanmanufaktur).
Direktor und Professor (bisher Direktor der Biologischen Anstalt auf Helgoland).
Direktoren und Professoren (bisher Direktoren bei den Hygienischen Instituten in Beuthen und Landsberg a. W.).
Oberforstmeister.
Erster Direktor bei der Lotterieverwaltung.
Obermünzwardein } als Vertreter des Münzdirektors.
Betriebsdirektor als Obermünzmeister (bisher Obermünzmeister } als Vertreter des Münzdirektors.
Oberbergamtsdirektor (bisher Oberbergrat als Vertreter des Berghauptmanns).

Abteilungsdirektoren und Professoren (bisher Abteilungsdirektoren und Vorsteher der Chemischen Abteilung bei der Geologischen Landesanstalt).
Staatsarchivdirektoren (bisher Direktoren von Staatsarchiven).
Regierungsdirektoren (bisher Oberregierungsräte als Abteilungsdirigenten bei den Regierungen).
Verwaltungsgerichtsdirektoren bei den Regierungen einschließlich der Bau- und Finanzdirektion in Berlin).
Regierungsdirektor (bisher Oberregierungsrat als Vertreter des Leiters des Fürsorgeamts für Beamte aus den Grenzgebieten)
Regierungsdirektoren als Direktoren der Oberversicherungsämter (bisher Oberregierungsräte als Direktoren der Oberversicherungsämter).
Oberstudiendirektoren bei großen Baugewerk- und Maschinenbauschulen (bisher Direktoren der großen Baugewerkschulen und Maschinenbauschulen).
Oberstudiendirektoren für die Schiffsingenieur- und Seemaschinistenschulen in Stettin und Flensburg sowie die Fachschulen für Seemaschinisten in Geestemünde (bisher Direktoren).
Oberseefahrtschuldirektor in Altona (bisher Direktor der Seefahrtschule in Altona).
Studiendirektoren bei Baugewerk- und Maschinenbauschulen (bisher Direktoren).
Studiendirektoren bei Kunstgewerbe- und Handwerkerschulen (bisher Direktoren).
Obereichungsdirektor in Sonderstellung.
Direktor beim Provinzialschulkollegium in Berlin (bisher Oberregierungsrat als Leiter der Abteilung für das Fach- und Fortbildungsschulwesen bei dem Provinzialschulkollegium in Berlin).
Landgerichtsdirektoren.
Amtsgerichtsdirektoren bei Amtsgerichten mit 10 und mehr Richtern: soweit mehrere vorhanden sind, der erste aufsichtsführende Richter und die beiden Vertreter des Amtsgerichtspräsidenten beim Amtsgericht Berlin-Mitte (bisher Aufsichtführende Richter).
Oberstaatsanwälte.
Oberstrafanstaltsdirektoren bei den Strafgefängnissen in Plötzensee und Berlin-Tegel sowie dem Untersuchungsgefängnisse Berlin-Moabit.
Strafanstaltsoberpfarrer (bisher Strafanstaltspfarrer in Sonderstellungen).
Polizeipräsidenten — soweit nicht in Gruppe 13 oder Gruppe II der Einzelgehälter aufgeführt —.
Regierungsdirektor (bisher Oberregierungsrat als Abteilungsleiter beim Polizeipräsidium Berlin).
Polizei-Oberstwachtmeister als Kommandeure der uniformierten Polizei und im Ministerium des Innern.
Direktor des Polizeikrankenhauses in Berlin.
Landeskulturdirektoren (bisher Oberregierungsräte bei den Landeskulturämtern).
Landeskulturgerichtsdirektoren (bisher Kulturgerichtsdirektoren).
Institutsdirektoren und Professoren (bisher Institutsvorsteher bei der Versuchs- und Forschungsanstalt für Tierzucht in Tschechnitz sowie bei den Versuchs- und Forschungsanstalten in Landsberg a. W. und Kiel).
Institutsdirektor (bisher Institutsvorsteher bei der Versuchs- und Forschungsanstalt für Getreideverarbeitung in Berlin).
Direktoren der höheren landwirtschaftlichen Lehranstalten in Proskau und Geisenheim.
Oberstallmeister (bisher Landstallmeister).
Direktor beim Provinzialschulkollegium Berlin (bisher Oberregierungsrat als Abteilungsleiter).
Universitätsrichter an der Universität in Berlin.
Wissenschaftliche Beamte und Professor (bisher Wissenschaftliche Beamte bei der Akademie der Wissenschaften).
Ärztlicher Direktor } beim Charitékrankenhaus in Berlin.
Verwaltungsdirektor }
Abteilungsvorsteher und Professoren (bisher Abteilungsvorsteher bei dem Materialprüfungsamt in Berlin-Dahlem, bei dem Geodätischen Institut bei Potsdam und beim Meteorologischen Institut in Berlin nebst Observatorien bei Potsdam).
Abteilungsdirektoren bei der Preußischen Staatsbibliothek in Berlin.
Direktoren { der Universitätsbibliotheken,
beim Landesmuseum und bei der Gemäldegalerie in Cassel.
Hauptobservatoren und Professoren (bisher Hauptobservatoren beim Astrophysikalischen Observatorium bei Potsdam, bei der Universitätssternwarte in Babelsberg und beim Aronautischen Observatorium bei Lindenberg).
Wissenschaftliches Mitglied und Professor (bisher Wissenschaftliches Mitglied beim Institut für experimentelle Therapie in Frankfurt a. M.).
Direktor der staatlichen Stelle für Naturdenkmalpflege in Preußen.
Oberstudiendirektoren bei den höheren Lehranstalten (großen Doppelanstalten für die männliche und weibliche Jugend und bei Anstalten mit großen Alumnaten).
Studiendirektoren der Vollanstalten.
Oberstudiendirektoren bei den staatlichen Bildungsanstalten.

Studiendirektoren der Nichtvollanstalten mit wenigstens 12 Klassen.
Studiendirektoren der Nichtvollanstalten mit weniger als 12 Klassen ●).
Kustoden, Kustoden und Professoren.
Direktoren bei der Auskunftsstelle für Schulwesen und der Hauptstelle für den naturwissenschaftlichen Unterricht in Berlin.
Direktor der Preußischen Hochschule für Leibesübungen — Landesturnanstalt in Spandau (bisher Oberturndirektor).
Oberturnrat bei der Landesturnanstalt in Spandau.
Erster Sekretär und Professor (bisher Erster Sekretär bei dem Historischen Institut in Rom).
Studiendirektoren und -direktorinnen (bisher Seminardirektoren und -direktorinnen) ●).
Direktoren der Blindenanstalt in Steglitz und der Taubstummenanstalt in Neukölln.
Abteilungsdirektoren und Professoren (bisher Abteilungsdirektoren beim Institut für Infektionskrankheiten „Robert Koch", bei der Landesanstalt für Wasserhygiene und der staatlichen Nahrungsmitteluntersuchungsanstalt).

### Gruppe 13.

**6300—7200—8100—8700—9600** Goldmark jährlich.

Ministerialräte. Oberverwaltungsgerichtsräte. Oberlandeskulturräte.
Oberkonsistorialräte (bisher Räte beim Evangelischen Oberkirchenrat).
Staatsfinanzräte (bisher Ministerialräte bei der Oberrechnungskammer).
Oberregierungsrat als Vertreter des Präsidenten des Statistischen Landesamts).
Direktoren der Bernsteinwerke, der Oberharzer und der Unterharzer Berg- und Hüttenwerke.
Direktoren bei den Provinzialschulkollegien in Berlin, Breslau und Coblenz (bisher Abteilungsdirigenten).
Direktoren bei den staatlichen Museen, der Unterrichtsanstalt des Kunstgewerbemuseums, der Nationalgalerie in Berlin.
Direktoren und Professoren (bisher Direktoren des Materialprüfungsamts in Berlin-Dahlem und des Instituts für experimentelle Therapie in Frankfurt a. M.).
Direktor der Generalverwaltung der Staatstheater in Berlin.
Münzdirektor.
Ministerialrat als Leiter des Grubensicherheitsamts (bisher Leiter des Grubensicherheitsamts).
Bevollmächtigter bei der auswärtigen Vertretung Preußens.
Zweiter Direktor des Geheimen Staatsarchivs in Berlin.
Vizepräsidenten der Oberpräsidien (bisher Oberpräsidialräte).
Regierungsvizepräsidenten, Vizepräsident der preußischen Bau- und Finanzdirektion (bisher Oberregierungsräte bei den Regierungen als erste Vertreter der Regierungspräsidenten sowie erster Vertreter des Präsidenten der Preußischen Bau- und Finanzdirektion Berlin).
Regierungsdirektor (bisher Oberregierungsrat als Leiter des Fürsorgeamts für Beamte aus den Grenzgebieten).
Regierungsdirektor als Direktor des Oberversicherungsamts Groß-Berlin (bisher Direktor).
Staatskommissar bei der Preußischen Landesauftragsstelle (Ministerialrat).
Senatspräsidenten bei den Oberlandesgerichten.
Landgerichtspräsidenten, soweit nicht in Gruppe I der Einzelgehälter aufgeführt.
Oberstaatsanwalt als erster Vertreter des Generalstaatsanwalts beim Kammergericht.
Präsidenten bei den Strafvollzugsämtern.
Polizeipräsidenten der großen Polizeipräsidien.
Polizei-Vizepräsident in Berlin (bisher Oberregierungsrat als erster Vertreter des Polizeipräsidenten in Berlin).
Polizeiobersten als Kommandeure der uniformierten Polizei und im Ministerium des Innern.
Landforstmeister. Wasserbaudirektoren. Strombaudirektoren.
Vizepräsidenten (bisher Direktoren der Provinzialschulkollegien).
Generalsuperintendenten bei den Konsistorien in Cassel, Wiesbaden und Aurich.
Universitätskuratoren in Greifswald, Halle, Göttingen, Marburg, Bonn, Königsberg, Breslau und Kiel.
Verwaltungsdirektor bei den staatlichen Museen in Berlin.
Erster Direktor der Preußischen Staatsbibliothek in Berlin.

## B. Gehälter mit Mindestgrundgehaltssätzen.

### Gruppe 1.

Mindestgrundgehaltssätze jährlich: **2100—2250—2400—2550—2700—2850—3000—3120 GM.**

Konzertmeister
Kammermusiker } bei den Staatstheatern in Cassel und Wiesbaden — sämtliche Stellen sind künftig wegfallend.

### Gruppe 2.

Mindestgrundgehaltssätze jährlich: **2400—2580—2760—2940—3060—3240—3420—3600** GM.

| | |
|---|---|
| Konzertmeister<br>Kammermusiker<br>Orchesterinspektor | bei den Staatstheatern in Berlin — sämtliche Stellen sind künftig wegfallend. |

---

Zu 1 und 2: Zu den Mindestgrundgehaltssätzen kann ein ausgleichszuschlagsfähiger Ergänzungsbetrag von durchschnittlich jährlich 342 Goldmark für ein Drittel und von durchschnittlich jährlich 720 Goldmark für ein Sechstel aller Stellen mit der Maßgabe gewährt werden, daß das Gesamtgrundgehalt des einzelnen Stelleninhabers bei 1 : 2850 Goldmark, bei 2 : 3150 Goldmark jährlich nicht übersteigen darf.

### Gruppe 3.

**6498** GM. jährlich im Durchschnitt. Mindestgrundgehaltssätze: **4800—5088—5370—5652—5934—6216—6498—6780** GM., in besonderen Einzelfällen bis zu **8754** GM.

Außerordentliche Professoren sowie Abteilungsvorsteher bei den Wissenschaftlichen Hochschulen.

| | |
|---|---|
| Professoren bei | der Akademischen Hochschule für die bildenden Künste,<br>der Akademischen Hochschule für Musik in Charlottenburg,<br>der Unterrichtsanstalt beim Kunstgewerbemuseum in Berlin,<br>den Kunstakademien in Cassel, Düsseldorf und Königsberg,<br>der Akademie für Kunst und Kunstgewerbe in Breslau,<br>der Akademie für Kirchen- und Schulmusik in Charlottenburg |

je zu einem Drittel.

### Gruppe 4.

**8352** GM. jährlich im Durchschnitt. Mindestgrundgehaltssätze: **5940—6342—6744—7146—7548—7950—8352—8754** GM., in besonderen Einzelfällen bis zu **10 500** GM.

Ordentliche Professoren bei den Wissenschaftlichen Hochschulen.

| | |
|---|---|
| Professoren bei | der Akademischen Hochschule für die bildenden Künste,<br>der Akademischen Hochschule für Musik in Charlottenburg,<br>der Unterrichtsanstalt des Kunstgewerbemuseums in Berlin,<br>den Kunstakademien in Cassel, Königsberg und Düsseldorf,<br>der Akademie für Kunst und Kunstgewerbe in Breslau,<br>der Akademie für Kirchen- und Schulmusik in Charlottenburg |

je zu zwei Dritteln.

Vorsteher der Akademischen Meisterateliers für die bildenden Künste und der Akademischen Meisterschulen für musikalische Komposition in Charlottenburg.

Abteilungsvorsteher bei der Hochschule für Musik.

Direktor der Akademie für Kirchen- und Schulmusik in Charlottenburg.

---

Zu 3 und 4: Von dem weiteren Aufrücken im Grundgehalte sind diejenigen Professoren bei den wissenschaftlichen Hochschulen ausgenommen, die mit ihrem Einverständnis oder kraft Gesetzes vom Halten von Vorlesungen entbunden sind oder bei denen nach Entscheidung des zuständigen Ministers die Voraussetzungen vorliegen, unter denen nichtrichterliche Beamte in den Ruhestand versetzt werden können.

### Gruppe 5.

**9800** GM. jährlich im Durchschnitt. Mindestgrundgehaltssätze: **6300—7000—7700—8400—9100—9800—10 500** GM., in besonderen Einzelfällen bis zu **10 731** GM.

Akademiedirektoren als Forstliche Hochschullehrer.

| | |
|---|---|
| Direktoren | der Akademischen Hochschule für die bildenden Künste,<br>der Akademischen Hochschule für Musik in Charlottenburg,<br>der Kunstschule in Berlin,<br>der Kunstakademien in Cassel, Düsseldorf und Königsberg,<br>der Akademie für Kunst und Kunstgewerbe in Breslau. |

## 2. Einzelgehälter.

### Gruppe I.

**10 500** Goldmark jährlich.

Direktor der Porzellanmanufaktur.

Künstlerischer Direktor und Professor (bisher künstlerischer Direktor der Porzellanmanufaktur).

Direktor und Professor (bisher Direktor des Instituts für Gärungsgewerbe und Stärkefabrikation in Berlin).

Direktoren und Professoren (bisher Direktor des Astrophysikalischen Observatoriums und des Aronautischen Observatoriums bei Lindenberg).
Präsidenten der Bergwerksdirektionen.
Präsidenten großer Landgerichte.
Amtsgerichtspräsident Berlin-Mitte
Präsident des Strafvollzugsamts Berlin.
Präsidenten der Konsistorien mit Ausnahme von Berlin.
Vizepräsidenten der Oberlandesgerichte als ständige Vertreter der Oberlandesgerichtspräsidenten bei Oberlandesgerichten mit mehreren Senatspräsidenten — mit Ausnahme des Kammergerichts.
Generalstaatsanwälte bei den Oberlandesgerichten.
Generalstaatsanwalt bei dem Landgericht 1 in Berlin.
Staatskommissar für öffentliche Ordnung.
Vizepräsidenten der Provinzialschulkollegein in Breslau und Coblenz.
Generalsuperintendenten mit Ausnahme derjenigen in Wiesbaden, Cassel und Aurich.
Kommandeure der uniformierten Polizei in Sonderstellungen.

**Gruppe II.**

**12 000** Goldmark jährlich.

Ministerialdirigenten. Präsident der Lotterieverwaltung.
Präsident des Bezirksausschusses, gleichzeitig der Preußischen Bau- und Finanzdirektion Berlin.
Präsident des Statistischen Landesamts.
Präsidenten der Landeskulturämter.
Präsident { des Landeskonsistoriums in Hannover, des Konsistoriums in Berlin
Präsident und Professor (bisher Direktor des Instituts für Infektionskrankheiten „Robert Koch").
Präsident und Professor (bisher Direktor der Landesanstalt für Wasserhygiene).
Präsident und Professor (bisher Präsident der Geologischen Landesanstalt)
Direktoren, darunter 1 Vizepräsident bei der Oberrechnungskammer (bisher Direktoren).
Erster Direktor / Zweiter Direktor } beim Kaiser-Wilhelm-Institut für Biologie in Berlin-Dahlem.
Direktoren und Professoren (bisher Direktoren der Kaiser-Wilhelm-Institute für Physikalische Chemie, experimentelle Therapie, Biologie, Faserstoff-Chemie, Metallforschung, Eisenforschung, Kohlenforschung).
Vizepräsident { der Justizprüfungskommission, des Kammergerichts als ständiger Vertreter des Kammergerichtspräsidenten. des Provinzialschulkollegiums in Berlin.
Regierungspräsidenten.
Senatspräsidenten, darunter 1 Vizepräsident beim Oberverwaltungsgericht.
Polizeipräsident in Berlin.
Weltlicher Vizepräsident des Evangelischen Oberkirchenrats (bisher Weltlicher Vertreter des Präsidenten).
Verbandspräsident des Siedlungsverbandes Ruhrkohlenbezirk.
Gesandter bei der auswärtigen Vertretung Preußens.
Berghauptleute.
Generaldirektor der Staatsarchive, zugleich Erster Direktor des Geheimen Staatsarchivs in Berlin.
Staatskommissar bei der Berliner Börse.
Generalstaatsanwalt beim Kammergericht.
Generaldirektor der Preußischen Staatsbibliothek.
Generaldirektor der staatlichen Museen in Berlin.

**Gruppe III.**

**13 500** Goldmark jährlich.

Ministerialdirektoren.
Präsident { der Justizprüfungskommission, des Oberverwaltungsgerichts, des Oberlandeskulturamts, des Evangelischen Oberkirchenrats.
Oberpräsidenten. Kammergerichtspräsidenten. Oberlandesgerichtspräsidenten.
Oberberghauptmann. Oberlandforstmeister. Oberlandstallmeister.

**Gruppe IV.**

**18 000** Goldmark jährlich.

Staatssekretäre. Chefpräsident der Oberrechnungskammer.

**Gruppe V.**

**27 000** Goldmark jährlich.

Ministerpräsident. Minister.

## Abschnitt II.

## Gehälter für die Beamten des Landtags.

**Gruppe 3.**

**960—1020—1080—1140—1200—1260—1308—1344—1380** Goldmark jährlich

Amtsgehilfen.

**Gruppe 4.**

**1104—1176—1248—1320—1392—1428—1476—1524—1572** Goldmark jährlich.

Amtsgehilfen● ).

**Gruppe 5.**

**1296—1380—1452—1524—1596—1668—1716—1776—1824** Goldmark jährlich.

Maschinenmeister. Verwaltungsassistenten.

**Gruppe 6.**

**1596—1704—1812—1920—2028—2124—2208—2292—2376** Goldmark jährlich.

Maschinenmeister● ).

**Gruppe 7.**

**2100—2220—2340—2460—2640—2760—2880—3000—3120** Goldmark jährlich.

Bibliotheksſekretärin. Verwaltungsobersekretäre. Maschinenbetriebsleiter. Bürosekretäre. Bibliothekſekretäre.

**Gruppe 8.**

**2400—2580—2760—2940—3060—3240—3420—3600** Goldmark jährlich.

Bibliothekſekretärinnen● ).

**Gruppe 9.**

**2820—3000—3180—3360—3540—3720—3900—4140** Goldmark jährlich.

Landtagssekretäre. Leihstellenvorsteherin der Landtagsbücherei.

**Gruppe 10.**

**3600—3900—4140—4380—4620—4860—5100—5400** Goldmark jährlich.

Landtagsobersekretär.

**Gruppe 11.**

**4200—4500—4800—5100—5400—5700—6000—6300** Goldmark jährlich.

Landtagsarchivare. Landtagsstenographen. Bibliothekar. Ingenieur.

**Gruppe 12.**

**4860—5220—5580—5940—6360—6780—7200** Goldmark jährlich.

Direktor der Landtagsbücherei. Direktor des Stenographischen Büros.

**Gruppe 13.**

**6300—7200—8100—8700—9600** Goldmark jährlich.

Direktor beim Landtage.

## Abschnitt III.

## Gehälter für die Hofbeamten.

(Zum Teil künftig wegfallend.)

**Gruppe 2.**

**876—912—948—1008—1068—1128—1188—1236—1272** Goldmark jährlich.

Amtsgehilfe. Wachtmänner. Pförtner[1]). Überfahrer. Schloßaufseher[2]). Schloßaufseherinnen.

---

[1]) Die am 1. April 1920 im Amte befindlich gewesenen Pförtner, soweit sie Portiers 1. Klasse waren, erhalten für ihre Person die Bezüge der Gruppe 4.

[2]) Die am 1. April 1920 im Amte befindlich gewesenen Schloßaufseher erhalten für ihre Person die Bezüge der Gruppe 3.

### Gruppe 3.

**960—1020—1080—1140—1200—1260—1308—1344—1380** Goldmark jährlich.

Schloßaufseher •). Parkaufseher. Maschinisten. Fähraufseher.
Aufseher der Wasserkünste (bisher Fontänen- und Brunnenwärter).
Schirrmeister in Babelsberg. Amtsgehilfen •).

### Gruppe 4.

**1104—1176—1248—1320—1392—1428—1478—1524—1572** Goldmark jährlich.

Schloßvögte. Kanzleiassistenten. Gartenobergehilfen. Weißzeugaufseherinnen. Obermaschinisten.

### Gruppe 5.

**1296—1380—1452—1524—1596—1668—1716—1776—1824** Goldmark jährlich.

Schloßverwalter. Verwalter der Wohngebäude. Obergärtner ohne Revier. Maschinenmeister. Bauleitender Monteur. Bauwarte. Materialienverwalter bei der Schloßbaukommission. Kanzleisekretär.

### Gruppe 6.

**1596—1704—1812—1920—2028—2124—2208—2292—2376** Goldmark jährlich.

Kanzleisekretär. Schloßinspektoren. Oberbauwarte[2]). Obergärtner mit Revier. Oberschirrmeister bei der Gartenintendantur Obermonteur als Betriebsleiter Sekretäre[1]).

[1]) Ein am 31. März 1920 im Büro tätig gewesener Inhaber der Stellen erhält nach Maßgabe der vom Staatsministerium auf Grund des Spruchs des Reichsschiedsgerichts zu erlassenden Bestimmungen für seine Person die Bezüge der Gruppe V 7.

[2]) Ein am 31. März 1920 im Amt befindlich gewesener Stelleninhaber erhält für seine Person die Bezüge der Gruppe V 7.

### Gruppe 7.

**2100—2220—2340—2460—2640—2760—2880—3000—3120** Goldmark jährlich.

Oberhofmarschallamtssekretäre[1]). Bauobersekretäre[1]). Schloßoberinspektoren. Obermaschinenmeister.

[1]) Die am 31. März 1920 im Amt befindlich gewesenen Inhaber der Stellen erhalten für ihre Person die Bezüge der Gruppe 8, sobald sie in ihrer Stelle oder in Gruppe 7 eine Dienstzeit von insgesamt 10 Jahren zurückgelegt haben.

### Gruppe 8.

**2400—2580—2760—2940—3060—3240—3420—3600** Goldmark jährlich.

Garteninspektoren. Oberhofmarschallamtssekretäre •). Bauobersekretäre •).

### Gruppe 9.

**2820—3000—3180—3360—3540—3720—3900—4140** Goldmark jährlich.

Gartenoberinspektoren. Oberprovisor. Oberbuchhalter.

### Gruppe 10.

**3600—3900—4140—4380—4620—4860—5100—5400** Goldmark jährlich.

Hofstaatssekretäre. Hofapotheker. Bibliothekar. Hausarchivar. Kustos.

### Gruppe 11.

**4200—4500—4800—5100—5400—5700—6000—6300** Goldmark jährlich.

Bauräte. Hofstaatssekretäre •). Hausarchivar •)[1]). Kustos •). Bibliothekar •).

[1]) Der am 31. März 1920 im Amte befindlich gewesene Inhaber der Stelle erhält für eine Person die Bezüge der Gruppe A 12.

### Gruppe 12.

**4860—5220—5580—5940—6360—6780—7200** Goldmark jährlich.

Direktor des Hohenzollernmuseums[1]). Oberbaurat.

[1]) Der am 31. März 1920 im Amte befindlich gewesene Inhaber der Stelle erhält für seine Person die Bezüge der Gruppe 13.

# Schlußbemerkungen.

## A. Aufwandsentschädigungen.

1. Es erhalten nicht ruhegehaltsfähige Aufwandsentschädigungen nach Maßgabe des Staatshaushaltsplans die Vertreter Preußens in Dresden und München, die Landräte, die Regierungspräsidenten sowie der Polizeipräsident von Berlin, die Oberpräsidenten, der Präsident des Oberverwaltungsgerichts, der Präsident des Kammergerichts und der Präsident des Evangelischen Oberkirchenrats, der Ministerpräsident und die Staatsminister.

Ist ein Staatsminister zugleich der Ministerpräsident, so erhält er neben der Aufwandsentschädigung des Staatsministers auch die Aufwandsentschädigung des Ministerpräsidenten.

2. Das Staatsministerium kann die Aufwandsentschädigungen im Laufe eines Rechnungsjahres entsprechend den jeweiligen wirtschaftlichen Verhältnissen ändern.

3. Im übrigen dürfen Aufwandsentschädigungen (z. B. für Nachtdienst) nur insoweit gezahlt oder bewilligt werden, als der Staatshaushaltsplan dies bestimmt oder besondere Mittel dazu zur Verfügung stellt.

## B. Sondervergütungen.

1. Den nichtvollbesoldeten Kreisärzten und Kreistierärzten können zu ihren Dienstbezügen Zuschüsse aus den dafür im Haushalte vorgesehenen Mitteln gewährt werden. Diese Zuschüsse gelten nicht als Grundgehalt.

2. Den in einem Ministerium beschäftigten Beamten können nach näherer Bestimmung des Staatsministeriums Sondervergütungen (Ministerialzulagen) aus den dafür im Staatshaushaltsplane vorgesehenen Mitteln gewährt werden. Das Staatsministerium bestimmt, welche anderen Behörden im Sinne dieser Vorschrift einem Ministerium gleichzuerachten sind.

3. Den Professoren und sonstigen Lehrkräften an den wissenschaftlichen Hochschulen und den damit zusammenhängenden Anstalten und Instituten, den Leitern und Lehrkräften an den Akademischen Hochschulen für die bildenden Künste und für Musik in Charlottenburg, der Unterrichtsanstalt des Kunstgewerbemuseums und der Kunstschule in Berlin, dem Akademischen Institute für Kirchenmusik in Charlottenburg, den Kunstakademien in Königsberg, Cassel und Düsseldorf, der Akademie für Kunst und Kunstgewerbe in Breslau, den Vorstehern der Meisterateliers für bildende Künste und der Meisterschulen für musikalische Komposition in Charlottenburg, den Leitern und Lehrkräften an gewerblichen Unterrichtsanstalten können zur Ergänzung des Grundgehalts oder der Grundvergütung auch fernerhin aus den für die Heranziehung und Erhaltung ausgezeichneter Leiter und Lehrkräfte an den genannten Hochschulen und Anstalten im Haushaltsplane vorgesehenen Mitteln besondere ruhegehaltsfähige oder nichtruhegehaltsfähige Zuschüsse gewährt werden.

4. Zur Gewährung von ruhegehaltsfähigen und nichtruhegehaltsfähigen Vergütungen für Konzertmeister und Erste Stimmen bei den Staatstheatern werden besondere Mittel durch den Staatshaushalt zur Verfügung gestellt.

## C. Nebenbezüge.

1. Bei der Berg-, Hütten- und Salinenverwaltung können nach Maßgabe besonderer Bestimmungen aus Mitteln des Haushalts erhalten:

a) aus Kap. 14 Tit. 8 und Kap. 18 Gewinnanteile:
die Bergräte (bisher Betriebsinspektoren) und Oberbergräte als Direktoren kleiner Werke, als Leiter der Handelsbüros und als Direktoren größerer Werke, die Direktoren der Bernsteinwerke, der Ober- und Unterharzer Berg- und Hüttenwerke sowie die Präsidenten (bisher Vorsitzenden) der Bergwerksdirektionen

b) aus Kap. 14 Tit. 7 und Kap. 18 Außerordentliche Zuwendungen:
die mittleren Werksbeamten ohne und mit abgeschlossener Fachschulbildung, die oberen Werksbeamten 2. und 1. Klasse, die Betriebsführer des Gruben- und Maschinenbetriebs auf großen Steinkohlen-, Kali- und Erzbergwerken, die Markscheider, die Bergräte (bisher Betriebsinspektoren), die Oberräte als Direktoren kleiner und größerer Werke sowie als Mitglieder, als Leiter der Handelsbüros und als Vertreter der Präsidenten der Bergwerksdirektionen;

c) aus Kap. 14 und Kap. 18 Belohnungen:
die mittleren Werksbeamten ohne und mit abgeschlossener Fachschulbildung, die oberen Werksbeamten 2. und 1. Klasse und die Betriebsführer des Gruben- und Maschinenbetriebs auf großen Steinkohlen-, Kali- und Erzbergwerken.

2. Bei der Ruhrschiffahrtsverwaltung erhalten die Lokomotivführer, Reservelokomotivführer und Lokomotivheizer Nebenbezüge nach Maßgabe des Staatshaushaltsplans.

3. Bei der Porzellanmanufaktur können nach Maßgabe des Staatshaushaltsplans Beamte nichtruhegehaltsfähige Gewinnanteile erhalten.

4. Bei der Justizverwaltung erhalten:

a) die als hauptamtliche Mitglieder der Prüfungskommission beschäftigten Oberlandesgerichtsräte einen nichtruhegehaltsfähigen Anteil an den Prüfungsgebühren;

b) die Kalkulatoren einen Anteil an den von ihnen aufgebrachten und eingezogenen Rechnungsgebühren nach Maßgabe des Haushaltsplans; ruhegehaltsfähig ist ein Betrag von 594 RM.;

c) die Obergerichtsvollzieher einen Anteil an den Gerichtsvollziehergebühren nach Maßgabe der Gerichtsvollzieherordnung und des Haushaltsplans; ruhegehaltsfähig ist ein Betrag von 528 RM.

5. Bei der Landwirtschaftlichen Verwaltung verbleiben:

a) den nichtvollbesoldeten Kreistierärzten der Gruppen 10 und 11 wie bisher die Gebühren aus amtlicher Tätigkeit, jedoch mit der Maßgabe, daß das hiernach erwachsende Gesamtdiensteinkommen die Bezüge eines Beamten der Gruppe 10 oder 11 vom gleichen Besoldungsdienstalter nicht übersteigen darf;

b) dem jetzigen Direktor der Lehranstalt für Obst- und Gartenbau in Proskau 2 vom Hundert Gewinnanteil (künftig wegfallend) von dem Erlöse der im laufenden Betriebe zum Verkaufe kommenden Erzeugnisse der Anstalt;

c) dem Materialienverwalter bei der Lehranstalt für Wein-, Obst- und Gartenbau in Geisenheim 2 vom Hundert Gewinnanteil von dem Erlöse aus den Gartenerzeugnissen;

d) die zu a bezeichneten Gebühren sind in Höhe eines von dem Fachminister im Einvernehmen mit dem Finanzminister festzusetzenden Betrages, der den jeweiligen wirtschaftlichen Verhältnissen entsprechend geändert werden kann, ruhegehaltsfähig.

6. Bei der Verwaltung des Ministeriums für Wissenschaft, Kunst und Volksbildung, bei der Berg-, Hütten- und Salinenverwaltung, bei der Landwirtschaftlichen Verwaltung und bei der Forstverwaltung erhalten die Professoren und die Abteilungsvorsteher an den wissenschaftlichen Hochschulen sowie die Direktoren der Forstakademien einen Anteil an den für ihre Vorlesungen eingehenden Unterrichtshonoraren. Die Höhe dieses Anteils, sowie die den Professoren und den Abteilungsvorstehern zu gewährleistende Mindesteinnahme an Unterrichtshonorar, ferner die Höhe der den Rektoren der wissenschaftlichen Hochschulen und dem Rektor der Akademie in Braunsberg zu gewährenden Amtsvergütung wird durch die Fachminister im Einvernehmen mit dem Finanzminister festgesetzt. Diese Festsetzung kann den jeweiligen wirtschaftlichen Verhältnissen entsprechend jederzeit geändert werden.

7. Bei der Verwaltung des Ministeriums für Volkswohlfahrt verbleiben den nichtvollbesoldeten Kreisärzten wie bisher die Gebühren aus amtlicher Tätigkeit, jedoch mit der Maßgabe, daß das hiernach erwachsende Gesamtdiensteinkommen die Bezüge eines Beamten der Gruppe 10 vom gleichen Besoldungsdienstalter nicht übersteigen darf.

Diese Gebühren sind in Höhe eines vom Fachminister im Einvernehmen mit dem Finanzminister festzusetzenden Betrages, der den jeweiligen wirtschaftlichen Verhältnissen entsprechend geändert werden kann, ruhegehaltsfähig.

8. Die Reviervorsteher der ehemaligen Hofgartenreviere erhalten einen auf 5 vom Hundert herabgesetzten Gewinnanteil von dem Erlöse der im laufenden Betriebe zum Verkauf kommenden Erzeugnisse ihrer Reviere.

9. Den bei der Generallotteriedirektion beschäftigten Beamten der Generallotteriedirektion kann für die Zeit ihrer dortigen Beschäftigung ein nicht ruhegehaltsfähiger Anteil am Gewinn in Höhe von 2 vom Hundert des preußischen Reinertrags gezahlt werden. Eine Verteilung von mehr als 2 vom Hundert an die genannten Beamten bedarf der Genehmigung des preußischen Finanzministers.

10. Die an dem Verkauf von Postkarten und Führern in den Schlössern beteiligten Beamten der Krongutsverwaltung erhalten von dem Erlös der verkauften Postkarten und Führer einen Gewinnanteil, dessen Höhe auf Vorschlag der Krongutsverwaltung von dem Finanzminister festgesetzt wird.

**Anlage 2.**
(§ 4).

# Ortszuschlag (Wohnungsgeldzuschuß).

| Ortsklasse | Jahresbetrag bei einem Grundgehalt | | | | | | |
|---|---|---|---|---|---|---|---|
| | bis 948 Goldmark | über 948 bis 1380 Goldmark | über 1380 bis 2376 Goldmark | über 2376 bis 4140 Goldmark | über 4140 bis 7200 Goldmark | über 7200 bis 12000 Goldmark | über 12 000 Goldmark |
| | Tarifklassen | | | | | | |
| | VII Goldmark | VI Goldmark | V Goldmark | IV Goldmark | III Goldmark | II Goldmark | I Goldmark |
| Sonderklasse | 336 | 528 | 720 | 960 | 1320 | 1680 | 2100 |
| A | 288 | 444 | 612 | 840 | 1140 | 1440 | 1800 |
| B | 240 | 372 | 504 | 660 | 900 | 1200 | 1500 |
| C | 180 | 288 | 396 | 540 | 720 | 900 | 1140 |
| D | 132 | 216 | 288 | 396 | 540 | 660 | 840 |

Anmerkung: Die Beamten der Gruppe 5 Stufe 1 und 2 erhalten den Ortszuschlag (Wohnungsgeldzuschuß) nach Tarifklasse V.

---

**Anlage 3.**
(§ 11).

# Dienstbezüge für die nichtplanmäßigen unmittelbaren Staatsbeamten.

1. Es betragen die Grundvergütungssätze vom Beginn des

| | 1. | 2. | 3. | 4. | 5. |
|---|---|---|---|---|---|
| | Anwärterdienstjahres ab | | | | |
| für Zivilanwärter . . . . . . | 70 v. H. | 80 v. H. | 85 v. H. | 90 v. H. | 95 v. H. |
| für Militäranwärter . . . . . . | 80 v. H. | 85 v. H. | 90 v. H. | 95 v. H. | — |
| | des Anfangsgrundgehalts derjenigen Gruppe, in der der Stellenanwärter beim regelmäßigen Verlaufe seiner Dienstlaufbahn zuerst planmäßig angestellt wird. | | | | |

2. Stellenanwärtern, die bereits eine planmäßige Stelle bekleidet haben, kann zur Vermeidung von Härten das zuletzt bezogene Diensteinkommen ihrer planmäßigen Stelle (Grundgehalt und Ortszuschlag, letzterer jedoch nach dem Satze des neuen dienstlichen Wohnsitzes berechnet) bis zum Aufsteigen in der Grundvergütung nach Maßgabe des Abs 1 oder bis zur planmäßigen Anstellung in der neuen Stelle als Grundvergütung und Ortszuschlag gewährt werden.

3. Die Anwärter auf Stellen für Unterwachtmeister der Gruppe 2 bei der der Verwaltung des Innern unterstehenden uniformierten und bewaffneten Schutzpolizei erhalten bis zu ihrer planmäßigen Anstellung eine Grundvergütung von 714 Goldmark jährlich, die Anwärter auf Stellen von Polizeileutnants erhalten die für Militäranwärter geltenden Grundvergütungssätze der Gruppe 5.

4. Die wissenschaftlichen Assistenten mit planmäßiger Vergütung an den wissenschaftlichen Hochschulen erhalten die Grundvergütung der Stellenanwärter nach Gruppe 10 und von Vollendung des fünften Dienstjahres an eine Grundvergütung, die in ihrer Höhe den Grundgehaltssätzen der planmäßigen Beamten in Gruppe 10 entspricht.

Den wissenschaftlichen Assistenten mit planmäßiger Vergütung bei den wissenschaftlichen Hochschulen werden gleichgestellt:

im Bereiche der Bergverwaltung

die Assistenten bei der Geologischen Landesanstalt in Berlin;

im Bereiche der landwirtschaftlichen Verwaltung

die Assistenten bei den landwirtschaftlichen höheren Lehranstalten (Lehranstalt für Obst- und Gartenbau in Proskau und Lehranstalt für Wein-, Obst- und Gartenbau in Geisenheim),

die Prosektoren, Apotheker und Oberassistenten an den Tierärztlichen Hochschulen in Berlin und Hannover,

die wissenschaftlich-technischen Hilfslehrer und die wissenschaftlich-technischen Hilfskräfte bei den Landwirtschaftlichen Versuchs- und Forschungsanstalten in Landsberg a. W. (bisher bei dem Kaiser-Wilhelm-Institut für Landwirtschaft in Bromberg),

die Assistenten am Institut für Binnenfischerei am Müggelsee;

im Bereiche der Verwaltung des Ministeriums für Wissenschaft, Kunst und Volksbildung

die außerplanmäßig außerordentlichen Professoren (künftig wegfallend),

die Lektoren für Sprachen und Künste mit planmäßiger Vergütung bei den Universitäten,

die Konstruktions-, Betriebs- und Oberingenieure bei den Technischen Hochschulen,

die Apotheker bei den Klinischen Anstalten in Breslau und dem Charitékrankenhaus in Berlin,

die wissenschaftlichen Mitglieder und Assistenten beim Institut für experimentelle Therapie in Frankfurt a. M.,

der Assistent an der Biologischen Anstalt auf Helgoland;

im Bereiche der Verwaltung des Ministeriums für Volkswohlfahrt

die Assistenten beim Institut für Infektionskrankheiten „Robert Koch" in Berlin und bei den Hygienischen Instituten in Beuthen und Landsberg a. W. und den Medizinaluntersuchungsämtern,

die wissenschaftlichen Hilfsarbeiter bei der Landesanstalt für Wasserhygiene in Berlin-Dahlem.

5. Anwärterinnen auf Stellen, die in der Besoldungsordnung mit einem †) bezeichnet sind, erhalten die Grundvergütung um 10 v. H. gekürzt. Auf die Berechnung des Ortszuschlags ist die Kürzung der Grundvergütung ohne Einfluß.

6. Beim Übertritt eines Stellenanwärters aus einer Gruppe in eine andere ist § 3 Abs. 5 des Gesetzes sinngemäß anzuwenden.

## Schlußbemerkungen.

1. Die am 1. April 1920 im Dienst befindlichen Landjägeranwärter und Hilfspolizeiwachtmeister bei der Schutzmannschaft erhalten, soweit es ihnen in den bisherigen Anstellungsbedingungen ausdrücklich zugesagt ist, die Bezüge der planmäßigen Beamten.

2. Die Sätze für Militäranwärter gelten auch für die Anwärter in der Landjägerei und für die Hilfspolizeiwachtmeister in der Schutzmannschaft, soweit sie mindestens vier Jahre beim Militär gedient haben.

3. Die nicht planmäßigen Gerichtsvollzieher erhalten einen Anteil an den Gerichtsvollziehergebühren nach Maßgabe der Gerichtsvollzieherordnung und des Haushaltsplans.

4. Die nicht planmäßigen Amtsgerichtskalkulatoren erhalten einen Anteil an den von ihnen aufgebrachten und eingezogenen Rechnungsgebühren nach Maßgabe des Haushaltsplans.

5. Die Konstruktions-, Betriebs- und Oberingenieure bei den Technischen Hochschulen beziehen neben ihrer Grundvergütung einen Anteil an den Unterrichtsgebühren des Professors, dem sie zugewiesen sind, insoweit der Gesamtbetrag dieser Gebühren zur Deckung der Ausgabe außer dem Gebührenanteile des Professors ausreicht. Die Höhe dieses Anteils wird durch den Fachminister im Einvernehmen mit dem Finanzminister festgesetzt. Diese Festsetzung kann den jeweiligen wirtschaftlichen Verhältnissen entsprechend jederzeit geändert werden.

6. Den außerplanmäßigen außerordentlichen Professoren und den gegen planmäßige Vergütung angestellten Lektoren für Sprache und Künste bei den Universitäten verbleiben die zu C 6 der Schlußbemerkungen zur Besoldungsordnung genannten Bezüge unverkürzt.

# 2. Die preußischen Besoldungsvorschriften.

## Vorbemerkung.

Die in der dritten Auflage in der Vorbemerkung zu den preußischen Besoldungsvorschriften vom 19. Mai 1923 ausgesprochene Erwartung, daß diese Vorschriften für die Zukunft nur noch unwesentliche Veränderungen erfahren würden, hat sich nicht erfüllt. Insbesondere sind die Abschnitte über Ortsklassen, Dienstwohnungen, Kinderbeihilfen und Frauenbeihilfe noch mehrfach einer Änderung unterzogen worden. Eine Zusammenstellung der nach dem 19. Mai 1923 erschienenen einzelnen Nachträge nebst Angabe des Datums und des Orts der Veröffentlichung findet sich in Ziff. 183. Diese Nachträge sind in den nachstehenden Text hineingearbeitet worden. Zur Zeit wird im Preußischen Finanzministerium eine Neuausgabe der Besoldungsvorschriften vorbereitet, die vor der Veröffentlichung gemäß Art. 40 Abs. 4 der Verfassung noch dem Staatsrat vorgelegt werden müssen. Die darin neu vorgesehenen Änderungen, die sich im wesentlichen auf die Vorschriften über Kinderbeihilfe beziehen, sind ebenfalls in den nachstehenden Text mit aufgenommen, aber durch Fettdruck hervorgehoben. Voraussichtlich werden sie zum 1. Juli d. Jrs. in Kraft treten.

---

## Ausführungsbestimmungen.

**zum Beamten-Diensteinkommensgesetz (DBEG.) v. 17. 12. 1920 (GS. 1921 S. 135) in der Fassung der Bekanntm. v. 13. 5. 1924 (GS. S. 487), des Gesetzes v. 21. 7. 1924 (GS. S. 584), der VO. v. 9. 10. 1924 (GS. S. 621) und des Gesetzes v. 6. Juni 1925 (GS. S. 61).**

**(Preußische Besoldungsvorschriften — PBV.).**

---

## Inhaltsübersicht.

Zur Ausführung des Beamten-Diensteinkommensgesetzes **v. 17. 12. 1920 (GS. 1921 S. 135) in der Fassung der Bekanntm. v. 13. 5. 1924 (GS. S. 487), des Gesetzes v. 21. 7. 1924 (GS. S. 584), der VO. v. 9. 10. 1924 (GS. S. 621) und des Gesetzes v. 6. Juni 1925 (GS. S. 61.)** werden unter Beseitigung aller bisher erlassenen entgegenstehenden Ausführungsbestimmungen nach Anhörung des Staatsrats folgende Preußische Besoldungsvorschriften (PBV.) erlassen:

# Erster Teil: **Dienstbezüge.**

## Erster Abschnitt: **Planmäßige Beamte.**

1. Die planmäßigen Beamten erhalten:

I. Grundgehalt und Ortszuschlag (§§ 1 bis 7 BDEG.) sowie in besonderen Fällen:

Sondervergütungen, Nebenbezüge und sonstige Vergünstigungen (§§ 8 bis 10 BDEG.),

II. Kinderbeihilfe und Frauenbeihilfe (**§§ 18 und 19** BDEG.),

III. Ausgleichszuschlag (**§ 20** BDEG.).

1a. **Beamte, die ihren dienstlichen Wohnsitz nicht im Deutschen Reich haben, erhalten statt der in Ziff. 1 genannten Bezüge Auslandsbezüge, die vom Finanzminister auch in ausländischer Währung festgesetzt werden können.**

### I.

### 1. Grundgehalt.

A. Allgemeines.

**2.** (1) Das Grundgehalt bemißt sich nach der Besoldungsordnung (BO.) Anl. 1 des BDEG. Eine Zusammenstellung der Grundgehaltssätze enthält die diesen Besoldungsvorschriften beigegebene Gehaltstafel (Anl. 1).

(2) Die Zahlung des Grundgehalts beginnt mit dem Tage der planmäßigen Anstellung (vgl. Ziff. 12 und 13).

**3.** Beamten, die gleichzeitig mehrere in der BO. vorgesehene Stellen bekleiden, wird das Grundgehalt nur einmal gewährt, und zwar für diejenige Stelle, für die das höhere Grundgehalt vorgesehen ist (§ 1 Abs. 3 BDEG.).

**4.** Beamte, die infolge der Umbildung der Staatsbehörden oder infolge Abtretung von Gebieten oder Staatswerken aus dienstlichen Rücksichten in Stellen einer Besoldungsgruppe mit geringeren Grundgehaltssätzen verwendet werden, erhalten während der Dauer dieser Verwendung das Grundgehalt, das sie in ihrer früheren Stelle nach den Vorschriften des BDEG. bezogen hätten (§ 23 Abs. 4 BDEG.).

**5.** Weibliche Beamte in den in der BO. mit einem † bezeichneten Stellen erhalten die Grundgehaltssätze um 10 v. H. gekürzt. Auf die Berechnung des Ortszuschlags ist die Kürzung des Grundgehalts ohne Einfluß.

B.

#### a. Dienstaltersstufen.

**6.** (1) Das Grundgehalt, soweit es nicht ein Einzelgehalt ist, steigt nach Dienstaltersstufen von zwei zu zwei Jahren bis zur Erreichung des Höchstgehalts (§ 2 Abs. 1 BDEG.). Ob bei längerer Beurlaubung ohne Gehalt das Besoldungsdienstalter um die Zeit des Urlaubs zu kürzen ist, entscheidet der Fachminister vor Erteilung des Urlaubs. Wird das BDA. gekürzt, so bleibt die Zeit des Urlaubs bei Berechnung der zweijährigen Zeiträume außer Betracht.

(2) Die höheren Grundgehaltssätze werden jeweils vom Ersten des Kalendermonats an gezahlt, in den der Eintritt in die neue Dienstaltersstufe fällt. Sie sind schon vom Tage der ersten planmäßigen Anstellung ab (Ziff. 12 und 13) zu gewähren, wenn der Beamte auf Grund der Anrechnung früherer Dienstzeit oder Beschäftigung eine höhere Gehaltsstufe bereits erreicht hat oder spätestens im Laufe des Anstellungsmonats erreichen würde.

**7.** (1) Auf das Aufrücken im Grundgehalt haben die planmäßigen Beamten einen Rechtsanspruch. Der Anspruch ruht, solange ein förmliches Disziplinarverfahren oder wegen eines Verbrechens oder Vergehens ein Hauptverfahren oder eine Voruntersuchung schwebt. Führt das Verfahren zum Verluste des Amtes, so findet eine Nachzahlung des zurückbehaltenen Mehrgehalts nicht statt (§ 2 Abs. 2 BDEG.). Andernfalls sind die vorenthaltenen Beträge nachzuzahlen.

(2) Führt ein strafgerichtliches Verfahren zur Verurteilung wegen eines Verbrechens oder Vergehens und wird binnen eines Monats nach Abschluß des strafgerichtlichen Verfahrens wegen der nämlichen Tatsache ein förmliches Disziplinarverfahren eingeleitet, so ruht der Anspruch auf Gewährung von Dienstalterszulage auch während der Zwischenzeit.

**8.** Ist der höhere Grundgehaltssatz (und Ortszuschlag) nicht rechtzeitig angewiesen, so sind die Beträge nachzuzahlen, die der Beamte bei rechtzeitiger Anweisung mehr erhalten hätte.

**9.** Die vor dem Ausscheiden oder vor dem Ableben eines Beamten nach dem BDA. gem. Ziff. 6 Abs. 1 fällig gewordenen Mehrbeträge an Grundgehalt (und Ortszuschlag) sind, soweit sie nicht rechtzeitig angewiesen sind, dem Beamten oder den Erben in Höhe desjenigen Betrags nachzuzahlen, den der Beamte bei rechtzeitiger Anweisung mehr erhalten hätte. **Eine derartige nachträgliche Änderung des Grundgehalts (Ortszuschlags) ist auch bei der Bemessung der Gnadenbezüge zu berücksichtigen.**

### b. Gnadenvierteljahr.

**9a.** (1) Soweit den Hinterbliebenen nach dem 1. 4. 1922 verstorbener Beamten Gnadenbezüge zustehen, sind bei ihrer Bemessung und ebenso bei Bemessung der Bezüge für den Sterbemonat Änderungen zu berücksichtigen, die sich in der Zeit zwischen dem Tode des Beamten und dem Ablauf des Gnadenvierteljahres durch Änderung der Grundgehälter, Ortszuschläge, Kinderbeihilfen, der Frauenbeihilfe und der Ausgleichszuschläge*) durch Änderung der Zahl der für die Gewährung von Kinderbeihilfen zu berücksichtigenden Kinder und durch Änderung der sonstigen für die Gewährung und die Höhe von Kinderbeihilfen bestehenden Voraussetzungen ergeben. Alle sonstigen Änderungen bleiben außer Betracht. Die Frauenbeihilfe wird aus einem anderen Grunde als dem der allgemeinen Neufestsetzung nicht geändert.

(2) Eine nachträgliche Herabsetzung **der Gesamtsumme** der Gnadenbezüge findet nicht statt.

---

*) Gegebenenfalls auch der örtlichen Sonderzuschläge.

## C. Besoldungsdienstalter (BDA.).

### a. Allgemeines.

**10.** Der Tag, auf den das BDA. eines planmäßigen Beamten mit aufsteigendem Gehalte festgesetzt wird, bezeichnet den Zeitpunkt, welcher der Berechnung der dem Beamten in seiner Besoldungsgruppe zukommenden Gehaltsstufe zugrunde gelegt wird. Von diesem Zeitpunkt an sind die Zeitabschnitte für das Verbleiben im Anfangsgrundgehalt und für das Aufsteigen in die höheren Gehaltsstufen zu rechnen. Das BDA. kommt — soweit nicht ein anderes bestimmt ist — nur für die Regelung der Gehaltsbezüge in Betracht, insbesondere ist es für die Berechnung der ruhegehaltsfähigen Dienstzeit ohne Bedeutung.

Beginn des BDA.

**11.** (1) Das BDA. beginnt mit dem Tage der Anstellung in der jeweiligen planmäßigen Stelle, soweit nicht im BDEG. oder in diesen BV. etwas Abweichendes bestimmt oder zugelassen ist (§ 3 Abs. 1 BDEG.).

(2) Ein Beamter, der von einer Verwaltung zur anderen oder innerhalb derselben Verwaltung von einem Dienstzweig in den anderen übertritt, aber in derselben Besoldungsgruppe verbleibt, behält in seiner neuen Dienststelle im allgemeinen das BDA., das er in der alten Stelle gehabt hat. Erfolgt der Übertritt auf Wunsch des betreffenden Beamten, so kann der Übertritt davon abhängig gemacht werden, daß der Beamte in der neuen Dienststelle kein günstigeres BDA. erhält, als es die Beamten der regelmäßigen Laufbahn mit gleich langer Gesamtdienstzeit besitzen (vgl. Ziff. 23 Abs. 1).

**12.** Als Zeitpunkt der planmäßigen Anstellung gilt der Tag, von dem an der Beamte bei Verleihung der planmäßigen Stelle — sei es unwiderruflich, sei es auf Widerruf oder Kündigung — das damit verbundene Stelleneinkommen erhält. Die Übertragung der Verwaltung einer planmäßigen Stelle auf Probe oder Widerruf bleibt außer Betracht, und zwar auch dann, wenn der Beamte während dieser Zeit das volle Stelleneinkommen bezogen hat. Jedoch gilt für den mit Vorbehalt einer Probezeit angestellten Beamten der erste Tag des Monats seiner Bestätigung in der Stelle als Tag der planmäßigen Anstellung.

**13.** (1) Eine durch den Haushaltsplan neu geschaffene Stelle kann mit Rückwirkung bis **zu dem Tage, von dem ab die Stelle neu geschaffen worden ist, höchstens aber mit Rückwirkung bis zum Beginne des jeweils laufenden Rechnungsjahrs,** eine andere freie Stelle mit Rückwirkung von höchstens 3 Monaten verliehen werden, wenn und solange der betreffende Beamte die Obliegenheiten der ihm übertragenen oder einer gleichwertigen Stelle tatsächlich wahrgenommen hat.

(2) Auch ohne diese Voraussetzung kann eine freie Stelle mit Wirkung vom ersten oder einem sonstigen Tage des Kalendermonats an rückwirkend verliehen werden, in dem die Verleihung verfügt wird.

(3) Eine Stelle, die dadurch rückwirkend frei wird, daß ihr Inhaber eine andere Stelle rückwirkend übertragen erhält, kann mit Rückwirkung von höchstens 3 Monaten verliehen werden.

(4) Eine Verleihung mit rückwirkender Kraft darf hiernach grundsätzlich nur für eine Zeit erfolgen, in der das Stelleneinkommen frei war. Eine solche Verleihung soll, soweit es sich nicht um neu geschaffene Haushaltsstellen

handelt, nur in Ausnahmefällen zur Vermeidung besonderer Unbilligkeiten erfolgen. Sie soll nur mit Zustimmung des Beamten ausgesprochen werden, wenn er sich durch die Anstellung, z. B. infolge Verminderung des Ortszuschlags, in seinen Bezügen verschlechtert.

(5) Die Rückwirkung sichert dem Beamten insbesondere den früheren Bezug des Stelleneinkommens und gegebenenfalls ein günstigeres BDA. Sie hat dagegen beispielsweise nicht die Bedeutung, daß bei einer Anstellung außerhalb des bisherigen Beschäftigungsortes eine Mehraufwandsentschädigung für den Zeitraum der Rückwirkung zu gewähren wäre oder die nach der Dienststellung abgestuften Tagegelder, Mehraufwandsentschädigungen und ähnliche Bezüge nachträglich anders festzusetzen wären.

Festsetzung des BDA.

**14.** Das BDA. wird — abgesehen von den Fällen, in denen nach diesen BV. die Festsetzung durch den Fachminister allein oder im Einverständnis mit dem Finanzminister erfolgt — von den in den einzelnen Verwaltungen dazu bestimmten Stellen festgesetzt.

**15.** (1) Der Beginn des BDA. ist stets genau auf den Kalendertag, nicht etwa auf den ersten Tag des laufenden Monats oder des nächstfolgenden Monats oder den Vierteljahrsersten festzusetzen.

(2) Ist eine Zeit auf das BDA. anzurechnen, so wird dessen Beginn entsprechend vorgerückt. Wird eine Zeit von der Anrechnung auf das BDA. ausgeschlossen, so wird dessen Beginn auf einen entsprechend späteren Tag festgesetzt.

(3) Dienstzeiten, die nicht volle Jahre umfassen, sind nach Tagen einschließlich der 31. Monatstage zu berechnen. Mehrere getrennte Dienstzeiten sind rechnungsmäßig besonders zu behandeln. Bei der Zusammenrechnung werden je 365 Tage als 1 Jahr angesetzt, und zwar auch dann, wenn bei den einzelnen Dienstzeiten Schalttage angerechnet sind. Wenn dagegen eine anzurechnende Dienstzeit überschießende Tage umfaßt, die nicht aus einem Schaltjahr herrühren oder die zwar aus einem Schaltjahr herrühren, den Schalttag aber n i c h t enthalten, so ist bei der Zurückrechnung der überschießenden Tage zur Berechnung des Besoldungsdienstalters ein unter den zurückgerechneten Tagen etwa befindlicher Schalttag außer Betracht zu lassen.

**16.** Der Beamte ist von jeder Festsetzung seines BDA. unter Hinweis auf Ziff. 178a **Abs. 2 bis 4** schriftlich zu benachrichtigen (§ 3 Abs. 9 BDEG.). Der Benachrichtigung über das BDA. ist eine genaue Aufstellung über die Berechnung desselben beizufügen.

**17.** Die Entscheidung der Verwaltungsbehörden über die Festsetzung des BDA. ist für die Beurteilung der vor den Gerichten geltend gemachten vermögensrechtlichen Ansprüche maßgebend (§ 3 Abs. 10 BDEG.).

**18. Fällt fort (vgl. Ziff. 178a Abs. 2 bis 4).**

**19.** Sind nachträglich Umstände bekanntgeworden, die — abgesehen von Billigkeitsgründen — eine Vorrückung des BDA. zur Folge haben, so sind die Beträge nachzuzahlen, die der Beamte mehr erhalten hätte, wenn das BDA. von Anfang an richtig festgesetzt worden wäre, jedoch nicht für eine vor dem 1. 4. 1920 liegende und nach Ausführung des BDEG. nicht für eine über ein Jahr — gerechnet von dem Zeitpunkte, an dem die Vorrückung an zuständiger Stelle angeregt worden ist — zurückliegende Zeit. Bei Verbesserungen des BDA. aus Billigkeitsgründen gilt Ziff. 84 Satz 2.

### b. Anrechnung von nichtplanmäßiger Dienstzeit auf das BDA.

**20.** (1) Bei der Festsetzung des BDA. der nach dem 31. 3. 1920 planmäßig angestellten Beamten ist von der Zeit, die bei dem gleichen Dienstzweig zwischen dem Beginne des Anwärterdienstalters (Ziff. 140 ff.) und der ersten planmäßigen Anstellung verbracht worden ist, der Teil, der 5 Jahre, bei Militäranwärtern, die nach dem 31. 3. 1930 planmäßig angestellt werden, der Teil, der 4 Jahre übersteigt, auf das BDA. anzurechnen **(§ 14 Abs. 2 Satz 1, § 23 Abs. 2 und § 31 BDEG.)**, bei Militäranwärtern jedoch nur insoweit, als dieselbe Anwärterzeit nicht bereits nach § 3 Abs. 3 Satz 1 BDEG. zur Anrechnung gelangt ist.

(2) Als eine bei dem gleichen Dienstzweig verbrachte Dienstzeit ist die bei derselben Verwaltung zurückgelegte Dienstzeit anzusehen. Eine Dienstzeit ist nur insoweit als beim gleichen Dienstzweig verbracht und daher als anrechnungsfähig anzusehen, als sie seit dem Beginn des AnwDA. für diejenige Laufbahn, in der die planmäßige Anstellung erfolgt, verflossen ist. Die bereits nach Ziff. 147 bis 161 auf das AnwDA. angerechneten Zeiträume sind als im gleichen Dienstzweig zugebracht anzusehen und daher auf das BDA. anzurechnen.

(3) Es soll auch regelmäßig die Anwärterdienstzeit bei einem anderen Dienstzweig angerechnet werden, wenn die Beschäftigung eine gleichartige und für den neuen Dienstzweig förderliche gewesen ist (z. B. Kassendienst, Kanzleidienst, Amtsgehilfendienst, Vermessungsdienst bei den einzelnen Verwaltungen). In Zweifelsfällen entscheidet der Fachminister im Einvernehmen mit dem Finanzminister.

**21.** (1) Eine Anrechnung der nichtplanmäßigen Dienstzeit auf das BDA. ist insoweit ausgeschlossen, als sich die planmäßige Anstellung auf eigenen Wunsch des Beamten, wegen unzureichender Befähigung oder aus einem sonstigen in der Person des Beamten liegenden Grunde — ausgenommen Krankheit — verzögert hat.

(2) Hat sich die erste planmäßige Anstellung trotz bestandener Prüfung wegen unzureichender oder mangelhafter Führung des Beamten verzögert, so kann nach einer Bewährungsfrist von mindestens 2 Jahren — gerechnet vom Tage der planmäßigen Anstellung ab — mit Genehmigung des Fachministers das BDA. so festgesetzt werden, als ob die planmäßige Anstellung rechtzeitig erfolgt wäre. Eine Nachzahlung von Dienstbezügen findet aus diesem Anlaß nicht statt; die nach dem neu errechneten BDA. zustehenden Bezüge sind frühestens vom 1. des Monats an zu zahlen, in dem die Genehmigung ausgesprochen wird.

(3) Abs. 2 darf beim Vorliegen besonderer Billigkeitsgründe auch angewendet werden, wenn die verzögerte planmäßige Anstellung schon vor dem Inkrafttreten dieser BV. erfolgt ist.

(4) Ist vor dem Inkrafttreten dieser BV. die Zeit einer Verzögerung der planmäßigen Anstellung wegen Krankheit nicht auf das BDA. angerechnet worden, so ist das BDA. auf Antrag unter Berücksichtigung der Krankheitszeit so festzusetzen, als ob die planmäßige Anstellung rechtzeitig erfolgt wäre. Über die Nachzahlung von Dienstbezügen entscheidet der Fachminister.

**22.** Wieweit die Dienstzeit bei Kommunalbehörden oder Körperschaften des öffentlichen Rechts auf das BDA. angerechnet wird, bestimmt der Fachminister in Gemeinschaft mit dem Finanzminister.

**23.** (1) Eine Anrechnung im Sinne der Ziff. 20 und 22 darf nicht erfolgen, soweit sich dadurch für den betreffenden Beamten ein günstigeres BDA. ergeben würde, als es ein Beamter der regelmäßigen Laufbahn mit gleich langer Gesamtdienstzeit bei regelrechtem Aufstieg besitzt. Statt der Gesamtdienstzeit kann auch das Prüfungsdienstalter oder das Anwärterdienstalter zum Anhalt genommen werden, wenn es einen sicheren Vergleichsmaßstab abgibt, letzten Endes das Lebensalter.

(2) Die Anrechnung ist ausgeschlossen, soweit schon durch die Anrechnung derselben Dienstzeit auf das Anwärterdienstalter eine Verbesserung des BDA. nach Ziff. 20 einzutreten hat.

**24.** Für die nicht unmittelbar aus Stellenanwärtern hervorgegangenen planmäßigen Beamten wird bei der planmäßigen Anstellung zunächst das AnwDA. (**§ 14** Abs. 1 BDEG.) festgesetzt, sodann ist zu ermitteln, welche Zeitabschnitte nach Ziff. 140 ff. auf ihr AnwDA. anzurechnen wären, wenn sie als nichtplanmäßige Beamte derselben Besoldungsgruppe oder im Falle der Ziff. 63 der Eingangsgruppe angestellt wären. Nach Maßgabe dieses AnwDA. ist sodann gemäß Ziff. 20 und 63 das BDA. als planmäßiger Beamter festzusetzen.

### c. Anrechnung von Zeit praktischer Beschäftigung auf das BDA.

**25.** Wieweit zur Vermeidung von Härten die Zeit praktischer Beschäftigung außerhalb des Staatsbeamtenverhältnisses auf das BDA. angerechnet werden kann, wird von dem Fachminister in Gemeinschaft mit dem Finanzminister bestimmt. Die hierbei anzurechnende Zeit darf die Hälfte der Gesamtaufrückungszeit der Besoldungsgruppe nicht übersteigen, in der der Beamte planmäßig angestellt wird. Darüber hinaus können die genannten Minister in besonders gearteten Ausnahmefällen eine Vorrückung des BDA. zulassen (§ 3 Abs. 7 BDEG.).

**26.** (1) Als praktische Beschäftigung im Sinne der Ziff. 25 kommt grundsätzlich nur eine Tätigkeit z. B. in der Eigenschaft eines Arbeiters oder Angestellten im Reichs-, Landes-, Gemeinde-, Kirchen- oder Schuldienst oder in einem freien Berufe in Frage, die der Tätigkeit des Beamten in der Stelle, in der die Anstellung erfolgt, gleichwertig und förderlich gewesen ist.

(2) Von der Ermächtigung in Ziff. 25 Satz 3 soll nur in ganz besonderen Ausnahmefällen Gebrauch gemacht werden.

(3) Ziff. 23 Abs. 1 und 2 gelten sinngemäß.

### d. Anrechnung von Militär- und Marinedienstzeit der Militäranwärter auf das BDA.

**27.** (1) Den Militäranwärtern (Inhaber des Zivilversorgungsscheins) wird bei der ersten planmäßigen Anstellung, wenn sie im Heere oder in der Marine

a) 9 Jahre oder weniger gedient haben, die tatsächlich abgeleistete Militär- und Marinedienstzeit bis zu einem Jahre,

b) über **neun** Jahre gedient haben, außerdem die nachfolgende Militär- und Marinedienstzeit und die nachfolgende Zivildienstzeit, **soweit die Gesamtdienstzeit 9 Jahre übersteigt, mit der darüber hinausgehenden Zeit, höchstens aber mit weiteren 4 Jahren auf das Besoldungsdienstalter angerechnet** (§ 3 Abs. 3 BDEG.).

Außerdem wird die 5 Jahre — vom 1. 4. **1930** ab die 4 Jahre — übersteigende Anwärterdienstzeit (**§ 14** Abs. 2 BDEG.) angerechnet, soweit nicht schon eine Anrechnung nach b erfolgt ist. Die vor dem vollendeten 17. Lebensjahre liegende Militär- und Marinedienstzeit bleibt außer Betracht, soweit es sich nicht um tatsächlich geleistete Kriegsdienstzeit handelt (§ 3 Abs. 3 BDEG.). Unter einer tatsächlich geleisteten Kriegsdienstzeit ist die Dienstzeit auf einem Kriegsschauplatze bei einem planmäßigen Truppenteile der Wehrmacht zu verstehen.

(2) Hiernach wird bei der ersten planmäßigen Anstellung auf das BDA. angerechnet:

a) den Militäranwärtern, die nicht mehr als 9 Jahre im Heere oder in der Marine gedient haben, die tatsächlich abgeleistete Militär- oder Marinedienstzeit bis zu einem Jahre;

b) den Militäranwärtern, die mehr als 9 Jahre im Heere oder in der Marine gedient haben, von der tatsächlich abgeleisteten Militär-, Marine- und der nachfolgenden Zivildienstzeit (vgl. Ziff. 29), das 1., 10., 11., 12. und 13. Jahr, im günstigsten Falle also eine Zeit von insgesamt 5 Jahren.

Beispiel:

Ein Militäranwärter, der vom 1. 10. 1907 bis zum 30. 9. 1917 gedient und vom 1. 10. 1917 bis zum 31. 3. 1918 seine Probedienstzeit abgeleistet hat, wird am 1. 4. 1918 endgültig als Regierungsbürodiätar übernommen und am 1. 4. 1922 planmäßig angestellt. Sein BDA. ist auf den 1. 4. 1917 festzusetzen.

(3) Eine Anrechnung nach Ziff. 27 (§ 3 Abs. 3 BDEG.) findet nur statt, wenn der Militäranwärter in einer der Besoldungsgruppen 1 bis 7 erstmals planmäßig angestellt wird. Erfolgt die erste planmäßige Anstellung in einer höheren Gruppe, so ist das BDA. so zu berechnen, wie wenn der Militäranwärter in Gruppe 7 angestellt und noch am gleichen Tage in seine wirkliche Eingangsgruppe befördert würde. Satz 1 und 2 gilt nicht für die vor dem 1. 4. 1920 erstmals planmäßig angestellten Militäranwärter.

**28.** Als Militäranwärter im Sinne des BDEG. und dieser BV. gelten nur die Inhaber des Zivilversorgungsscheins gemäß § 75 des Militärpensionsgesetzes v. 27. 6. 1871 (RGBl. S. 275), § 10 des Ergänzungsgesetzes v. 4. 4. 1874 (RGBl. S. 25), §§ 15, 16 des Mannschaftsversorgungsgesetzes v. 31. 5. 1906 (RGBl. S. 592), § 30 des Wehrmachtversorgungsgesetzes v. 4. 8. 1921 (RGBl. S. 993), § 1 Abs. 4, 5, 7, 8 der Anstellungsgrundsätze für den Reichs- und Staatsdienst v. 20. 6. 1907 (Zentralbl. f. d. Deutsche Reich S. 309) — sowie des Zivildienstscheins — gemäß § 10 des Wehrmachtversorgungsgesetzes v. 4. 8. 1921 — und des Polizeiversorgungsscheins — gemäß § 2 des Reichsgesetzes über die Schutzpolizei der Länder v. 17. 7. 1922 (RGBl. Teil I S. 597). — Vgl. § 1 der Anstellungsgrundsätze v. 26. 7. 1922, Zentralbl. f. d. Deutsche Reich S. 445 —.

Zu ihnen gehören nicht die Inhaber des Anstellungsscheins, des Beamtenscheins, des Zivildienstscheins gemäß § 61 des Wehrmachtversorgungsgesetzes (ehemalige Offiziere und des Forstversorgungsscheins.

**29.** (1) Als Zivildienstzeit im Sinne der Ziff. 27 gilt eine nichtplanmäßige Dienstzeit nur dann, wenn der Stellenanwärter nicht zur Befriedigung eines vorübergehenden Bedürfnisses herangezogen, sondern endgültig in den Zivildienst übernommen worden ist.

(2) Ebenso gilt als Zivildienstzeit im Sinne der Ziff. 27 die Zeit einer nach dem Ausscheiden aus dem Heere oder der Marine erfolgten praktischen (informatorischen) Beschäftigung und die Zeit des nach dem Ausscheiden aus dem Heere oder der Marine abgeleisteten Probe- und Vorbereitungsdienstes, auch wenn sie nicht nach Ziff. 141 als Anwärterdienstzeit zu gelten hat. In den Fällen des Abs. 1 ist Voraussetzung, daß die Dienstzeiten in dem gleichen oder einem anderen Dienstzweig (Ziff. 20), in dem die planmäßige Anstellung erfolgt, bis zur Erlangung derselben zurückgelegt sind. Wieweit ausnahmsweise die im Dienst der Gemeinden oder anderer Körperschaften des öffentlichen Rechts oder der Kriegsorganisationen zurückgelegte Dienstzeit als Zivildienstzeit im Sinne der Ziff. 27 berücksichtigt werden kann, bestimmt der Fachminister in Gemeinschaft mit dem Finanzminister.

(3) Außer Betracht bleibt die Zivildienstzeit, während welcher die planmäßige Anstellung auf eigenen Wunsch des Militäranwärters, wegen unzureichender Befähigung oder aus anderen in seiner Person liegenden Ursachen — ausgenommen Krankheit — ausgesetzt worden ist. Ziff. 21 Abs. 2 bis 4 gelten entsprechend.

**30.** Die nach Ziff. 27 auf das BDA. anzurechnende Militär-, Marine- und nachfolgende Zivildienstzeit wird neben der nach Ziff. 20 anzurechnenden nichtplanmäßigen Dienstzeit angerechnet.

Beispiel:

Ein Militäranwärter, der vom 1. 10. 1906 bis zum 31. 3. 1917 gedient und vom 1. 4. 1917 bis zum 30. 9. 1917 seine Probedienstzeit abgeleistet hat, wird am 1. 10. 1917 endgültig als Regierungsbürodiätar übernommen und am 1. 4. 1924 planmäßig angestellt. Sein BDA. ist auf den 1. 4. 1918 festzusetzen. Angerechnet sind das 1., 10. und halbe 11. Militärjahr und von der nachfolgenden Zivildienstzeit die Probedienstleistung und die folgenden zwei Jahre der Anwärterzeit (Ziff. 27 Abs. 2b). Außerdem ist nach Ziff. 20 die 5 Jahre übersteigende Anwärterdienstzeit (als Anwärterdienstzeit gilt die Zeit vom 1. 4. 1918 bis zum 31. 3. 1924 — vgl. Ziff. 141 —) mit 1 Jahr anzurechnen.

**31.** (1) Ergibt sich für einen erstmalig in eine höhere Besoldungsgruppe übertretenden Militäranwärter ein günstigeres BDA., wenn vom Anstellungstage in der neuen Besoldungsgruppe ausgegangen und darauf die nach Ziff. 27 ff. in Betracht kommende Militär- und nachfolgende Zivildienstzeit angerechnet wird, so kann dieser Tag an Stelle des nach Ziff. 37 bis 39 maßgebenden Zeitpunkts der Festsetzung des BDA. in der neuen Gruppe zugrunde gelegt werden; als nachfolgende Zivildienstzeit (Ziff. 27) gilt in diesem Falle auch die planmäßige Dienstzeit in der früheren Besoldungsgruppe.

(2) Werden bei der erstmaligen Beförderung eine oder mehrere Besoldungsgruppen übersprungen, so darf die nach Abs. 1 zulässige Anrechnung nur in der gemäß Ziff. 39 (§ 3 Abs. 5 Satz 3 und 4 BDEG.) zu durchschreitenden nächsthöheren Besoldungsgruppe, nicht aber in der Beförderungsgruppe erfolgen.

(3) Abs. 1 und 2 gilt nicht, wenn der Militäranwärter mit Wirkung vom 1. 4. 1920 oder einem späteren Tage in eine Stelle einer höheren als der Besoldungsgruppe 7 erstmals befördert wird. Ziff. 27 Abs. 3 gilt sinngemäß.

(4) Die Bewilligung der Anrechnung nach Abs. 1 erfolgt durch die zur Festsetzung des BDA. zuständige Behörde (Ziff. 14).

**32.** (1) Dem Militärdienst steht gleich:

a) der Dienst bei den Schutztruppen;

b) der Dienst bei den Polizeitruppen sowie als Grenz- und Zollaufsichtsbeamte in den früheren Schutzgebieten;

c) der Dienst bei den vom preußischen Kriegsministerium und vom Reichsmarineamt anerkannten Sicherheitstruppen — Ziff. 3 der VO. v. 18./22. 11. 1918 (AVBl. S. 647/48) und Ziff. IIa des Erlasses v. 16. 12. 1918 (AVBl. S. 743) — einschließlich der Gefangenen-Bewachungs-Kompagnien bis zu ihrer Entlassung aus dem Militärverhältnis;

d) der Dienst bei den auf Grund des Gesetzes zur Bildung einer freiwilligen Volkswehr v. 12. 12. 1918 (RGBl. S. 1424) nebst Ausführungsanweisung des preußischen Kriegsministeriums v. 13. 12. 1918 — 1413/12. 18. A 1 — (AVBl. S. 746) aufgestellten Abteilungen der Volkswehr;

e) der Dienst, der auf Grund des Erl. des preußischen Kriegsministeriums v. 15. 12. 1918 — Nr. 1070/12. 18. A 1 — (AVBl. S. 739) und des Aufrufs der Reichsregierung „Freiwillige vor" nebst Ausführungsanweisung des preußischen Kriegsministeriums v. 9. 1. 1919 — Nr. 630/31. 19. A 1 — (AVBl. S. 17) zum Grenzschutz aufgestellten Freiwilligen und bei den in der neutralen Zone gebildeten Grenzwehren, soweit sie als Ersatz für das stehende Heer gebildet und vom preußischen Kriegsministerium anerkannt sind;

f) der Dienst bei den Sicherheits-, Bürger-, Orts- und Einwohnerwehren, Sicherheitskompagnien sowie als Zeitfreiwillige usw., wenn und solange sie auf Anordnung einer militärischen Kommandobehörde einem Freiwilligen- oder Truppenverband angegliedert sind und auf Befehl einer solchen Stelle militärische Dienste leisten;

g) der Dienst in der staatlichen Schutzmannschaft, in der Ordnungs- und Schutzpolizei, in der Landjägerei, in der Schiffahrtspolizei und in allen denjenigen Körperschaften, in denen der Zivilversorgungsschein und der Polizeiversorgungsschein erdient werden können und erdient worden sind.

(2) Abs. 1 gilt sinngemäß für die vormaligen bayerischen, sächsischen und württembergischen Heereskontingente.

(3) Ausgeschlossen bleibt die Zeit einer verschuldeten Kriegsgefangenschaft oder Internierung.

(4) Ob und wieweit der Dienst in einem verbündeten oder befreundeten Heere der Militär- oder Marinedienstzeit im Sinne der Ziff. 27 bis 31 gleichsteht, bestimmt im einzelnen Falle der Fachminister im Einvernehmen mit dem Finanzminister.

**33.** Für die Anrechnung nach Ziff. 27 macht es keinen Unterschied, ob die Anstellung des Militäranwärters in einer dieser Klasse vorbehaltenen oder in einer anderen Stelle erfolgt.

**34.** Eine Anrechnung von Militärdienstzeit findet nicht statt:

a) bei Inhabern des Zivilversorgungsscheins, die schon vor dem Eintritt in das Heer oder die Marine als Zivilanwärter bei einer Behörde beschäftigt waren, nach dem Ausscheiden aus dem Heere oder der Marine wieder in ihr früheres Dienstverhältnis eingetreten sind und auf Grund der auf diesem Wege — vor oder nach der Erlangung des Zivilversorgungsscheins — erworbenen Anwartschaft als Zivilanwärter planmäßig angestellt werden;

b) bei den Inhabern des Zivilversorgungsscheins, die erst nach dem Ausscheiden aus dem Heere oder der Marine, aber bevor sie den Zivilversorgungsschein besaßen, als Zivilanwärter angenommen worden sind und auf Grund der auf diesem Wege — vor oder nach Erlangung des Zivilversorgungsscheins — erworbenen Anwartschaft als Zivilanwärter planmäßig angestellt werden;

c) bei Inhabern des Zivilversorgungsscheins, die erst nach dem Ausscheiden aus dem Heere oder der Marine und nach Erlangung des Zivilversorgungsscheins für eine Laufbahn, deren Stellen zum Teil den Militäranwärtern vorbehalten sind, nicht nach den Anstellungsgrundsätzen für Militäranwärter, sondern auf ihren Wunsch unter den für Zivilanwärter vorgeschriebenen Bedingungen angenommen worden sind und auf Grund dessen auch als Zivilanwärter planmäßig angestellt werden.

**35.** (1) Die aktive Militärdienstzeit wird auch dann nach Maßgabe der vorstehenden Grundsätze auf das BDA. angerechnet, wenn eine planmäßige Stelle freiwillig ohne Ruhegehalt aufgegeben ist oder der Beamte infolge eines gerichtlichen oder Dienststrafverfahrens seine Stelle verloren hat und später eine andere planmäßige Anstellung auf Grund des Zivilversorgungsscheins erfolgt, ohne daß das BDA. nach Maßgabe des früher bezogenen Gehalts oder des früheren BDA. bestimmt wird.

(2) Abs. 1 ist nicht anzuwenden, wenn der Beamte aus einer planmäßigen Stelle lediglich ausscheidet, um in eine andere planmäßige Stelle überzutreten. In solchen Fällen ist nach Ziff. 11 Abs. 2 und Ziff. 37 ff. zu verfahren. Die Militärdienstzeit ist alsdann gegebenenfalls nur nach Ziff. 31 Abs. 1 zu berücksichtigen.

### e. Bemessung des BDA. beim Übertritt von ehemaligen aktiven Offizieren des Heeres und der Marine sowie der Schutztruppen in preußische Beamtenstellen.

**36.** (1) Den in planmäßigen Beamtenstellen des Zivildienstes am 1. 4. 1920 oder später übergetretenen und weiterhin übertretenden Offizieren und Deckoffizieren — ausschließlich der Sanitäts- und Veterinäroffiziere — kann die 10 Jahre übersteigende Militärdienstzeit auf das BDA. angerechnet werden, wobei zu unterstellen ist, daß der Übertritt

a) bei den Deckoffizieren zunächst in eine Stelle der Besoldungsgruppe 5,

b) bei den Fachoffizieren (z. B. Festungsbau-, Feuerwerks-, Zeug- und Torpederoffizieren) zunächst in eine Stelle der Besoldungsgruppe 6,

c) bei den übrigen Offizieren zunächst in eine Stelle der Besoldungsgruppe 7

erfolgt. Ist dem Offizier sogleich eine Stelle einer höheren Gruppe verliehen, so ist anzunehmen, daß er am Anstellungstage in die höhere Gruppe befördert worden ist (vgl. auch Ziff. 37 Abs. 3). Die Errechnung des BDA. in den höheren Besoldungsgruppen erfolgt demnach nach den Vorschriften des BDEG., insbesondere des § 3 Abs. 5. Wird ein Offizier oder Deckoffizier in eine planmäßige Stelle einer Besoldungsgruppe übernommen, welche niedriger ist als die angeführte Eingangsgruppe, so tritt diese niedrigere

Gruppe an die Stelle der Eingangsgruppe. Die Zeit der Verwendung ehemaliger Offiziere in planmäßigen Stellen für pensionierte Offiziere (Bezirkskommandeure usw.) kann als Militärdienstzeit mitberücksichtigt werden.

(2) Hat der Offizier oder Deckoffizier die Beamtenstelle, in der er planmäßig angestellt wird, oder eine völlig gleichwertige und gleichartige Beamtenstelle bereits vor der planmäßigen Anstellung versehen, so kann ihm statt der unter Abs. 1 genannten Zeit die Hälfte dieser vor der planmäßigen Anstellung zugebrachten Beschäftigungszeit auf das BDA. angerechnet werden, wenn dieses für ihn günstiger ist. Soll eine solche Beschäftigungszeit in besonderen Fällen ausnahmsweise in einer höheren Besoldungsgruppe als 10 angerechnet werden, so bedarf es der Zustimmung des Finanzministers im einzelnen Falle.

(3) Auf Ziff. 25 Satz 2 wird besonders hingewiesen, und zwar gelangt diese Vorschrift bei der höheren Besoldungsgruppe, in die der Offizier oder Deckoffizier schließlich eingereiht wird, zur Anwendung, nicht etwa schon bei der zum Zwecke der Errechnung des BDA. angenommenen Eingangsgruppe. Die in Ziff. 25 zugelassenen Ausnahmen können nur mit der in jedem einzelnen Falle einzuholenden Zustimmung des Finanzministers bewilligt werden.

(4) Bei Offizieren und Deckoffizieren mit einer Militärdienstzeit von mindestens zwölf Jahren kann an Stelle der in Abs. 1 bis 3 vorgesehenen Anrechnung folgende Regelung Platz greifen, wenn sie für die Offiziere und Deckoffiziere günstiger ist. Es wird diesen Offizieren und Deckoffizieren die 8 Militärdienstjahre übersteigende Zeit bis zur Höchstgrenze von 5 Jahren auf das BDA. angerechnet, jedoch auch bei Offizieren mit der Unterstellung, daß sie erstmalig in der Gruppe 5 angestellt worden sind (Abs. 1 Satz 2 bis 5 gilt).

**Den nach dem 31. 3. 1920 in planmäßige Stellen des Zivildienstes übernommenen Offizieren und Deckoffizieren, sofern sie eine Militärdienstzeit von mindestens 13 Jahren zurückgelegt haben, und soweit die bisherige Regelung nicht günstiger wirkt, kann in der Gruppe, in der sie erstmals planmäßig angestellt sind, höchstens aber in der Besoldungsgruppe 7, 5 Jahre Militärdienstzeit auf das BDA. angerechnet werden.**

(5) Auf die vor dem 1. 4. 1920 übergetretenen Offiziere und Deckoffiziere ist Abs. 1 bis 3 entsprechend anzuwenden, jedoch mit der Unterstellung, daß der Offizier oder Deckoffizier erst am 1. 4. 1920 in der planmäßigen Beamtenstelle angestellt worden ist, die er beim Inkrafttreten des neuen BDG. tatsächlich innehatte. Auch auf die vor dem 1. 4. 1920 übergetretenen Offiziere und Deckoffiziere ist, wenn es für sie günstiger ist, an Stelle der Abs. 1 bis 3 der Abs. 4 anzuwenden. Hierbei muß zur richtigen Ermittlung des am 1. 4. 1920 anzunehmenden BDA. festgestellt werden, wie sich das BDA. bei der ersten planmäßigen Anstellung und bei allen etwa inzwischen erfolgten Beförderungen und Versetzungen nach dem jeweils geltenden Recht gestaltet hätte, wenn nach Abs. 4 zu verfahren gewesen wäre. Statt der Annahme einer erstmaligen Anstellung in Gruppe 5 ist jedoch wie folgt zu rechnen:

a) bei einer ersten planmäßigen Anstellung in einer Stelle, die in die jetzige Besoldungsgruppe 5 eingereiht ist, ist den Offizieren und Deckoffizieren die 8 Militärdienstjahre übersteigende Zeit bis zur Höchstgrenze von 5 Jahren auf das BDA. anzurechnen,

b) bei einer ersten planmäßigen Anstellung in einer Stelle, die in die jetzige Gruppe 6 oder 7 eingereiht ist, werden das 9., 10. und 13. Militärdienstjahr, insgesamt also höchstens 3 Jahre, angerechnet,

c) bei einer ersten planmäßigen Anstellung in einer in die jetzige Besoldungsgruppe 8 eingereihten Stelle wird nur das 13. Militärdienstjahr angerechnet,

d) bei einer Anstellung in Stellen höherer Gehaltsklassen wird keine Militärdienstzeit angerechnet.

Beispiele:

a) Ein Offizier mit einer Militärdienstzeit von 20 Jahren ist am 1. 10. 1919 in einer Stelle der Besoldungsgruppe 9 planmäßig angestellt mit einem BDA. vom 1. 10. 1919. Die anrechnungsfähige Dienstzeit beträgt 10 Jahre. Vom 1. 4. 1920 an ist das BDA. anderweit festzusetzen wie folgt:

In Gruppe 7 mit einem BDA. vom 1. 4. 1910, Grundgehalt am 1.4.1920 = 8500 ℳ, einzureihen in Gruppe 8 mit einem Grundgehalt von 8600 ℳ (BDA. 1. 4. 1914) und in Gruppe 9 mit einem Grundgehalt von 9000 ℳ, steigend am 1. 4. 1922 auf 9600 ℳ, mithin BDA. 1. 4. 1916.

b) Ein Offizier mit einer Militärdienstzeit von 12 Jahren 184 Tagen ist am 1. 1. 1919 in einer Stelle der jetzigen Besoldungsgruppe 7 planmäßig angestellt mit einem BDA. vom 1. 1. 1919. Auf das BDA. können nach 5b = 2 Jahre 184 Tage angerechnet werden, so daß das BDA. auf den 1. 7. 1916 neu festzusetzen ist.

c) Ein Deckoffizier mit 20 Jahren Marinedienstzeit ist am 1. 6. 1910 in einer Stelle der Besoldungsklasse 13 (jetzige Besoldungsgruppe 6) (1650, 1900, 2150, 2400, 2650, 2900, 3100, 3300 ℳ) planmäßig angestellt und am 1. 4. 1914 in eine Stelle der Besoldungsklasse 22 (jetzige Besoldungsgruppe 7) (2100, 2500, 2900, 3300, 3600, 3900, 4200, 4500 ℳ) befördert mit einem BDA. v. 1. 6. 1913. Auf das BDA. in der ersten Stelle sind ihm 3 Jahre (das 9., 10. und 13. Marinedienstjahr) anzurechnen, es ist also auf den 1. 6. 1907 festzusetzen. Danach ergibt sich für den Zeitpunkt der Beförderung in Besoldungsgruppe 13 ein Gehalt von 2150 ℳ, steigend am 1. 6. 1916 auf 2400 ℳ, und in Besoldungsklasse 22 ein Gehalt von 2500 ℳ, steigend am 1. 4. 1917 auf 2900 ℳ, mithin ein BDA. vom 1. 4. 1911.

(6) Wird der Offizier nicht auf Grund der ihm verliehenen Anstellungsberechtigung, sondern auf Grund einer auf eigene Kosten erworbenen vorschriftsmäßigen Ausbildung von mindestens drei Jahren, die der der Zivilanwärter entspricht, planmäßig angestellt, so kann ihm, wenn dies für ihn günstiger ist, an Stelle der Anrechnung unter 1 bis 5 die Militärdienstzeit bis zur Hälfte der gesamten Aufrückungszeit der Besoldungsgruppe, in der er planmäßig angestellt wird, angerechnet werden. Der Schlußsatz des Abs. 1 gilt.

(7) Eine Anrechnung nach Ziff. 73 findet neben den Vorschriften der Ziff. 36 nicht statt.

(8) Den in planmäßige Beamtenstellen übertretenden ehemaligen Sanitäts- und Veterinäroffizieren kann die tatsächliche Dienstzeit als Stabsarzt oder Stabsveterinär auf das BDA. angerechnet werden, bei Anstellung in der Gruppe 11 oder 12 mit der Unterstellung, daß der Übertritt zunächst in eine Stelle der Gruppe 10 erfolgt und noch am Tage des Übertritts die Beförderung in die etwa höhere Besoldungsgruppe stattfindet. Die Errechnung des BDA. in den höheren Besoldungsgruppen erfolgt demnach nach den Vorschriften der Ziff. 37 und 39.

**f. Bemessung des BDA. beim Eintritt in eine neue Besoldungsgruppe.**

**37.** (1) Beim Übertritt aus einer Besoldungsgruppe in eine höhere erhält der Beamte stets den gegenüber seinem bisherigen Grundgehaltssatz nächsthöheren Satz und behält diesen die volle für das Weiteraufsteigen in die folgende Stufe vorgeschriebene Zeit von zwei Jahren. Wäre er jedoch in der früheren Besoldungsgruppe bereits vor Ablauf dieser Zeit in die nächsthöhere Stufe aufgestiegen und damit zu einem Grundgehaltssatz gelangt, der über den ihm in der neuen Besoldungsgruppe gewährten hinausgeht oder ihm gleichkommt, so steigt er auch in der neuen Besoldungsgruppe zu derselben Zeit in die folgende Stufe (§ 3 Abs. 5 Satz 1 und 2 BDEG.).

(2) Bei der Berechnung des Grundgehalts in der höheren Besoldungsgruppe dürfen Zulagen irgendwelcher Art nicht berücksichtigt werden.

(3) Das BDA. darf bei dem Übertritt in die nächsthöhere Besoldungsgruppe nicht um mehr als vier Jahre, beim Übertritt aus Gruppe 12 in Gruppe 13 nicht um mehr als sechs Jahre verkürzt werden.

**38.** Beim Übertritt von Beamten mit festen Grundgehaltssätzen (Abschn. I. 1. A. der Besoldungsordnung) in Stellen mit Mindestgrundgehaltssätzen (I. 1. B. a. a. O.) und umgekehrt ist die Gruppe B 3 der Besoldungsgruppe 11, die Gruppe B 4 der Besoldungsgruppe 12 und B 5 der Besoldungsgruppe 13 gleichzuachten.

**39.** (1) Werden bei einer Beförderung Besoldungsgruppen übersprungen, so ist das BDA. so festzusetzen, wie wenn der Beamte zunächst in die dazwischenliegenden Gruppen eingetreten wäre (§ 3 Abs. 5 Satz 3 u. 4 BDEG.).

(2) Erhält der in eine höhere Gruppe übertretende Beamte bereits für seine Person die Bezüge dieser Gruppe, so wird sein BDA. nicht neu festgesetzt. Überspringt er bei der Beförderung die Besoldungsgruppe, nach der er für seine Person besoldet wird, so ist sein BDA. so festzusetzen, als ob er aus dieser Gruppe befördert worden wäre.

**40.** (1) Der Übertritt eines Beamten in eine niedrigere Besoldungsgruppe kann immer nur ein freiwilliger sein. Gegen seinen Willen kann der Beamte in eine Besoldungsgruppe mit niedrigerem Gehalt nicht versetzt werden, auch nicht im Wege des Disziplinarverfahrens.

(2) Tritt ein Beamter in eine niedrigere Besoldungsgruppe über, so wird das neue BDA. außer in den Fällen der Abs. 3 und 4 von dem Fachminister in Gemeinschaft mit dem Finanzminister nach der besonderen Lage des Einzelfalles festgesetzt.

(3) Tritt ein Beamter in eine niedrigere Besoldungsgruppe, der er früher bereits angehört hat, über, obwohl er in der höheren Besoldungsgruppe hätte verbleiben können, so erhält er in der niedrigeren Besoldungsgruppe das BDA., das er früher in dieser Besoldungsgruppe hatte.

(4) Hat zu dem Übertritt eines Beamten in eine niedrigere Besoldungsgruppe der Umstand Anlaß gegeben, daß er in der höheren Besoldungsgruppe aus Gründen, die in seiner Person liegen — z. B. wegen körperlicher Unfähigkeit für die Stelle der höheren Besoldungsgruppe —, nicht verbleiben konnte, so ist sein neues BDA. in sinngemäßer Anwendung der Ziff. 37 festzusetzen, jedoch mit der Maßgabe, daß der Beamte zunächst in den gleich hohen Gehaltssatz, wenn ein solcher in der neuen Besoldungsgruppe vorhanden ist, übertritt. Der Beamte erhält somit in keinem Falle ein höheres Grundgehalt als das Höchstgrundgehalt der Besoldungsgruppe, in die er übertritt.

(5) Tritt ein Beamter, der in eine niedrigere Besoldungsgruppe versetzt worden ist, wieder in die verlassene Besoldungsgruppe zurück, so erhält er wieder das BDA., das er früher in dieser Besoldungsgruppe hatte. Dies gilt sinngemäß, wenn die verlassene höhere Besoldungsgruppe bei einer späteren Beförderung übersprungen wird (Ziff. 39 Satz 1).

**41.** Sollte in einem Einzelfalle eine Überführung in einen anderen Dienstzweig lediglich auf Antrag des Beamten — ohne daß gleichzeitig dienstliche Rücksichten vorliegen — in Erwägung genommen werden, so ist eine Anrechnung früherer Dienstzeit bei der Bemessung des Gehalts der neuen Stelle nur mit Genehmigung des Fachministers im Einvernehmen mit dem Finanzminister gestattet, die vor der Entscheidung über den Versetzungsantrag einzuholen ist. Wird die Vorrückung des BDA. nicht genehmigt, so darf die Versetzung nur verfügt werden, nachdem der Beamte sich mit der Neufestsetzung des BDA. einverstanden erklärt hat.

**42.** Bei der Übernahme von Soldaten der Wehrmacht in das Staatsbeamtenverhältnis gelten Ziff. 37 bis 40 nicht. Ihr BDA. wird nach Ziff. 25 bis 36 festgesetzt. Sind sie nicht Militäranwärter, so kann eine Anrechnung von Militär- oder Marinedienstzeit nach Ziff. 25 und 26 erfolgen. Sind sie Militäranwärter, so ist ihnen bei der planmäßigen Anstellung die nach Ziff. 27 bis 32 sich ergebende Zeit auf das BDA. anzurechnen. Die letzte Anrechnung (nach Ziff. 27 bis 32) schließt jede darüber hinausgehende Anrechnung nach Ziff. 25 bis 26 aus.

**43.** (1) Ziff. 37 Abs. 1 ist auch in den Fällen anzuwenden, daß Polizeileutnants aus der Besoldungsgruppe 5 in die Besoldungsgruppe 6, Polizeioberleutnants aus der Besoldungsgruppe 7 in die Besoldungsgruppe 8 nach vier Dienstjahren als solche, Polizeihauptleute aus der Besoldungsgruppe 9 in die Besoldungsgruppe 10 nach zwei Dienstjahren als solche vorrücken, ohne daß eine Beförderung vorliegt. Diese Beamten rücken in die höhere Besoldungsgruppe erst vor, nachdem sie volle vier und zwei Jahre in der niedrigeren Besoldungsgruppe zugebracht haben, nicht schon, wenn sie in der niedrigeren Besoldungsgruppe ein BDA. von vier oder zwei Jahren erreicht haben. Der Übertritt in die höhere Besoldungsgruppe erfolgt mit dem Ersten des Monats, in dem die bestimmte Zeit vollendet wird.

(2) Ziff. 37 bis 40 gelten insbesondere auch für den Übertritt in eine der in der Besoldungsordnung mit •) gekennzeichneten Aufrückungsstellen.

### g. Bemessung des BDA. bei den am 1. 4. 1920 im Dienst befindlichen Beamten.

**44.** (1) Die am 1. 4. 1920 im Dienst befindlichen planmäßigen Beamten mit aufsteigenden Gehältern werden in die Besoldungsgruppen der BO. mit derjenigen Gehaltsstufe eingereiht, die ihrem bisherigen Besoldungsdienstalter in der Stelle entspricht, die sie am 1. 4. 1920 bekleiden. Beamte, die zum 1. 4. 1920 oder mit Wirkung von diesem Tage angestellt sind, zählen im Sinne dieser Vorschrift nicht zu den am 1. 4. 1920 im Dienst befindlichen planmäßigen Beamten.

(2) Die Bestimmungen in Ziff. 37 bis 43 dürfen nicht angewendet werden, wenn sich der Übertritt in eine andere Gehaltsklasse vor dem 1. 4. 1920 vollzogen hat, und zwar weder mit Unterstellung der alten noch mit Unterstellung der neuen Gehaltssätze.

**45.** Hat ein Beamter unmittelbar hintereinander mehrere Stellen bekleidet, die nach den bisherigen Vorschriften verschiedenen Gehaltsklassen angehörten, jetzt aber in einer Besoldungsgruppe vereinigt sind, so ist das BDA. vom 1. 4. 1920 so zu berechnen, als wenn der Beamte in der ersten Stelle verblieben wäre.

**46.** Sollte sich für einzelne vor dem 1. 4. 1920 beförderte oder aus dienstlichen Rücksichten versetzte Beamte ergeben, daß am 1. 4. 1920 nach den neuen Grundgehaltssätzen ihr Grundgehalt in der jetzigen Stelle hinter dem Satze zurückbleibt, den sie erhalten haben würden, wenn sie in einer früher von ihnen bekleideten Stelle verblieben und erst zum 1. 4. 1920 befördert worden wären, oder daß sie in der früheren Stelle bei dem nächsten Aufsteigen nach dem 1. 4. 1920 früher einen höheren oder gleichen Grundgehaltssatz erreicht hätten, als es in der neuen Stelle der Fall sein würde, so ist das BDA. so festzusetzen, als wenn sie erst im Laufe des 1. 4. 1920 unter Berücksichtigung von § 3 Abs. 5 BDEG. (vgl. Ziff. 37. 39) in die neue Stelle eingerückt wären. Für Beamte, die zum 1. 4. 1920 in eine Stelle befördert werden, die in einer höheren Besoldungsgruppe als die bisher von den Beamten bekleideten Stelle vorgesehen ist, wird das BDA. unter Berücksichtigung von § 3 Abs. 5 so festgesetzt, als wenn sie erst im Laufe des 1. 4. 1920 in die neue Stelle eingerückt wären.

**47.** (1) Sind **zum 1. 4. 1920** ganze Gattungen von Beamten in höhere Besoldungsgruppen gehoben, so behalten sie ihr bisheriges BDA., sofern sich für sie bei Anwendung der Bestimmungen in § 23 Abs. 3 BDEG. nicht ein noch günstigeres BDA. ergibt.

(2) Sind dagegen Beamtengattungen, die am 31. 3. 1920 unter gleicher oder verschiedener Amtsbezeichnung in der gleichen Gehaltsklasse vereinigt waren, so getrennt worden, daß ein Teil in einer niedrigeren Besoldungsgruppe zurückgeblieben ist, so sind die in die gehobenen Gruppen eingereihten Beamten so anzusehen, als wenn sie am 1. 4. 1920 aus der niedrigeren Gruppe in ihre jetzige Stelle befördert worden wären. Ihr BDA. ist deshalb nach Ziff. 46 neu festzusetzen. Soweit Beamte bereits vor dem 1. 4. 1920 eine entsprechende gehobene Stelle bekleidet haben, für welche in dem Staatshaushaltsplan eine Stellenzulage vorgesehen war, darf das BDA. nach den vorstehenden Vorschriften nicht auf einen späteren Zeitpunkt festgesetzt werden als den, seit welchem der Beamte die Stellenzulage ununterbrochen bezogen hat.

(3) Demnach sind anzusehen. als wenn sie am 1. 9. 1920 befördert worden wären. z, B,;

a) die Kastellane. Botenmeister, Laboratoriumsgehilfen in Gruppe 3 aus der Gruppe 2:

b) die Hausinspektoren, Botenmeister, Ministerialhausinspektoren, Ministerialbotenmeister, Oberpedelle, Laboranten, Justizoberwachtmeister als Botenmeister bei großen Behörden, Polizeioberwachtmeister, Obergärtner. Obermaschinisten in der Gruppe 4 aus der Gruppe 3:

c) Gerichtskostenerheber bei größeren Kassen (aus der Gruppe 3). Oberlandjäger. Maschinenmeister. Oberstutmeister in Gruppe 5 aus der Gruppe 4:

d) Kanzleiinspektoren als Kanzleivorsteher, erste Maschinenmeister, erste Werkmeister in Gruppe 6 aus der Gruppe 5;

e) Ministerialkanzleiinspektoren, Kulturoberbausekretäre, Gestütrendanten der Landgestüte in Gruppe 7 aus der Gruppe 6;

f) Baderentmeister, Badeinspektoren, Garteninspektoren, Forstrentmeister, Obersekretäre als Bürovorsteher, Kulturobersekretäre, Rendanten, Kulturoberbausekretäre, erste Lehrer in der Gestütverwaltung, Justizinspektoren, Kassierer bei den Justizhauptkassen, Amtsgerichtskalkulatoren, Strafanstaltskassenrendanten bei den Strafanstalten in Plötzensee und Berlin-Tegel sowie beim Untersuchungsgefängnis Berlin-Moabit in Gruppe 8 aus der Gruppe 7;

g) Justizoberinspektoren bei den Oberlandesgerichten und anderen großen Behörden, Hauptkassenkontrolleure bei den besonders organisierten Gerichtskassen, Domänenrentmeister, Präsidialsekretäre, Rechnungsrevisoren, Rendanten, Zentralbürovorsteher bei der Universität in Berlin, den technischen Hochschulen, dem Meteorologischen Institut in Berlin, Rentmeister bei den großen Kreiskassen, Kreissekretäre bei den großen Landratsämtern, Kuratorialbürovorsteher in Gruppe 9 aus der Gruppe 8 oder 7;

h) Rechnungsoberrevisor beim Kammergericht (aus der Gruppe 7), Oberzeichenlehrer, Obermusiklehrer, Oberzeichenlehrerinnen, Obermusiklehrerinnen an den höheren Lehranstalten für die männliche und weibliche Jugend (aus der Gruppe 8), Zentralbürovorsteher beim Oberlandeskulturamt, Oberfischmeister für die Binnengewässer in Gruppe 10 aus der Gruppe 9;

i) Regierungsräte, Regierungs- und Bauräte, Abteilungsleiter bei der Landesanstalt für Wasserhygiene in Berlin-Dahlem und bei der staatlichen Nahrungsmitteluntersuchungsanstalt, Amts- und Landgerichtsräte in der Gruppe 11 aus der Gruppe 10;

k) Oberregierungsräte, Oberbauräte, aufsichtführende Richter an den Amtsgerichten mit 10 und mehr Richtern, Oberregierungs- und Schulräte, Landräte bei großen Landratsämtern in der Gruppe 12 aus der Gruppe 10;

l) Oberstaatsanwalt als erster Vertreter des Generalstaatsanwalts beim Kammergericht, Obersten der Landjägerei in der Gruppe 13 aus der Gruppe 12.

(4) Über die Neufestsetzung des BDA. entscheidet in Zweifelsfällen der Fachminister im Einvernehmen mit dem Finanzminister.

**48.** (1) Bei planmäßigen Beamten aus der Klasse der ehemaligen Militäranwärter, auch wenn sie sich nicht mehr in ihrer ersten planmäßigen Stelle befinden, wird das BDA. so weit vorgerückt, wie es vorgerückt wäre, wenn Ziff. 27 bis 35 schon zur Zeit ihrer ersten planmäßigen Anstellung und in den nach Ziff. 31 und 35 maßgebenden Zeitpunkten gegolten hätten.

(2) Hiernach muß in jedem Falle, in dem einem Beamten nach Ziff. 27 bis 35 eine längere Zeit auf das BDA. anzurechnen ist, als ihm nach Nr. 14 der bisherigen Gehaltsvorschriften oder nach älteren Vorschriften und der älteren Verwaltungsübung tatsächlich angerechnet worden ist, zur richtigen Ermittlung des ab 1. 4. 1920 anzunehmenden BDA. festgestellt werden, wie sich das BDA. bei der ersten planmäßigen Anstellung und bei allen etwa inzwischen erfolgten Beförderungen und Versetzungen nach dem jeweils geltenden Rechte gestaltet hätte, wenn Ziff. 27 bis 35 bereits gegolten hätten.

**49.** Allen planmäßigen Beamten, auch wenn sie sich nicht mehr in ihrer ersten planmäßigen Stelle befinden, wird das BDA. so weit vorgerückt, wie es vorgerückt wäre, wenn Ziff. 20 bis 22 schon zur Zeit ihrer ersten planmäßigen Anstellung gegolten hätten. Hiernach muß in jedem Falle, in dem einem planmäßigen Beamten nach Ziff. 20 bis 22 eine längere nichtplanmäßige Dienstzeit auf das BDA. anzurechnen ist, als ihm nach Nr. 16 der bisherigen Gehaltsvorschriften oder nach den älteren Vorschriften und nach der älteren Verwaltungsübung tatsächlich angerechnet worden ist, zur richtigen Ermittlung des am 1. 4. 1920 anzunehmenden BDA. festgestellt werden, wie sich das BDA. bei der ersten planmäßigen Anstellung und bei allen etwa inzwischen erfolgten Beförderungen und Versetzungen nach dem jeweils geltenden Rechte gestaltet hätte, wenn Ziff. 20 bis 22 bereits gegolten hätten. Dabei ist die nichtplanmäßige Dienstzeit, von welcher der fünf Jahre übersteigende Teil auf das BDA. anzurechnen ist, so zu berechnen, wie wenn Ziff. 140 ff. bereits gegolten hätten.

**50.** Die am 31. 3. 1920 im Amt befindlich gewesenen Beamten, die durch die Anmerkungen 1 und 2 zur Besoldungsgruppe 2, 1 zur Besoldungsgruppe 3, 1 zur Besoldungsgruppe 4 sowie 1 zur Besoldungsgruppe 5 für ihre Person die Bezüge einer höheren Besoldungsgruppe zu erhalten haben, erhalten in dieser Besoldungsgruppe das volle BDA. ihrer beim Inkrafttreten des BDEG. bekleideten Stelle.

**51.** (1) (Anm. 2 zur Besoldungsgruppe 4): Die am 31. 3. 1920 im Amt befindlich gewesenen Inhaber der Stellen erhalten für ihre Person, soweit sie 16 Dienstjahre vollendet hatten, die Bezüge der Gruppe 5.

(2) (Anm. 3 zur Besoldungsgruppe 4): Die am 31. 3. 1920 im Amt befindlich gewesenen Inhaber der Stellen erhalten für ihre Person, sobald sie 16 Dienstjahre vollendet haben, die Bezüge der Gruppe 5.

(3) Unter „Dienstjahren" im Sinne dieser Anmerkungen ist die gesamte Militär- und Zivildienstzeit zu verstehen.

(4) Während die unter Anm. 3 zur Besoldungsgruppe 4 fallenden Beamten, soweit sie am 31. 3. 1920 noch keine 16 Dienstjahre vollendet hatten, auch nach dem 1. 4. 1920, sobald sie 16 Dienstjahre vollendet haben, in die Bezüge der Gruppe 5 einrücken können, können die unter Anm. 2 zur Besoldungsgruppe 4 fallenden Beamten, die nach dem 1. 4. 1920 16 Dienstjahre vollenden, nicht die Bezüge der Gruppe 5 erhalten, und ebensowenig können die unter Anm. 2 fallenden Beamten, selbst wenn sie am 31. 3. 1920 16 Dienstjahre vollendet hatten und nunmehr nach dem 1. 4. 1920 in Stellen befördert werden, die unter Anm. 1 zur Besoldungsgruppe 5 fallen, die Bezüge der Gruppe 6 erhalten.

**52.** (1) (Anm. 1 zur Besoldungsgruppe 7): Diejenigen in der Besoldungsgruppe 7 aufgeführten Beamten, die am 31. 3. 1920 in einer Stelle der Gehaltsklassen 21 bis 23 und 54 Nr. 6 des Gesetzes, betr. die Bereitstellung von Mitteln zu Diensteinkommensverbesserungen, v. 26. 5. 1909 (GS. S. 85) planmäßig angestellt waren, erhalten, sobald sie in den Gehaltsklassen 14 bis 23 und 54 Nr. 6 jenes Gesetzes nach einer für die erwähnten Gehaltsklassen 21 bis 23 und Nr. 54 Nr. 6 abgelegten Prüfung oder in einer Eingangsstelle der Besoldungsgruppe 7 des BDEG. eine Dienstzeit von insgesamt 10 Jahren zurückgelegt haben, für ihre Person im Wege der Aufrückung die Bezüge der Besoldungsgruppe 8.

(2) Das BDA. der auf Grund des Abs. 1 nach Gruppe 8 zu besoldenden Beamten ist so festzusetzen, wie wenn sie am Ersten des Monats, in dem die verlangten 10 Dienstjahre vollendet werden — frühestens aber am 1. 4. 1920 — in eine Stelle der Gruppe 8 befördert wären. Derselbe Tag ist für den Beginn der Bezüge aus Gruppe 8 maßgebend.

(3) Die verlangten 10 Dienstjahre beginnen, wenn die in Abs. 1 genannte Prüfung vor Erreichung einer der Gehaltsklassen 14 bis 23 und 54 Nr. 6 abgelegt worden ist, mit dem Tage, von dem an der Beamte erstmals eine Stelle dieser Gehaltsklassen bekleidet hat, wenn jedoch die Prüfung nach Erreichung einer der Gehaltsklassen 14 bis 23 und 54 Nr. 6 abgelegt worden ist, mit dem auf den letzten Tag der Prüfung folgenden Tag, also nicht erst mit dem etwa späteren Tage der Bekanntgabe des Prüfungsergebnisses. Der Lauf der 10 Dienstjahre beginnt jedoch spätestens — auch wenn keine Prüfung abgelegt worden ist — mit dem Eintritt in eine der Gehaltsklassen 21 bis 23 und 54 Nr. 6.

Beispiele:

a) Ein Beamter der jetzigen Besoldungsgruppe 7 ist am 1. 10. 1892 als Zivilsupernumerar eingetreten und seinerzeit von der Ablegung einer Prüfung entbunden. Er ist am 1. 4. 1900 in einer Stelle der späteren Gehaltsklasse 22 planmäßig angestellt. Der Lauf der 10 Dienstjahre beginnt mit dem 1. 4. 1900. Er rückt am 1. 4. 1920 in die Gruppe 8 mit einem BDA. vom 1. 4. 1904.

b) Ein Beamter der jetzigen Besoldungsgruppe 7 ist am 1. 4. 1901 als Zivilsupernumerar eingetreten. Er hat am 15. 5. 1904 die Prüfung für den Büro- und Kassendienst bestanden und ist am 1. 4. 1912 in einer Stelle der Gehaltsklasse 22 planmäßig angestellt worden. Der Lauf der 10 Dienstjahre beginnt mit dem 1. 4. 1912. Er rückt also am 1. 4. 1922 in die Gruppe 8 ein mit einem BDA. vom 1. 4. 1913 (BDA. in Gruppe 7 = 1. 4. 1909).

c) Ein aus dem Militäranwärterstande hervorgegangener Beamter der jetzigen Besoldungsgruppe 7 ist am 1. 11. 1903 als Anwärter für den Büro- und Kassendienst eingetreten, er hat am 26. 5. 1906 die Prüfung für den Büro- und Kassendienst bestanden und ist am 1. 11. 1909 in einer Stelle der Gehaltsklasse 22 planmäßig angestellt. Der Lauf der 10 Dienstjahre beginnt am 1. 11. 1909.

d) Ein aus dem Militäranwärterstande hervorgegangener Beamter der jetzigen Besoldungsgruppe 7 ist am 1. 4. 1907 nach Ablegung einer Prüfung für eine Stelle der Gehaltsklasse 14 in einer Stelle der Gehaltsklasse 14 mit einem BDA. vom 1. 4. 1906 planmäßig angestellt. Am 15. 8. 1910 hat er die Prüfung für eine Stelle der Gehaltsklasse 22 bestanden. Am 1. 4. 1919 ist er in eine Stelle der Gehaltsklasse 22 befördert. Der Lauf der 10 Dienstjahre beginnt mit dem 16. 8. 1910. Er rückt am 16. 8. 1920 in die Gruppe 8 ein. Sein BDA. ist wie folgt festzusetzen:

Gruppe 6, 1. 4. 1906 Gruppe 7, 1. 4. 1908
Gruppe 8, 1. 4. 1912.

Für die Beamten der Gehaltsklasse 13 der Besoldungsordnung vom 26. 5. 1909 (mit 1 650 ℳ bis 3 300 ℳ), die erst durch das Gesetz vom 29. 6. 1914 (GS. S. 121) mit Wirkung vom 1. 4. 1914 in die Gehaltsklasse 14 (mit 1 800 ℳ bis 3 600 ℳ) eingereiht worden sind, kann die zehnjährige Dienstzeit in Klasse 14 frühestens am 1. 4. 1914 zu laufen beginnen, auch wenn sie schon vor diesem Tage die Prüfung für eine Stelle der Klassen 21 ff. abgelegt hatten.

**53.** Für diejenigen Beamten, die bisher ein Einzelgehalt bezogen haben und für die durch das BDEG. Dienstaltersstufen eingeführt worden sind, wird das BDA. auf den Tag des Einrückens in ihre Stelle festgesetzt, soweit nicht die Vorschriften der Ziff. 46 oder 54 günstiger sind.

**54.** Würde ein Beamter, der mit Wirkung von einem früheren Tage als dem 1. 4. 1920 befördert oder aus dienstlichen Rücksichten versetzt worden ist, bei Anwendung der Bestimmungen in Ziff. 44 bis 53 ein niedrigeres Grundgehalt zu beziehen haben, als wenn er in einer früheren bekleideten Stelle verblieben und erst am 1. 4. 1920 aus dieser in die Besoldungsgruppe, welcher er nach der BO. zuzuteilen ist, befördert worden wäre, oder würde der Beamte in der früheren Stelle bei dem nächsten Aufsteigen nach dem 1. 4. 1920 früher einen höheren oder gleichen Grundgehaltssatz erreicht haben, als es in der neuen Stelle der Fall sein würde, so ist sein BDA. festzusetzen, wie wenn er erst mit Wirkung vom 1. 4. 1920 in die Besoldungsgruppe, welcher er nach der BO. zuzuteilen ist, befördert worden wäre. Eine Versetzung aus dienstlichen Rücksichten im Sinne dieser Bestimmungen ist nur dann anzunehmen, wenn für die Versetzungsentscheidung lediglich die dienstliche Notwendigkeit der Versetzung maßgebend gewesen ist.

### h. Bemessung des BDA. beim Wiedereintritt ausgeschiedener Beamter in den Staatsdienst.

**55.** (1) Wird einem einstweilen in den Ruhestand versetzten Beamten wieder eine planmäßige Stelle der Besoldungsgruppen 1 bis 13 übertragen, so gelten für die Berechnung des BDA., wenn die Versetzung in den einstweiligen Ruhestand nach dem 1. 4. 1920 wirksam geworden ist, die Bestimmungen in Ziff. 11 Abs. 2 und 37 bis 43, wenn sie am oder vor dem 1. 4. 1920 wirksam geworden ist, die Bestimmungen in Ziff. 44 bis 54 sinngemäß. In letzterem Falle tritt an die Stelle des 1. 4. 1920 der Tag, mit dem die Wiederanstellung wirksam wird.

(2) Von der Zeit des einstweiligen Ruhestandes ist die Zeit einer etwaigen Beschäftigung als Beamter oder in der Eigenschaft eines Beamten im Reichs- oder Staatsdienst als Dienstzeit in der früheren Stellung anzurechnen. Die übrige Zeit seit der Versetzung in den einstweiligen Ruhestand, insbesondere eine im privatrechtlichen Vertragsverhältnis zurückgelegte Beschäftigungszeit, kann nur in sinngemäßer Anwendung der Ziff. 25 und 26 angerechnet werden.

**56.** (1) Bei der Wiederanstellung von dauernd zur Ruhe gesetzten Beamten gilt Ziff. 55 sinngemäß. Ist einem solchen Beamten der Wiedereintritt zu einem früheren Zeitpunkt ermöglicht gewesen, und hat er ihn durch eigenes Verschulden oder aus eigener Entschließung erheblich verzögert, so wird die frühere Dienstzeit in der Regel nicht angerechnet: sollten ausnahmsweise Gründe für eine solche Anrechnung geltend zu machen sein, so ist die Entscheidung des Fachministers einzuholen.

(2) Beamten, welche wegen eines in Ausübung des Dienstes erlittenen Unfalls in den Ruhestand versetzt worden sind, muß im Falle ihrer späteren Wiederanstellung die frühere Dienstzeit auf das BDA. angerechnet werden.

(3) Bei Militäranwärtern, die als Beamte der Besoldungsgruppe ihrer ersten planmäßigen Anstellung in den Ruhestand versetzt worden sind und in einer höheren Besoldungsgruppe wieder angestellt werden, kann Ziff. 31 sinngemäß angewandt werden.

**57.** (1) Ist ein Beamter aus einer planmäßigen Stelle freiwillig ohne Ruhegehalt ausgeschieden oder ist sein früheres Beamtenverhältnis durch Dienstentlassung gelöst worden, so wird im Falle seiner Wiederanstellung bei der Bemessung des BDA. und des Grundgehalts der neuen Stelle — vorbehaltlich der Vorschrift in Ziff. 35 — auf das BDA. und das Grundgehalt der früheren Stelle in der Regel keine Rücksicht genommen. Beamte, die ihre Stelle freiwillig aufgeben wollen, sind hierauf ausdrücklich hinzuweisen.

(2) Beamte, die in der Zeit zwischen ihrem Ausscheiden aus einer planmäßigen Stelle des Staatsdienstes und ihrem Wiedereintritt in denselben ununterbrochen im Reichs-, Landes- oder Schuldienst gestanden haben, werden so behandelt, wie wenn sie ununterbrochen in der zuletzt bekleideten Stelle des Staatsdienstes verblieben wären.

(3) Sollten im Einzelfalle besonders Gründe vorliegen, von den Grundsätzen der Abs. 1, 2 ausnahmsweise abzuweichen, so ist — und zwar in der Regel vor der Wiederanstellung des Beamten — die Entscheidung des Fachministers einzuholen, welche im Einverständnis mit dem Finanzminister ergeht: Ziff. 25 und 26 gelten sinngemäß.

### i. Bemessung des BDA. beim Übertritt aus dem Reichsdienst oder dem Dienst eines der Länder.

**58.** (1) Tritt ein Reichsbeamter oder ein Beamter eines der Länder in den preußischen Staatsdienst über, so wird sein BDA., wenn nicht der Fall der Ziff. 59 vorliegt — vorbehaltlich der Vorschrift in Ziff. 61 Abs. 2 —, in sinngemäßer Anwendung der Bestimmungen in Ziff. 44, 45, 46 und 53 festgesetzt. An die Stelle des 1. 4. 1920 tritt hierbei der Tag des Übertritts.

(2) Welcher Besoldungsgruppe des BDEG. die Gehaltsklasse entspricht, der der Beamte bisher angehört hat, bestimmt der Fachminister im Einvernehmen mit dem Finanzminister. Entspricht die Gehaltsklasse, welcher der Beamte bisher angehört hat, keiner Besoldungsgruppe des BDEG., so setzt der Fachminister im Einvernehmen mit dem Finanzminister das BDA. fest.

**59.** (1) Entspricht die Gehaltsklasse, welcher der Beamte bisher angehört hat, nicht nur einer Besoldungsgruppe des BDEG., sondern stimmt sie auch mit ihr hinsichtlich der Grundgehaltssätze und der Dienstaltersstufen und im wesentlichen auch hinsichtlich der sonstigen Bestandteile des Diensteinkommens überein, so wird das BDA. so festgesetzt, wie wenn der Beamte aus der entsprechenden Besoldungsgruppe des BDEG. übergetreten wäre. Können Zweifel bestehen, ob diese Voraussetzungen gegeben sind, so entscheidet hierüber der Fachminister im Einvernehmen mit dem Finanzminister.

(2) Solange die Einreihung der Beamtengattung, welcher der Beamte bisher angehört hat, in die Gruppen der betreffenden Landesbesoldungsordnung noch durch einen Einspruch nach § 5 des Gesetzes zur Sicherung einer einheitlichen Regelung der Beamtenbesoldung (Besoldungssperrgesetz) v. 21. 12. 1920 (RGBl. S. 2117)*) angefochten werden kann, ist nicht nach Abs. 1, sondern nach Ziff. 58 zu verfahren.

**60.** Welcher Besoldungsgruppe des BDEG. eine bestimmte Gehaltsklasse des Reichsbesoldungsgesetzes oder eines Landesbesoldungsgesetzes im Sinne der Ziff. 58 entspricht oder mit welcher sie im Sinne der Ziff. 59 übereinstimmt, bestimmt der Finanzminister.

*) Die am 1. 4. 25 gültige Fassung s. RBB. 1925. S. 116.

**61.** (1) Ziff. 58 bis 60 gelten nur beim unmittelbaren Übertritt aus dem Reichsdienst oder dem Dienst eines der Länder. In den Fällen, in denen ein Beamter, der aus einer planmäßigen Stelle des Reichs- oder Landesdienstes freiwillig ausgeschieden oder dessen früheres Beamtenverhältnis im Reichs- oder Landesdienste durch Dienstentlassung gelöst worden ist, im preußischen Staatsdienst planmäßig angestellt wird, gilt Ziff. 57 sinngemäß.

(2) Ein aus dem Dienste des Reiches oder der Länder übernommener Beamter darf niemals ein höheres BDA. erhalten, als es ein preußischer Beamter in der gleichen Stelle unter Berücksichtigung der verschiedenen Vor- und Ausbildungszeit erhalten würde.

(3) Ziff. 58 bis 61 gelten nicht für frühere preußische Staatsbeamte, bei denen die Ziff. 57 zutrifft.

(4) Der § 3 Abs. 8 BDEG. bleibt unberührt.

### k. Bemessung des BDA. in besonderen Fällen.

Bemessung des BDA. bei Versetzung auf Grund eines Disziplinarurteils.

**62.** (1) Wird ein Beamter auf Grund eines Disziplinarurteils in eine Stelle derselben Besoldungsgruppe versetzt, so ist, wenn auf Strafversetzung ohne Verminderung des Diensteinkommens erkannt ist, dem Beamten sein Grundgehalt und BDA. auch in der neuen Stelle unverkürzt zu belassen.

(2) Ist auf Strafversetzung mit Verminderung des Diensteinkommens erkannt, so ist dem Beamten zwar das BDA. unverkürzt zu lassen, in jeder Dienstaltersstufe aber ist das ihm hiernach zustehende Grundgehalt, wenn auf Kürzung der Dienstbezüge um einen bestimmten Bruchteil erkannt ist, um den Betrag der im Disziplinarurteil festgesetzten Einkommensverminderung zu kürzen (vgl. auch Ziff. 92, 120 Abs. 3, 123 Abs. 3, 124a Abs. 1). Ist dagegen im Disziplinarurteil auf Kürzung des Diensteinkommens um einen bestimmten zahlenmäßig festgesetzten Betrag erkannt, so wird — ebenfalls unter Belassung des BDA. — das Gesamteinkommen des Beamten um diesen Betrag gekürzt.

(3) Wenn in den Fällen einer Strafversetzung mit Einkommensverminderung von der Kürzung des Grundgehalts, insbesondere nach Erreichung der höchsten Dienstaltersstufe, ganz oder zum Teil wieder abgesehen werden soll, so ist hierüber die Entscheidung des Fachministers einzuholen.

Erste planmäßige Anstellung in einer Beförderungsgruppe.

**63.** Erfolgt die erste planmäßige Anstellung eines Beamten in einer Besoldungsgruppe, die er bei regelmäßig verlaufener Dienstlaufbahn erst im Wege der Beförderung erreicht hätte, so ist — vorbehaltlich der Vorschrift in Ziff. 11 — für die Berechnung des BDA. zu unterstellen, daß der Beamte in der Besoldungsgruppe, die er bei regelmäßig verlaufener Dienstlaufbahn zuerst erreicht hätte, angestellt und zugleich in die höhere Besoldungsgruppe befördert worden wäre.

Berücksichtigung von Ausbildungszeit auf einer Fachschule.

**64.** (1) Die Zeit eines durch die Annahme- oder Prüfungsbedingungen vorgeschriebenen Besuchs einer staatlichen oder staatlich anerkannten technischen Fachschule oder eines diesen ersetzenden Hochschulbesuchs wird bis zur Höchstdauer von drei Jahren auf das BDA. angerechnet, soweit dadurch der Beginn des BDA. gegenüber den nicht technisch vorgebildeten Beamten, welche in demselben Dienstzweig (Ziff. 20) und in derselben Besoldungsgruppe im wesentlichen mit gleichen Dienstverrichtungen beschäftigt sind, nachweislich hinausgeschoben wird.

(2) Ziff. 23 Abs. 2 gilt sinngemäß.

(3) Abs. 1 und 2 gilt auch für die beim Inkrafttreten des BDEG. vorhanden gewesenen Beamten.

Berücksichtigung von Kriegsdienstzeit.

**65.** Die Zeit eines Kriegsdienstes und eines nach Ziff. 32c bis f anzurechnenden Dienstes wird allen — auch den am 31. 3. 1920 vorhanden gewesenen — Beamten auf das BDA. angerechnet, wenn und soweit dadurch die planmäßige Anstellung im Vergleiche zu anderen Beamten, die dem gleichen Dienstzweig (Ziff. 20), der gleichen Dienstlaufbahn und der gleichen Besoldungsgruppe angehören, nachweislich verzögert worden ist. Hierbei gelten folgende Grundsätze (Ziff. 66 bis 72);

**66.** (1) Der Nachweis der Verzögerung der planmäßigen Anstellung durch den Kriegsdienst ist im Zweifel als erbracht anzusehen, wenn sich der Anwärter zum Eintritt bei der Verwaltung innerhalb einer nicht verlängerten Frist von 3 Monaten nach dem Tage gemeldet hat, an dem er sich nach Beendigung seines Kriegsdienstes frühestens melden konnte.

(2) Hat ein Anwärter es unterlassen, sich vor Beginn seines Kriegsdienstes zum Eintritt bei der Verwaltung zu melden, obwohl es ihm möglich gewesen wäre, so ist im Zweifel nicht anzunehmen, daß eine Verzögerung der planmäßigen Anstellung durch den Kriegsdienst erfolgt ist. Dasselbe gilt, wenn ein Anwärter es unterlassen hat, sich während des Kriegsdienstes zum Eintritt bei der Verwaltung zu melden, obwohl es ihm möglich gewesen wäre und nach Lage der Verhältnisse von ihm erwartet werden konnte.

(3) Die Zeit, um welche die planmäßige Anstellung verzögert ist, ist nach Lage des Einzelfalles zu ermitteln. Dabei ist zu untersuchen, wann der Anwärter sich wahrscheinlich gemeldet haben würde, wenn er nicht Kriegsdienst geleistet hätte.

**67.** (1) Ist die Ablegung einer Prüfung Vorbedingung für die erste planmäßige Anstellung oder erfolgt bei einer bestimmten Gattung von Beamten die planmäßige Anstellung nach der Reihenfolge eines Prüfungsergebnisses oder einer Vormerkung, so erhält der Anwärter, der infolge des Kriegsdienstes die Prüfung verspätet abgelegt hat oder nicht in der Reihenfolge des Prüfungsergebnisses oder der Vormerkung planmäßig angestellt worden ist, bei der planmäßigen Anstellung — soweit möglich — dasselbe BDA. wie der bereits angestellte Anwärter, dem er in der Reihenfolge der Anwartschaft unmittelbar vorangegangen ist oder vorangegangen wäre, wenn er die Prüfung hätte rechtzeitig ablegen können.

(2) Ist die Ablegung einer Prüfung Vorbedingung für den Übertritt in eine höhere Besoldungsgruppe, so erhält der Anwärter, der infolge des Kriegsdienstes die Prüfung verspätet abgelegt hat und deshalb verspätet befördert worden ist, bei der Beförderung — soweit möglich — dasselbe BDA. wie der bereits beförderte Anwärter, dem er in der Reihenfolge der Anwartschaft unmittelbar vorangegangen ist oder vorangegangen wäre, wenn er die Prüfung rechtzeitig hätte ablegen können.

**68.** Anwärtern, die nach Ableistung des Probe- oder Vorbereitungsdienstes ohne weiteren Befähigungsnachweis planmäßig angestellt werden, wird bei der planmäßigen Anstellung die Zeit auf das BDA. angerechnet, um welche die Anstellung infolge des Kriegsdienstes nachweislich später erfolgt ist.

**69.** (1) Berücksichtigt wird in allen Fällen nur eine nachgewiesene Verzögerung; Anwartschaften, die sich nur auf Mutmaßungen gründen, bleiben außer Betracht.

(2) Bei der Berechnung der anzurechnenden Zeit werden Vorteile, die durch Notprüfungen, Abkürzung der Vorbereitungszeit usw. erzielt worden sind, gegengerechnet.

(3) Die gleichzeitige Anrechnung derselben Zeiträume nach Ziff. 65 und nach Ziff. 27 und 32 ist unzulässig. Den Vorrang hat die Anrechnung nach Ziff. 65.

**70.** (1) Dem Kriegsdienst im Sinne der Ziff. 65 ist der vaterländische Hilfsdienst gleichzuachten, der auf Grund einer Überweisung (§ 7 Abs. 3 des Reichsgesetzes v. 5. 12. 1916 — RGBl. S. 1333 —) oder auf Grund einer von der vorgesetzten Dienstbehörde ausgesprochenen Beurlaubung abgeleistet ist.

(2) Wieweit ein sonst übernommener vaterländischer Hilfsdienst dem Kriegsdienst gleichzuachten ist, bestimmt der Fachminister im Einvernehmen mit dem Finanzminister.

(3) Dem vaterländischen Hilfsdienst steht eine Tätigkeit gleich, die zwar bereits vor dem Inkrafttreten des erwähnten Gesetzes v. 5. 12. 1916 verrichtet, aber nach dem Gesichtspunkte dieses Gesetzes als vaterländischer Hilfsdienst anzusehen ist.

**71.** Ob und inwieweit der Dienst in einem verbündeten oder befreundeten Heere als Kriegsdienst im Sinne der Ziff. 65 gilt, bestimmt im einzelnen Falle der Fachminister im Einvernehmen mit dem Finanzminister.

**72.** Die Anrechnung nach den vorstehenden Ziffern ist ferner ausgeschlossen, soweit schon durch die Anrechnung derselben Dienstzeit auf das Anwärterdienstalter eine Verbesserung des BDA. nach Ziff. 20 einzutreten hat.

Berücksichtigung militärischer Dienstzeit vor dem Kriege.

**73.** (1) In sinngemäßer Anwendung der Ziff. 65 bis 72 wird allen Beamten, mit Ausnahme der Militäranwärter, die vor dem Kriege 1914 bis 1918 in Erfüllung der gesetzlichen Dienstpflicht zurückgelegte Militär- oder Marinedienstzeit bis zur Dauer eines Jahres auf das BDA. angerechnet, soweit durch die Militärdienstzeit die Einberufung oder die rechtzeitige Ablegung einer Prüfung nachweislich verzögert ist.

(2) Der Fachminister kann im Einvernehmen mit dem Finanzminister die Anrechnung dieses Dienstjahres auch bei solchen Beamten oder Beamtengattungen zulassen, bei denen die Zurücklegung dieses Dienstjahres zu den Anstellungsbedingungen gehört.

Anstellung von Geistlichen im unmittelbaren Staatsdienst.

**74.** (1) Bei der Anstellung von Geistlichen im unmittelbaren Staatsdienst ist die im geistlichen Amt nach der Ordination zugebrachte Dienstzeit, soweit sie fünf Jahre übersteigt, auf das BDA. nach Gruppe 10 anzurechnen. Die Ziff. 159 findet entsprechende Anwendung.

(2) Bei der Anstellung der im Abs. 1 bezeichneten Geistlichen in einer Stelle der Besoldungsgruppe 9 wird das nach Abs. 1 berechnete BDA. um zwei Jahre, bei einer Stelle der Besoldungsgruppe 8 um vier Jahre vorgerückt.

Anstellung seminarisch gebildeter Lehrer im staatlichen Schul- oder Schulaufsichtsdienst.

**75.** Bei der Anstellung seminarisch gebildeter Lehrer (Lehrerinnen) im staatlichen Schul- oder Schulaufsichtsdienst finden die Ziff. 11 Abs. 2, 37 bis 40 und 59 mit der Maßgabe sinngemäß Anwendung daß die im öffentlichen Schuldienst in planmäßigen Stellen verbrachte Dienstzeit dem unmittelbaren Staatsdienst gleichgeachtet wird. Bei Übernahme von einstweilig angestellten Lehrern in den staatlichen Schuldienst gelten bis zur planmäßigen Anstellung — die nicht vor dem vollendeten 27. Lebensjahre erfolgen darf — die Bestimmungen des BDG.

Anstellung akademisch gebildeter Lehrer, die aus dem Volksschuldienst hervorgegangen sind, im staatlichen Schuldienst.

**75a.** (1) Bei der Anstellung akademisch gebildeter Lehrer (Lehrerinnen), die aus dem Volksschuldienst oder aus einer Stelle der Gruppen 7, 8 und 9 der Besoldungsordnung hervorgegangen sind, in einer Stelle der Gruppe 10 der Besoldungsordnung wird die im öffentlichen Volksschuldienst oder in einer Stelle der Gruppen 7, 8 und 9 der Besoldungsordnung zugebrachte Dienstzeit einschließlich der Zeit des vorgeschriebenen Studiums, der Prüfungszeit, der zweijährigen Vorbereitungszeit und der nachfolgenden Anwärterdienstzeit, soweit sie den Zeitraum von 12 Jahren übersteigt, innerhalb der Grenzen des § 3 Ziff. 7 Satz 2 BDEG. auf das BDA. angerechnet.

(2) Bei der Anstellung der im Abs. 1 bezeichneten Lehrer (Lehrerinnen) in einer Stelle der Gruppe 9 der Besoldungsordnung wird das nach Abs. 1 berechnete BDA. um zwei Jahre, bei einer Stelle der Gruppe 8 der Besoldungsordnung um vier Jahre vorgerückt.

(3) Diese Bestimmung gilt auch für die am 31. 3. 1920 bereits planmäßig angestellten akademisch gebildeten Lehrer (Lehrerinnen).

Berücksichtigung sonstiger Lehrerdienstzeit.

**76.** (1) Den akademisch gebildeten Lehrern (Lehrerinnen) an höheren Lehranstalten und an Lehrer- und Lehrerinnenbildungsanstalten kann von dem Minister für Wissenschaft, Kunst und Volksbildung im Einverständnis mit dem Finanzminister die im preußischen oder außerpreußischen Universitätsdienst sowie die im außerpreußischen Schulaufsichts- oder Kirchendienst zugebrachte Zeit, ferner der ausländische Dienst, der, wenn er im Inlande geleistet wäre, zur Anrechnung gelangen würde, und der nach Erlangung der Anstellungsfähigkeit für den höheren Schuldienst geleistete Dienst an deutschen Auslandsschulen und an inländischen öffentlichen nichthöheren Schulen, deren Lehrpläne über die Ziele der Volksschule hinausgehen, sowie an Privatschulen, welche als höhere Lehranstalten anerkannt sind, ganz oder zum Teil im Rahmen des § 3 Abs. 7 BDEG. auf das BDA. angerechnet werden.

(2) Den nicht akademisch gebildeten Lehrern (Lehrerinnen) an höheren Lehranstalten und an Lehrer- und Lehrerinnenbildungsanstalten kann von dem Minister für Wissenschaft, Kunst und Volksbildung im Einverständnis mit dem Finanzminister außer der Dienstzeit an den im Abs. 1 genannten Schulen die im außerpreußischen öffentlichen Schuldienst zugebrachte Zeit ganz oder zum Teil im Rahmen des § 3 Abs. 7 BDEG. auf das BDA. angerechnet werden.

### Übertritt von Lehrpersonen an Fach- und Fortbildungsschulen aus dem nichtstaatlichen Dienst in den Staatsdienst.

**77.** Beim Übertritt von Lehrpersonen an nichtstaatlichen Fach- und Fortbildungsschulen in den Staatsdienst wird die im Volksschul-, Fach- und Fortbildungsschuldienst in planmäßigen Stellen verbrachte Dienstzeit dem unmittelbaren Staatsdienst gleichgeachtet.

**78.** Ist das BDA. der in Ziff. 74 bis 77 genannten Beamten in der ersten planmäßigen Stelle durch Anrechnung von Dienstzeit gemäß den zwingenden Bestimmungen für Staatsbeamte verbessert worden, so ist diese Verbesserung auch bei Festsetzung des BDA. im Staatsdienst zu berücksichtigen.

### Anstellung nichtvollbesoldeter Medizinalräte und Veterinärräte als vollbesoldete Medizinalräte und Veterinärräte und als Regierungs- und Medizinalräte und Regierungs- und Veterinärräte.

**79.** (1) Wird ein nichtvollbesoldeter Medizinalrat oder Veterinärrat als vollbesoldeter Medizinalrat oder Veterinärrat angestellt, so wird das BDA. vom Tage der Anstellung als nichtvollbesoldeter Medizinalrat oder Veterinärrat ab gerechnet.

(2) Wird ein nichtvollbesoldeter Medizinalrat oder Veterinärrat als Regierungs- und Medizinalrat oder Regierungs- und Veterinärrat angestellt, so wird das Grundgehalt der früheren Stelle nach Abs. 1 festgestellt.

### Bemessung des BDA. der Beamten der Landjägerei, der Verwaltungs- und Kriminalpolizei.

**80.** (1) Die Angehörigen der Landjägerei sind im unmittelbaren Staatsdienst stehende Beamte. Sie erwerben mit dem Zeitpunkt der endgültigen Übertragung einer planmäßigen Stelle in der Landjägerei das Recht auf lebenslängliche Anstellung.

(2) Für Landjäger, die den Zivilversorgungsschein vor ihrer planmäßigen Anstellung in der Landjägerei erworben haben, gelten hinsichtlich des Rechts der Bewerbung um andere Beamtenstellen und des Erlöschens des Zivilversorgungsscheins dieselben Vorschriften wie für andere, im unmittelbaren Staatsdienst angestellte ehemalige Militäranwärter.

(3) Von denjenigen Landjägern, die bei ihrer planmäßigen Anstellung nicht im Besitz des Zivilversorgungsscheins sind, kann durch den Dienst in der Landjägerei der Zivilversorgungsschein nach Maßgabe der Anstellungsgrundsätze v. 26. 7. 1922 nicht mehr erworben werden (Übergangsbestimmung s. Abs. 5).

(4) Der Landjäger beginnt grundsätzlich mit dem Anfangsgehalt seiner Stelle (Besoldungsgruppe 4). Denjenigen Landjägern, die sich zur Zeit ihrer Anstellung als Landjäger im Besitz des Zivilversorgungsscheins befinden, wird die Militärdienstzeit oder die ihr etwa gesetzlich gleichgeachtete Dienstzeit (vgl. Ziff. 32) nach Maßgabe der gesetzlichen Vorschriften auf das BDA. in der Landjägerei angerechnet.

(5) Den vorhandenen und bis zum 31. 3. 1922 in den Dienst der Landjägerei eintretenden Beamten, die noch nicht im Besitze des Zivilversorgungsscheins sind, bleibt das Recht gewahrt, bei der Landjägerei den Zivilversorgungsschein zu erdienen.

(6) Den vorhandenen und bis zum 31. 3. 1922 in den Dienst der Landjägerei eintretenden Beamten, die den Zivilversorgungsschein nach ihrer planmäßigen Anstellung als Landjäger erworben haben und im Dienst der Landjägerei verbleiben, kann auf Antrag ihr BDA. als Landjäger ausnahmsweise nach den für Militäranwärter geltenden Bestimmungen neu festgesetzt werden, und zwar mit der Unterstellung, daß sie erst am Tage der Erwerbung des Zivilversorgungsscheins als planmäßig angestellt gelten. Die vom Eintritt in die Landjägerei bis zum Tage der Erlangung des Zivilversorgungsscheins abgeleistete Dienstzeit ist als Militärdienstzeit anzusehen.

(7) Die Bestimmungen unter Abs. 2 bis 6 finden auf die Polizei- und Kriminalbetriebsassistenten (bisherigen Polizei- und Kriminalwachtmeister) der Verwaltung des Innern entsprechende Anwendung.

### Bemessung des BDA. der Beamten der Schutzpolizei.

**81.** (1) Die Festsetzung des BDA. der in die der Verwaltung des Innern unterstehenden Schutzpolizei und in den Verwaltungsdienst der Schutzpolizei eingestellten ehemaligen Soldaten und Beamten der Wehrmacht und der staatlichen und kommunalen Polizeiverwaltungen wird durch den Minister des Innern im Einvernehmen mit dem Finanzminister geregelt.

(2) Das BDA. der uniformierten und bewaffneten Beamten der Schutzpolizei, die in planmäßige Stellen des sonstigen Zivildienstes übernommen werden, wird nach Maßgabe des Schutzpolizeibeamtengesetzes v. 16. 8. 1922 (GS. S. 251) bestimmt.

### Anrechnung von Bibliotheksdienstzeit für Bibliotheksobersekretäre und Bibliotheksobersekretärinnen.

**82.** (1) Bibliotheksobersekretären und Bibliotheksobersekretärinnen wird die nach Ablegung der Diplomprüfung und nach vollendetem 20. Lebensjahre im Bibliotheksdienst des Reichs oder der preußischen Staatsverwaltung abgeleistete Dienstzeit, soweit sie fünf Jahre übersteigt, in den Grenzen des § 3 Abs. 7 BDEG. auf das BDA. angerechnet. Über die Anrechnung von außerhalb des Bibliotheksdienstes des Reichs oder der preußischen Staatsverwaltung abgeleisteter Bibliotheksdienstzeit bestimmt im Einzelfalle der Fachminister im Einvernehmen mit dem Finanzminister.

(2) Für Bibliotheksobersekretäre und Bibliotheksobersekretärinnen, die von der Ablegung der Diplomprüfung befreit worden sind, bestimmt über die auf das BDA. anzurechnende Bibliotheksdienstzeit im Reich, in der preußischen Staatsverwaltung oder außerhalb dieser Verwaltung im Einzelfalle der Fachminister im Einvernehmen mit dem Finanzminister.

### Günstigste Berechnung des BDA.

**83.** Würde sich eine Verbesserung des BDA. einerseits mit Rücksicht auf das bisher bezogene Grundgehalt, anderseits mit Rücksicht auf anzurechnende Vordienstzeiten ergeben, so werden nicht beide Berechnungen nacheinander, sondern es wird jede Berechnung für sich vorgenommen. Nach der günstigeren Berechnung wird sodann das BDA. festgesetzt.

### Schlußvorschriften über das Grundgehalt.

**84.** Ergeben sich aus der Regelung des BDA. nach vorstehenden Bestimmungen Härten, so kann der Fachminister im Einvernehmen mit dem Finanzminister ausnahmsweise zum Ausgleich dieser Härten das BDA.

unter Abweichung von den erwähnten Bestimmungen festsetzen. Nachzahlungen sollen jedoch in der Regel nicht über den Beginn des Vierteljahres erfolgen, in dem der Ausgleich an zuständiger Stelle angeregt worden ist.

**85.** Als eine Härte, die eines solchen außerordentlichen Ausgleichs bedarf, ist beispielsweise nicht anzusehen;

a) wenn eine Stelle nicht mit rückwirkender Kraft verliehen worden ist, obwohl es nach Ziff. 13 zulässig gewesen wäre,

b) wenn ein dienstjüngerer Amtsgenosse — auch bei derselben Behörde — ein höheres Grundgehalt bezieht,

c) wenn in einer früher bekleideten Stelle oder in einer verlassenen Dienstlaufbahn eine günstigere Beförderung oder sonstige Vorteile hätten erreicht werden können.

**85a.** (1) **Neue Grundgehaltssätze (Anl. 1) sind in Kraft gesetzt worden;**

1. **durch Gesetz v. 24. 11. 1921 (GS. S. 553) mit Wirkung vom 1. 10. 1921,**
2. **durch Gesetz v. 19. 4. 1922 (GS. S. 83) mit Wirkung vom 1. 4. 1922,**
3. **durch Gesetz v. 21. 11. 1922 (GS. S. 431) mit Wirkung vom 1. 10. 1922,**
4. **durch Gesetz v. 12. 7. 1923 (GS. S. 305) mit Wirkung vom 1.7. 1923,**
5. **durch Gesetz v. 3. 1. 1924 (GS. S. 9) mit Wirkung vom 1. 12. 1923,**
6. **durch Verordnung v. 17. 4. 1924 (GS. S. 469) mit Wirkung vom 1. 4. 1924,**
7. **durch Verordnung v. 9. 10. 1924 (GS. S. 621) mit Wirkung vom 1. 6. 1924.**

(2) Das BDA. der planmäßigen Beamten wird durch diese Andernug der Grundgehaltssätze nicht berührt.

**85b.** (1) Vgl. Art. I § 3 Abs. 2 des Gesetzes v. 24. 11. 1921 (GS. S. 553), Art. I § 4 Abs. 2 des Gesetzes v. 19. 4. 1922 (GS. S. 83), Art. I § 2 Abs. 2 des Gesetzes v. 21. 11. 1922 (GS. S. 431), Art. I § 2 Abs. 2 des Gesetzes v. 12. 7. 1923 (GS. S. 305), **Art. I § 2 des Gesetzes v. 3. 1. 1924 (GS. S. 9), Art. I § 4 der VO. v. 17. 4. 1924 (GS. S. 469) und Art. I § 3 der VO. v. 9. 10. 1924 (GS. S. 621).** Ist ein Beamter mit Wirkung vom 1. 11. 1921 oder einem früheren Tage ab in eine andere Besoldungsgruppe übergetreten, so werden der Berechnung des BDA. in der neuen Besoldungsgruppe die Grundgehaltssätze nach dem Gesetz v. 17. 12. 1920 (GS. 1921 S. 135) zugrunde gelegt. (Vgl. Buchstabe a der Anl. 1 dieser BV.)

(2) Ist ein Beamter mit Wirkung von einem Tage zwischen dem 1. 11. 1921 und dem 1. 4. 1922 in eine andere Besoldungsgruppe übergetreten, so werden der Berechnung des BDA. in der neuen Besoldungsgruppe die Grundgehaltssätze nach dem Gesetz v. 24. 11. 1921 (GS. S. 553) (vgl. Anl. 1 dieser BV. Buchstabe b) zugrunde gelegt, soweit es sich um Feststellung der in der neuen Besoldungsgruppe b i s z u m 31. 3. 1922 zustehenden Grundgehälter handelt.

(3) Ist ein Beamter mit Wirkung von einem späteren Tage als dem 1. 11. 1921 ab bis zum 30. 9. 1922 einschließlich in eine andere Besoldungsgruppe übergetreten, so werden der Berechnung der BDA. in der neuen

Besoldungsgruppe die Grundgehaltssätze nach dem Gesetz v. 19. 4. 1922 (GS. S. 83) (vgl. Anl. 1 dieser BV. Buchstabe c) zugrunde gelegt, soweit es sich um die Feststellung der in der neuen Besoldungsgruppe vom 1. 4. 1922 ab zustehenden Grundgehälter handelt.

(4) Ist ein Beamter mit Wirkung von einem Tage zwischen dem 30. 9. 1922 und dem 30. 11. 1922 in eine andere Besoldungsgruppe übergetreten, so erfolgt die Berechnung des BDA. in der neuen Besoldungsgruppe unter Zugrundelegung der Grundgehaltssätze nach dem Gesetz v. 19. 4. 1922 (GS. S. 83) (vgl. Anlage 1 dieser BV., Buchstabe c), bei späterem Übertritt unter Zugrundelegung der Grundgehaltssätze nach dem Gesetz v. 21. 11. 1922 (GS. S. 431) (vgl. Anl. 1 dieser BV., Buchstabe d).

(5) Ist ein Beamter mit Wirkung von einem Tage zwischen dem 30. 6. 1923 und 17. 7. 1923 in eine andere Besoldungsgruppe übergetreten, so erfolgt die Berechnung des BDA. in der neuen Besoldungsgruppe unter Zugrundelegung der Grundgehaltssätze nach dem Gesetz v. 21. 11. 1922 (GS. S. 431) (vgl. Anl. 1 dieser BV., Buchstabe d), bei späterem Übertritt unter Zugrundelegung der Grundgehaltssätze nach dem Gesetz v. 12. 7. 1923 (GS. S. 305) (vgl. Anl. 1 dieser BV., Buchstabe e).

**85c.** Beispiele zu Ziff. 85a und 85b:

Ein Beamter der Besoldungsgruppe 6 mit einem BDA. vom 1. 8. 1917 (Grundgehalt vom 1. 8. 1921 ab 6800 *M*) ist in eine Stelle der Besoldungsgruppe 7 befördert worden

1. mit Wirkung vom 1. 10. 1921 ab; der Beginn des BDA. in Besoldungsgruppe 7 ist nach Ziff. 85b Abs. 1 auf den 1. 8. 1917 festzusetzen: Grundgehalt vom 1. 10. 1921 ab (Gr. 7) 17 700 *M*, vom 1. 4. 1922 ab (Gr. 7) 22 000 *M*:
2. mit Wirkung vom 1. 11. 1921 ab: der Beginn des BDA. in Besoldungsgruppe 7 ist nach Ziff. 85b Abs. 1 auf den 1. 8. 1917 festzusetzen: Grundgehalt vom 1. 10. 1921 ab (Gr. 6) 15 900 *M*, vom 1. 11. 1921 ab (Gr. 7) 17 700 *M*, vom 1. 4. 1922 ab (Gr. 7) 22 000 *M*:
3. mit Wirkung vom 1. 12. 1921 ab: der Beginn des BDA. ist zunächst nach Ziff. 85b Abs. 2 auf den 1. 8. 1921 und sodann mit Wirkung vom 1. 4. 1922 ab nach Ziff. 85b Abs. 3 auf den 1. 8. 1919 festzusetzen; Grundgehalt vom 1. 10. 1921 ab (Gr. 6) 15 900 *M*, vom 1. 12. 1921 ab (Gr. 7) 16 000 *M*, vom 1. 4. 1922 ab (Gr. 7) 21 000 *M*:
4. mit Wirkung vom 1. 4. 1922 ab: der Beginn des BDA. ist nach Ziff. 85b Abs. 3 auf den 1. 8. 1919 festzusetzen: Grundgehalt vom 1. 10. 1921 ab (Gr. 6) 15 900 *M*, vom 1. 4. 1922 ab (Gr. 7) 21 000 *M*:
5. mit Wirkung vom 1. 6. 1922 ab: der Beginn des BDA. ist nach Ziff. 85b Abs. 3 auf den 1. 8. 1919 festzusetzen: Grundgehalt vom 1. 10. 1921 ab (Gr. 6) 15 900 *M*, vom 1. 4. 1922 ab (Gr. 6) 20 500 *M*, vom 1. 6. 1922 ab (Gr. 7) 21 000 *M*:
6. mit Wirkung vom 1. 11. 1922 ab: der Beginn des BDA. ist nach Ziff. 85b Abs. 4 auf den 1. 8. 1919 festzusetzen: Grundgehalt vom 1. 10. 1922 ab (Gr. 6) 16 800 *M* monatlich: vom 1. 11. 1922 ab (Gr. 7) 18 100 *M*:
7. mit Wirkung vom 30. 11. 1922 ab: der Beginn des BDA. ist nach Ziff. 85b Abs. 4 auf den 1. 8. 1922 festzusetzen: Grundgehalt vom 1. 10. 1922 ab (Gr. 6) 16 800 *M* monatlich, vom 1. 11. 1922 ab (Gr. 7) 17 300 *M*:

8. mit Wirkung vom 1. 7. 1923 ab: der Beginn des BDA. ist nach Ziff. 85b Abs. 5 auf den 1. 8. 1921 festzusetzen: Grundgehalt vom 1. 7. 1923 ab (Gr. 7) 636 000 ℳ monatlich, steigend vom 1. 8. 1923 ab auf 663 000 ℳ:
9. mit Wirkung vom 1. 9. 1923 ab: der Beginn des BDA. ist nach Ziff. 85b Abs. 5 ebenfalls auf den 1. 8. 1921 festzusetzen: Grundgehalt vom 1. 7. 1923 ab (Gr. 6) 605 000 ℳ, vom 1. 8. 1923 ab (Gr. 6) 628 000 ℳ und vom 1. 9. 1923 ab (Gr. 7) 663 000 ℳ.

**85d.** Soweit die Beispiele in diesen BV. Grundgehaltssätze enthalten, sind diese, abgesehen von Ziff. 85c, den Grundgehaltssätzen des BDEG. vom 17. 12. 1920 (GS. S. 135) entnommen (Anl. I dieser BV., Buchstabe a). Diese Beispiele ändern sich sinngemäß bei Anwendung der neuen Grundgehaltssätze (Anl. 1).

## 2. Ortszuschlag (Wohnungsgeldzuschuß).

### A. Allgemeines.

**86.** Zum Grundgehalt der planmäßigen Beamten tritt als weiterer Bestandteil des Diensteinkommens ein Ortszuschlag nach Maßgabe der diesen Besoldungsvorschriften als Anl. 2 beigegebenen Ortszuschlaggruppen (Ziff. 90 bis 92) und außerdem der Höhe des Grundgehalts — in sieben Ortszuschlagsgruppen (Ziff. 90 bis 92) und außerdem nach fünf Ortsklassen (Ziff. 93 bis 96) abgestuft. **Der Finanzminister ist ermächtigt, zu bestimmen, welcher Hundertsatz des Ortszuschlags gezahlt wird. (Art. IV des Gesetzes v. 6. Juni 1925 — GS. S. 61.)**

**87.** Eine verheiratete Beamtin erhält den Ortszuschlag nur zur Hälfte. Hat sie wegen völliger Erwerbsunfähigkeit des Ehemannes oder aus sonstigen Umständen allein oder überwiegend für den Unterhalt der Familie zu sorgen oder ist sie zur ehelichen Gemeinschaft nicht verpflichtet, so kann ihr von dem zuständigen Fachminister der volle Ortszuschlag bewilligt werden.

**88.** Beamten, die gleichzeitig eine Stelle im Dienste des Reichs oder eines der Länder bekleiden, wird der nach dem höchsten Grundgehalt zu berechnende Ortszuschlag nur in Höhe eines dem aus der Staatskasse gezahlten Grundgehalt entsprechenden Teilbetrages gewährt (§ 4 Abs. 3 BDEG.). Eine Stelle im Dienste einer Körperschaft des öffentlichen Rechts wird einer Stelle im Reichs- oder Staatsdienste gleichgeachtet.

Beispiele;

I. Ein Beamter der Besoldungsgruppe B3 in einem Orte der Ortsklasse A bezieht an Grundgehalt;

| | |
|---|---|
| a) aus Mitteln des Staates . . . . . . . . . . . . . | 10 000 ℳ |
| b) aus Mitteln des Reichs . . . . . . . . . . . . . | 6 000 „ |

Er erhält an Ortszuschlag;

| | | | |
|---|---|---|---|
| a) aus Mitteln des Staates | $\frac{10\,000\ ℳ}{16\,000} \cdot 4000$ ℳ | = | 2 500 „ |
| b) aus Mitteln des Reichs . | $\frac{6\,000\ ℳ}{16\,000} \cdot 4000$ „ | = | 1 500 „ |
| | Zusammen . . . . . . . | | 4 000 ℳ |

II. Ein Beamter der Besoldungsgruppe B4 in einem Orte der Ortsklasse D bezieht an Grundgehalt;

a) aus Mitteln des Staates . . . . . . . . . . . . . . 15 300 ℳ

b) aus Mitteln der Provinzialverwaltung . . . . . . . . 20 000 „

Er erhält an Ortszuschlag;

a) aus Mitteln des Staates $\frac{15\,300\text{ ℳ}}{35\,300} \cdot 2700$ ℳ = 1 170 „

b) aus Mitteln der Provinzialverwaltung $\frac{20\,000\text{ ℳ}}{35\,300} \cdot 2700$ „ = 1 530 „

Zusammen . . 2 700 ℳ

**89.** (1) Eine nach Ziff. 87 gebotene Herabsetzung des Ortszuschlags auf die Hälfte wird vom Ersten des Monats an wirksam, welcher auf das für die Herabsetzung maßgebende Ereignis (z. B. die Verheiratung) folgt. Hat sich das Ereignis am ersten Tage eines Monats zugetragen, so wird die Herabsetzung von diesem Tage an wirksam.

(2) Eine nach derselben Bestimmung gebotene Erhöhung des Ortszuschlags auf den vollen Betrag wird vom Ersten des Monats an wirksam, in den das maßgebende Ereignis (z. B. der Tod des Ehemanns) fällt.

## B. Ortszuschlaggruppen.

**90.** (1) Die Einreihung eines planmäßigen Beamten in eine der sieben Ortszuschlaggruppen richtet sich lediglich nach der Höhe des Grundgehalts. Alle Zuschläge, Zulagen und sonstigen Bezüge bleiben außer Betracht.

(2) Bei den in der Besoldungsordnung mit einem †) bezeichneten weiblichen Beamten ist die Kürzung des Grundgehalts auf die Berechnung des Ortszuschlags ohne Einfluß.

(3) Die nichtvollbesoldeten Medizinalräte und die nichtvollbesoldeten Veterinärräte in **Gruppe 10** erhalten 75 v. H. der Grundgehaltssätze der vollbesoldeten Medizinalräte und der vollbesoldeten Veterinärräte (Gruppe 10), **die nichtvollbesoldeten Veterinärräte ●) in Gruppe 11 75 v. H. der Grundgehaltssätze der vollbesoldeten Veterinärräte ●) (Gruppe 11). Es sind also** an Stelle der eingeklammerten Sätze der Besoldungsgruppe 10 zu zahlen; (8400) = 6300, (9200) = 6900, (10 000) = 7500, (10 800) = 8100, (11 300) = 8475, (11 800) = 8850, (12 300) = 9225, (12 600) = 9450*). Nach diesem gekürzten Grundgehalt richtet sich auch die Höhe des Ortszuschlags.

*) Gültig für die Zeit vom 1. 4. 1920 bis 30. 9. 1921: Vom 1. 10. 1922 ab gelten folgende monatliche Grundgehaltssätze: (24 400) = 18 300, (25 800) = 19 350, (27 200) = 20 400, (28 600) = 21 450, (30 000) = 22 500, (31 400) = 23 550, (32 700 = 24 525, (34 000) = 25 500.

Die Grundgehaltssätze betragen für die Zeit vom 1. 7. 1923 bis zum 30. 11. 1923 monatlich: (963 000) = 722 250, (1 009 000) = 756 750, (1 055 000) = 791 250, (1 101 000) = 825 750, (1 147 000) = 860 250, (1 193 000) = 894 750, (1 239 000) = 929 250, (1 284 000) = 963000.

Die Grundgehaltssätze betragen für die Zeit vom 1. 12. 1923 bis zum 31. 3. 1924: (2250) = 1687,50, (2370) = 1777,50, (2460) = 1845, (2580) = 1935, (2670) = 2002,5, (2790)) = 2092,5, (2880) = 2160, (3000) = 2250.

Die Grundgehaltssätze betragen für die Zeit vom 1. 4. 1924 bis 31. 5. 1924:

**Für Gruppe 10:**

(2550) = 1912,50, (2670) = 2002,50, (2790) = 2092,50, (2910) = 2182,50, (3030) = 2272,5, (3150) = 2362,50, (3270) = 2452,50, (3390) = 2542,50.

Die Grundgehaltssätze betragen vom 1. 6. 1924 ab:

**Für Gruppe 10:**

(3600) = 2700, (3900) = 2925, (4140) = 3105, (4380) = 3285, (4620) = 3465, (4860) = 3645, (5100) = 3825, (5400) = 4050.

**Für Gruppe 11:**

(4200) = 3150, (4500) = 3375, (4800) = 3600, (5100) = 3825, (5400) = 4050, (5700) = 4275, (6000) = 4500, (6300) = 4725.

**91.** Auf die Vorrückung in höhere Ortszuschlaggruppen nach Maßgabe der Ortszuschlagtafel (Anl. 2) haben die planmäßigen Beamten einen Rechtsanspruch. Ziff. 7 bis 9 gelten entsprechend.

**92.** (1) Vermindert sich das Grundgehalt eines Beamten infolge einer Versetzung in eine niedrigere Besoldungsgruppe (Ziff. 40), so erhält er den dem neuen Grundgehalt entsprechenden Ortszuschlag von dem Zeitpunkt an, mit dem der Bezug des Gehalts der bisherigen Dienststelle aufhört.

(2) Ein Beamter der auf Grund eines Disziplinarurteils oder infolge einer vorläufigen Dienstenthebung ein vermindertes Diensteinkommen bezieht, wird der Ortszuschlaggruppe zugeteilt, der er jeweils zuzuteilen wäre, wenn er ein ungekürztes Grundgehalt beziehen würde. Der sich so ergebende Ortszuschlag wird, wenn auf Kürzung um Bruchteile erkannt ist, in dem gleichen Verhältnis gekürzt wie das Grundgehalt nach Ziff. 62 Abs. 2 Satz 1. Wegen des Verfahrens bei Kürzung des Diensteinkommens um einen bestimmten zahlenmäßig festgelegten Betrag vgl. Ziff. 62 Abs. 2 Satz 2.

## C. Ortsklassen.

**93.** (1) Für die Einreihung eines Beamten in eine der fünf Ortsklassen ist der dienstliche Wohnsitz des Beamten maßgebend (§ 6 Abs. 1 BDEG.).

(2) Unter dem dienstlichen Wohnsitz ist der Amtssitz, d. h. der Sitz der Behörde zu verstehen, bei der der Beamte angestellt ist, also nicht der etwa davon abweichende tatsächliche Wohnort.

(3) Statt dessen kann in Ausnahmefällen der Fachminister einzelnen Beamten oder Beamtengattungen den Ort, welcher den Mittelpunkt ihrer dienstlichen Obliegenheiten bildet, als dienstlichen Wohnsitz im Sinne des Abs. 1 anweisen. Der Fachminister kann diese Befugnis auf andere Behörden übertragen.

(4) Ebenso kann ausnahmsweise der Fachminister bis auf weiteres einem einzelnen Beamten den tatsächlichen Wohnsitz als dienstlichen Wohnsitz anweisen, sofern er ihn auf Anordnung seiner vorgesetzten Dienststelle innehat.

(5) Den im Ausland an der deutschen Grenze beschäftigten Beamten kann die oberste Verwaltungsbehörde einen im Deutschen Reiche in der Nähe des Beschäftigungsortes gelegenen Ort als dienstlichen Wohnsitz anweisen. Eine solche Anweisung eines dienstlichen Wohnsitzes gilt als Versetzung.

**94.** (1) Bei Versetzungen wird der Ortszuschlag vom Ersten des auf die Änderung des dienstlichen Wohnsitzes folgenden Monats nach dem Satz des Ortszuschlags für den Versetzungsort gezahlt. Findet die Änderung des dienstlichen Wohnsitzes am ersten Tage oder am ersten Werktage eines Monats statt, so tritt der Wechsel im Satz des Ortszuschlags schon mit diesem Monat ein.

(2) Ziff. 94a wird hierdurch nicht berührt.

**94a.** (1) Bei Beamten mit eigenem Hausstand, die versetzt sind und ihren Hausstand infolge äußerer Umstände (Wohnungsmangel, Hemmungen im Güterverkehr) an dem Orte, an den sie versetzt sind, nicht einrichten können, gilt bis zum Letzten des Monats, in dem die Fortführung des Hausstandes am bisherigen Wohnort aufhört, dieser als dienstlicher Wohnsitz im Sinne der Ziff. 93. Zieht ein Beamter mit eigenem Hausstand, der versetzt ist, vor dem festgesetzten Dienstantrittstage mit Genehmigung seiner vorgesetzten Behörde nach dem Versetzungsort um, so wird der Ortszuschlag vom Ersten des auf die Verlegung des Hausstandes folgenden Monats ab nach dem Satze des Versetzungsorts gezahlt. Erfolgt der Umzug in den vorgenannten Fällen am ersten Tage oder am ersten Werktage eines Monats, so tritt der Wechsel im Satz des Ortszuschlags schon mit diesem Monat ein.

(2) Ein „eigener Hausstand" ist dann anzunehmen, wenn der Beamte eine Wohnung mit eigener oder selbst beschaffter Geräteausstattung und Kochgelegenheit besitzt (nicht etwa in einem „möblierten" Zimmer wohnt), in seiner Wohnung die zum Lebensunterhalt notwendigen Speisen (wenigstens eine Hauptmahlzeit) durch einen Haushaltsgehilfen — auch Familienangehörigen — für eigene Rechnung herstellen läßt und für dessen Beköstigung auch während seiner Abwesenheit ganz oder **doch überwiegend** aufzukommen hat.

(3) Als „versetzt" können auch solche Beamte behandelt werden, die in den Dienst der Behörde einer anderen Verwaltung — sei es in gleicher Eigenschaft, unter planmäßiger Anstellung oder unter Beförderung — endgültig übertreten.

(4) Der Grundsatz ist beim Vorliegen der Voraussetzung sinnentsprechend anzuwenden, wenn

a) Beamte erstmalig — auch auf Probe — angestellt,
b) Beamtenanwärter unter Gewährung von Vergütung zur Probedienstleistung oder Vorbereitung einberufen oder während derartiger Dienstleistung einer anderen Behörde überwiesen,
c) Beamte des Reichs, der Länder, Gemeinden und anderer öffentlich-rechtlichen Körperschaften in den Staatsdienst übernommen werden.

(5) Die Bestimmung im Abs. 1 trifft auf die Beamten nicht zu, für die trotz der Versetzung ein Umzug nicht erforderlich wird. Dies ist der Fall, wenn die Lage des bisherigen Wohnorts sowie die dienstlichen Verhältnisse die Erledigung der Amtsgeschäfte vom bisherigen Wohnort aus gestatten und dessen Beibehaltung dem Beamten auf Antrag von der vorgesetzten Dienstbehörde genehmigt wird. Eine derartige Genehmigung mit der Wirkung, daß als dienstlicher Wohnsitz gemäß Ziff. 93 Abs. 2 der Amtssitz der Behörde gilt, und daß später ein Anspruch auf Gewährung von Umzugskostenvergütung nicht fällig wird, kann auf Antrag des Beamten ebenso erteilt werden, wie es zulässig ist, daß Beamte, die nicht versetzt sind, statt am dienstlichen Wohnsitz mit Genehmigung ihrer vorgesetzten Dienststelle an einem benachbarten Orte Wohnung nehmen, ohne dadurch den Anspruch auf den Bezug des Ortszuschlags nach dem Satze des dienstlichen Wohnsitzes zu verlieren.

(6) Sofern ein Beamter infolge seiner Versetzung von seinem bisherigen Wohnort fortzieht, aber nicht an seinem neuen dienstlichen Wohnsitz, sondern nur an einem dritten Ort Wohnung nehmen kann, findet die Ziff. 94 keine Anwendung, da der Hausstand nicht am bisherigen Wohnort fortgeführt wird. Dieser Beamte ist gemäß Ziff. 93 Abs. 2 mit dem Ortszuschlage nach seinem neuen dienstlichen Wohnsitz abzufinden.

(7) Die planmäßigen Bezüge des versetzten Beamten sind aus den Mitteln der Stelle zu bestreiten, in d i e er versetzt wurde, und zwar das Grundgehalt in Höhe des neuen Stelleneinkommens, der Ortszuschlag zwar in der dem neuen Grundgehalt entsprechenden Höhe, aber nach der alten Ortsklasse (des beibehaltenen dienstlichen Wohnsitzes — bisherigen Wohnorts —).

(8) Diese Bestimmungen sind sowohl bei Versetzungen nach Orten, die einer niedrigeren Ortsklasse als der des bisherigen Wohnorts angehören,

wie auch bei Versetzungen nach Orten einer höheren Ortsklasse anzuwenden, also gleichviel, ob die Bestimmungen im einzelnen Falle zugunsten oder zuungunsten des versetzten Beamten wirken.

**95.** Für die Einteilung der Orte oder von Ortsteilen in Ortsklassen gilt das der 18. Ergänzung des **Reichsbesoldungsgesetzes vom 23. 10. 1924 (RBB. S. 289) als Anlage beigefügte Ortsklassenverzeichnis mit dem Nachtrag vom 29. 10. 1924 (RBB. S. 325) und den Berichtigungen im RBB. 1924 S. 330 und 331 sowie im PrBesBl. 1924 S. 343, 362, 393 und 1925 S. 28.**

**96.** Welcher Ortsklasse ein außerhalb Deutschlands gelegener, in dem Reichs-Ortsklassenverzeichnisse nicht enthaltener Ort, an dem preußische Beamte ihren dienstlichen Wohnsitz haben, zuzuweisen ist, wird von dem Fachminister in Gemeinschaft mit dem Finanzminister bestimmt §§ 5 Abs. 2 BDEG.).

D. Dienstwohnung.

**97.** (1) Als Dienstwohnungen im Sinne des BDEG. gelten solche Wohnungen oder einzelne Zimmer, die einem Beamten im Interesse des Dienstes im Zusammenhange mit den Dienstobliegenheiten auf Grund des Staatshaushalts zugewiesen werden.

(2) Räume, die ausschließlich dienstlichen Zwecken dienen oder die vorwiegend dienstlicher Repräsentation gewidmet sind, gelten nicht als Zubehör der Dienstwohnung.

**98.** (1) Für die Dienstwohnung hat der Beamte eine angemessene Vergütung in Goldmark zu zahlen. Sie wird ihm auf den Ortszuschlag einschließlich des darauf entfallenden Anteils des Ausgleichszuschlags und des örtlichen Sonderzuschlags angerechnet (Anrechnungsbetrag).

(2) Durch den Anrechnungsbetrag werden alle Leistungen abgegolten, deren Kosten nach den Vorschriften des Regulativs über die Dienstwohnungen der Staatsbeamten vom 26. 7. 1880/20. 4. 1898 vor dem 1. 7. 1914 vom Staate übernommen waren. Außerdem fallen der Staatskasse zur Last die Kosten für:

a) die Erhaltung der Verglasung in den Fenstern, Glastüren, Glaswänden und Oberlichtern (§ 14a a. a. O.),
b) das Fegen der Schornsteine (§ 14b a. a. O.),
c) die Unterhaltung der Öfen, Kochherde, Bratöfen, Kesselfeuerungen, Koch- und Backapparate bezüglich der durch den fortgesetzten Gebrauch nötig gewordenen Reparaturen (§ 14c a. a. O.),
d) die Unterhaltung der Beschläge und Schlösser an Türen und Fenstern sowie für die Unterhaltung vorhandener Glockenzüge oder ähnlicher Vorrichtungen zum Herbeirufen des Gesindes (§ 14d a. a. O.),
e) den Anstrich der inneren Türen und Fenster, der Paneele, hölzernen Verschläge und Wandschränke, soweit einzelne durch den Gebrauch abgenutzte Stellen eine Wiederherstellung der Farbendecke erfordern (§ 14e a. a. O.),
f) die Unterhaltung der inneren Wände und Decken in Betreff ihrer Tünche, Färbung und Malerei oder Tapezierung, das hierbei etwa erforderliche Abreiben des Abputzes sowie für die Beseitigung unwesentlicher Verletzungen des Putzes und das Abreiben unrein gewordener Tapetenwände und Decken (§ 14g a. a. O.),
g) kleine Ausbesserungen des Anstrichs der Fußbodendielung (§ 14f a. a. O.).

Die Verpflichtung der Staatskasse zur Kostentragung in den vorstehend unter a bis g genannten Fällen ist jedoch nur gegeben, sofern diese Maßnahmen nicht durch eigenes Verschulden (Vorsatz oder Fahrlässigkeit) des Wohnungsinhabers, seiner Angehörigen, seiner Hausangestellten, seiner Gäste oder der von ihm Beauftragten nötig geworden sind.

(3) Die unentgeltliche Einräumung einer Dienstwohnung ist unzulässig.

**99.** (1) Der Anrechnungsbetrag soll dem am Wohnort des Beamten für Wohnungen derselben Art zu zahlenden Mietpreis entsprechen. Seine Grundlage bildet daher der Mietwert der Dienstwohnung nach dem Vorkriegsstande, also v. 1. 7. 1914 (Friedenswert).

(2) Die Höhe des Anrechnungsbetrages wird in Hundertteilen des Friedensmietwertes (Abs. 1) bemessen.

(3) Der Anrechnungsbetrag darf den dem Beamten zustehenden Ortszuschlag zuzüglich des darauf entfallenden Anteils des Ausgleichszuschlags und des örtlichen Sonderzuschlags nicht übersteigen (höchster Anrechnungsbetrag).

**100.** (1) Der Hundertsatz des Friedensmietwertes (Ziff. 99 Abs. 2) wird vom Finanzminister im Einvernehmen mit dem Minister für Volkswohlfahrt festgesetzt.

(2) Den Anrechnungsbetrag setzt die zuständige Behörde unter Mitwirkung der Beamtenvertretung fest. Welche Behörde zuständig ist, bestimmt der Fachminister.

**101.** Nutzgärten gelten nicht als Zubehör der Dienstwohnung. Die Vergütung für den Nutzgarten setzt die zuständige Behörde nach Anhörung der zuständigen Beamtenvertretung fest. Die Vergütung soll grundsätzlich dem ortsüblichen Pachtwert unter Berücksichtigung einer nicht fachmännischen Ausnutzung entsprechen. Ziergärten sind Zubehör der Dienstwohnung.

**102.** Auf Bereitschaftswohnungen der geschlossen untergebrachten Schutzpolizei finden die Vorschriften über Dienstwohnungen und Dienstgärten sinngemäß Anwendung. Für bereitgestellte Bereitschaftswohnräume der geschlossen untergebrachten Schutzpolizei werden Wohnraumabzüge einbehalten. Über ihre Höhe bestimmt der Minister des Innern im Einvernehmen mit dem Finanzminister.

### 3. Sondervergütungen, Nebenbezüge und sonstige Vergünstigungen.

**103.** Zulagen aller Art aus dem Hauptamt, die nicht im BDEG. und seinen Anlagen, insbesondere den Schlußbemerkungen zur Besoldungsordnung, vorgesehen sind, dürfen künftig nicht mehr fortgezahlt oder neu bewilligt werden. Damit sind alle bisher bestehenden Gehaltszulagen und Nebenbezüge aus dem Hauptamt v. 1. 4. 1920 an ohne weiteres abgeschafft, soweit sie dem BDEG. entgegenstehen. Bestehen geblieben sind Bezüge, die sich als Dienstaufwandsentschädigungen darstellen.

**104.** Für ein Nebenamt oder Nebengeschäft kann dem Beamten eine besondere Vergütung aus der Staatskasse bewilligt werden, wenn es mit dem Hauptamt nicht in unmittelbarem Zusammenhange steht oder den Beamten im besonderen Maße in Anspruch nimmt (§ 9 Abs. 2 BDEG.).

**105.** (1) Staatsseitig gewährte Nutzung von Wirtschaftsland, Feuerungs- und Beleuchtungsmitteln, Verpflegung, Jagdnutzung u. dgl. werden dem Beamten mit einem angemessenen Betrag auf das Diensteinkommen angerechnet.

(2) Die Höhe des Anrechnungsbetrags wird von der zuständigen Behörde unter Mitwirkung der zuständigen Beamtenvertretung festgelegt, in Zweifelsfällen entscheidet der zuständige Minister in Gemeinschaft mit dem Finanzminister endgültig (§ 10 Abs. 1 BDEG.).

(3) Die allgemeinen Vorschriften über die Bestreitung der von dem Dienstwohnungsinhaber für Wasser-, Gas- und Elektrizitätsbezüge, für Zentralheizung usw. zu entrichtenden Abgaben werden vom Finanzminister erlassen.

**106.** Die Gewährung von Unterkunft, Verpflegung, Bekleidung und ärztlicher Behandlung an die bewaffneten und uniformierten Beamten der der Verwaltung des Innern unterstehenden Schutzpolizei, deren Umfang und die Anrechnung ihres Wertes auf das Diensteinkommen wird durch den Staatshaushaltsplan geregelt (§ 10 Abs. 3 BDEG.).

## II.

## Kinderbeihilfen.

### A. Zu berücksichtigende Kinder und Höhe der Kinderbeihilfen.

**107.** (1) Die Beamten erhalten für jedes unterhaltsberechtigte Kind eine Kinderbeihilfe.

(2) Unterhaltungsberechtigt im Sinne des Abs. 1 sind:

1. eheliche Kinder,
2. für ehelich erklärte Kinder,
3. an Kindes Statt angenommene Kinder,
4. Stiefkinder, die in den Hausstand des Beamten aufgenommen sind,
5. uneheliche Kinder.

(3) Ein Beamter erhält als Erzeuger eines unehelichen Kindes die Kinderbeihilfe nur, wenn seine Vaterschaft durch Urteil festgestellt oder in einer öffentlichen Urkunde anerkannt ist und wenn er das Kind in seinen Hausstand aufgenommen hat oder auf andere Weise nachweislich für seinen vollen Unterhalt aufkommt.

(4) Verheirateten weiblichen Beamten werden die Kinderbeihilfen für gemeinsame Kinder nur gewährt, wenn der Ehemann bei Berücksichtigung seiner sonstigen Verpflichtungen außerstande ist, ohne Gefährdung des standesmäßigen Unterhalts der Familie diese zu unterhalten. Dasselbe gilt für Stiefkinder, die zugleich unterhaltsberechtigte Kinder des Ehemannes sind. **Für Kinder aus einer geschiedenen Ehe sind einem weiblichen Beamten Kinderbeihilfen nur zu gewähren, wenn die Beamtin das Kind gemäß §§ 1601, 1606 Abs. 2 BGB. unterhält, z. B. weil der unterhaltspflichtige Vater bei Berücksichtigung seiner sonstigen Verpflichtungen zur Unterhaltsgewährung außerstande ist, oder weil die Beamtin als Nutznießerin am Kindesvermögen unterhaltspflichtig ist.**

**108.** (1) Ob ein Kind unterhaltsberechtigt ist, bestimmt sich ausschließlich nach Ziff. 107 Abs. 2. Hiernach sind nur Kinder der dort aufgeführten Art unterhaltsberechtigt, also z. B. nicht Pflegekinder oder Enkel.

(2) Ist nachgewiesen, daß der Beamte den Unterhalt nicht oder nur teilweise bestreitet, so wird die Kinderbeihilfe nebst Ausgleichszuschlag dem Beamten nicht oder nur bis zur Höhe seiner Aufwendungen gewährt. Ziff. 107 Abs. 3 bleibt hiervon unberührt,

(3) Ein verheiratetes Kind gilt nur dann als unterhaltsberechtigt, wenn es selbst nicht imstande ist, sich zu unterhalten und auch sein Ehegatte und seine Kinder außerstande sind, ihm Unterhalt zu gewähren.

**109.** Sind beide Kinder eines ehelichen, für ehelich erklärten oder an Kindes Statt angenommenen Kindes Beamte, so erhält nur der Vater die Kinderbeihilfe.

**109a.** Ist für ein eheliches, für ehelich erklärtes oder an Kindes Statt angenommenes Kind ein Vormund oder Pfleger bestellt, so kann die vorgesetzte Behörde auf Antrag des Vormundschaftsgerichts bestimmen, daß die Kinderbeihilfe nicht an den Beamten, sondern an den Vormund oder Pfleger oder an das Vormundschaftsgericht zu zahlen ist. Wegen des unehelichen Kindes vgl. Ziff. 110b Abs. 7.

**110.** Unter an Kindes Statt angenommenen Kindern sind nur solche zu verstehen, die nach § 1741 BGB. oder den entsprechenden älteren Vorschriften angenommen sind, nicht etwa auch Pflegekinder.

**110a.** (1) Stiefkinder im Sinne der Ziff. 107 Abs. 2 Nr. 4 sind die ehelichen, für ehelich erklärten und an Kindes Statt angenommenen Kinder des anderen Ehegatten, die nicht zugleich eigene Kinder sind, sowie die unehelichen Kinder der Ehefrau, nicht aber die unehelichen Kinder des Ehemannes.

(2) Die Aufnahme in den Hausstand des Beamten bedeutet nicht notwendig Aufnahme in die Wohnungsgemeinschaft. Sie ist daher auch in den Fällen anzunehmen, in denen der Beamte auf seine Kosten das Kind, für das die Kinderbeihilfe beansprucht wird, zum Zwecke der Erziehung oder Ausbildung in einer Erziehungsanstalt (Internat, Alumnat) oder bei Verwandten oder bei anderen Familien unterbringt, ohne daß der familiäre Zusammenhang mit dem Hausstand des Beamten dauern aufgehoben sein soll (z. B. bei regelmäßiger Rückkehr des Kindes während der Ferien).

**110b.** (1) Auch uneheliche Kinder sind bis zum vollendeten einundzwanzigsten Lebensjahre unterhaltsberechtigt im Sinne der Ziff. 107 Abs. 1. Wenn jedoch das uneheliche Kind die deutsche Staatsangehörigkeit nicht besitzt, so gilt es nur so lange als unterhaltsberechtigt, als der Beamte zur Zahlung einer Unterhaltsrente verpflichtet ist.

(2) Ein weiblicher Beamter als Mutter eines unehelichen Kindes erhält die Kinderbeihilfe unter denselben Voraussetzungen, unter denen ein Beamter für ein eheliches Kind die Kinderbeihilfe erhält. Vgl. auch Ziff. 108 Abs. 2.

(3) Die Gewährung des vollen Unterhalts im Sinne der Ziff. 107 Abs. 3 ist anzunehmen, wenn der Leistende für den Unterhalt des Kindes einen Betrag tatsächlich aufwendet, der die Kinderbeihilfe einschl. des Ausgleichszuschlags*) um wenigstens ein Viertel übersteigt: ist die Unterhaltsrente, zu deren Entrichtung der Beamte verpflichtet ist, noch höher, so muß der Beamte mindestens den Betrag der Unterhaltsrente aufwenden. Der von dem Beamten nach Satz 1 mindestens aufzuwendende Betrag ermäßigt sich um den halben Betrag der Kinderbeihilfe einschl. des Ausgleichszuschlags*), wenn die Kinderbeihilfe nach Ziff. 113 Abs. 1 Nr. 2 nur zur Hälfte zu zahlen ist.

(4) **Zahlt ein Beamter, der das uneheliche Kind durch eine einmalige Zuwendung oder in ähnlicher Weise abgefunden hat, darüber hinaus noch eine laufende Unterhaltsrente in Höhe der jeweils geltenden Kinderbeihilfe einschl. des Ausgleichszuschlags** *), **so ist die Gewährung des**

*) und eines örtlichen Sonderzuschlags.

**vollen Unterhalts im Sinne der Ziff. 107 Abs. 3 anzunehmen, wenn die Abfindungssumme geteilt durch die Zahl der Monate, für die sie gezahlt wird, mindestens ein Viertel der zur Zeit der Zahlung der Abfindungssumme für Kinder im Alter vom vollendeten 6. bis zum vollendeten 14. Lebensjahre zahlbaren Kinderbeihilfe einschl. des Ausgleichszuschlag(*) beträgt. Bei Abfindungssummen, die vor dem 1. 4. 1920 gezahlt sind, muß der anteilige Monatsbetrag mindestens eine Höhe von 10 ℳ erreichen.**

(5) **Beispiel. Ein Beamter hat an sein am 15. 5. 1919 geborenes Kind am 10. 9. 1922 eine Abfindungssumme von 80 000 ℳ gezahlt. Da er bis zum vollendeten 16. Lebensjahre des Kindes zu dessen Unterhalt verpflichtet ist, entfallen von der Abfindungssumme auf den Monat: 80 000 ℳ geteilt durch (16 × 12 — (3 × 12 + 4) =) 152 = 526,32 ℳ. Die Kinderbeihilfe einschl. des Ausgleichszuschlags betrug am 10. 9. 1922 monatlich 250 ℳ + 677 v. H. = 1 942,50 ℳ. Ein Viertel davon sind 485,63 ℳ. Der monatliche Betrag der Abfindungssumme ist also höher als ein Viertel der Kinderbeihilfe einschl. des Ausgleichszuschlags, so daß die Voraussetzung des Abs. 4 erfüllt ist.**

(6) Sind Vater und Mutter eines unehelichen Kindes Beamte, so ist die Beihilfe demjenigen Teil zu zahlen, dem die tatsächliche Fürsorge für das Kind obliegt.

(7) Die vorgesetzte Dienstbehörde kann bestimmen, daß die Kinderbeihilfe für ein uneheliches Kind nicht mehr den Beamten, sondern an den Vormund des Kindes oder an das Vormundschaftsgericht auszuzahlen sind.

**110c.** Für dasselbe Kind darf die Kinderbeihilfe nur einmal gezahlt werden.

**110d.** (1) Wäre für ein Kind eine Kinderbeihilfe sowohl nach Ziff. 107 als auch nach § 22 BDEG. oder § 4 des Beamten-Altruhegehaltsgesetzes v. 17. 12. 1920 (GS. 1921 S. 214) zu zahlen, so wird nur die Kinderbeihilfe nach einer der zuletzt genannten Vorschriften gezahlt **(vgl. aber Ziff. 110e).**

(2) Die Kinderbeihilfe nach § 22 BDEG. oder § 4 des Beamten-Altruhegehaltsgesetzes wird auch dann gezahlt, wenn für das Kind auf Grund einer der Ziff. 107 entsprechenden Vorschrift des Reichs, eines Landes, einer Gemeinde oder einer sonstigen öffentlichen Körperschaft eine Kinderbeihilfe zu zahlen wäre. Eine Kinderbeihilfe nach Ziff. 107 wird nicht gezahlt, wenn für das Kind eine Kinderbeihilfe aus Mitteln des Reichs, eines Landes, einer Gemeinde oder einer sonstigen öffentlichen Körperschaft auf Grund einer dem § 22 BDEG. oder § 4 des Beamten-Altruhegehaltsgesetzes entsprechenden Vorschrift gezahlt wird oder zu zahlen wäre, wenn dieses Land, diese Gemeinde oder sonstige öffentliche Körperschaft eine dem § 22 BDEG. oder § 4 des Beamten-Altruhegehaltsgesetzes entsprechende Vorschrift erlassen hätte **(vgl. aber Ziff. 110e).**

(3) Hat z. B. ein Beamter die Witwe eines Reichsbeamten mit Kindern unter 21 Jahren geheiratet, so hat das Reich die Verpflichtung, die Kinderbeihilfen nebst dem Waisengeld weiterzuzahlen, da die Verpflichtung, für die eigenen Kinder des verstorbenen Beamten zu sorgen, die ältere und nähere ist. Die Kinderbeihilfe steht diesen Kindern als Kinder ihres leiblichen Vaters zu.

(4) Die Bestimmungen in Abs. 1 und 2 treten mit Wirkung vom 1. 1. 1922 ab in Kraft. Überzahlungen, die für die Zeit vom 1. 4. 1920 bis zum 31. 12. 1921 entgegen der Bestimmung in Abs. 2 Satz 2 gemacht worden sind, sind nicht zurückzuerstatten.

---

*) und eines etwaigen örtlichen Sonderzuschlags

**110e.** Wird ein Ruhegehaltsempfänger oder Wartegeldempfänger oder eine Beamtenwitwe im Staatsdienst angestellt, so sind neben den Bezügen aus der neuen Stelle gegebenenfalls die Kinderbeihilfen zu gewähren. Die neben den Versorgungsbezügen an sich zustehenden Kinderbeihilfen ruhen.

**111.** Auch die Beamten, die ihren dienstlichen Wohnsitz nicht im Deutschen Reiche haben, erhalten Kinderbeihilfen. Beamten kann die Kinderbeihilfe entzogen werden, solange das Kind im Auslande lebt und seine deutsche Erziehung nicht gewährleistet ist.

**112.** *) Die Kinderbeihilfe beträgt für Kinder bis zum vollendeten sechsten Lebensjahre monatlich 40 ℳ, bis zum vollendeten vierzehnten Lebensjahre monatlich 50 ℳ und bis zum vollendeten einundzwanzigsten Lebensjahre monatlich 60 ℳ.

**113.** (1) Die Kinderbeihilfe wird jedoch für Kinder vom **vollendeten sechzehnten** bis zum **vollendeten** einundzwanzigsten Lebensjahre nur gewährt, wenn sie

1. sich in der Schulausbildung **oder in der Ausbildung** für einen künftig gegen Entgelt auszuübenden Lebensberuf befinden, oder wenn sie wegen körperlicher oder geistiger Gebrechen dauernd erwerbsunfähig sind, und wenn sie
2. eigenes Einkommen nicht haben oder wenn das eigene Einkommen des Kindes die Kinderbeihilfe einschließlich des Ausgleichszuschlags **) übersteigt, so fällt die Kinderbeihilfe fort.

(2) Die Kinderbeihilfe kann hiernach nur gewährt werden, wenn eine der drei Voraussetzungen des Abs. 1 Nr. 1 (Schulausbildung, Berufsausbildung, Erwerbsunfähigkeit) und zugleich die Voraussetzung des Abs. 1 Nr. 2 vorliegt.

**113a.** (1) Als Schulausbildung (Ziff. 113 Abs. 1 Nr. 1) gilt nicht nur die Ausbildung in öffentlichen Schulen oder anerkannten Privatschulen während der Dauer der Schulpflicht (also der Besuch der Volks- und Mittelschulen), sondern auch die weitere Ausbildung insbesondere an Lehrerbildungsanstalten, höheren Lehranstalten (Realschulen, Gymnasien, Lyzeen), Hochschulen, Fachschulen, (Handelsschulen, Haushaltsschulen, Baugewerkschulen) und ähnlichen Anstalten, wenn die Ausbildung nach einem staatlich genehmigten Lehrplan erfolgt und der Unterricht von staatlich zugelassenen Lehrern erteilt wird. Für Kinder, die eine öffentliche Lehranstalt besuchen, genügt im allgemeinen die Versicherung des Beamten, daß das Kind eine bestimmte Klasse der näher zu bezeichnenden Anstalt besuche. Für Kinder, die nach Verlassen der öffentlichen Lehranstalt eine andere Lehranstalt, z. B. eine Fachschule oder eine Hochschule, besuchen, ist die Angabe des Beamten erforderlich, welchen Beruf das Kind zu ergreifen beabsichtige und seit wann es die Lehranstalt besuche.

---

*) Die Sätze in Ziff. 112 gelten für die Zeit vom 1. 4. 1920 bis 30. 9. 1921. Vom 1. 10. 1922 ab beträgt die Kinderbeihilfe monatlich 2000 bzw. 2500 bzw. 3000 ℳ.
**Diese Sätze erhöhen sich vom 1. 7. 1923 ab auf 80 000 ℳ, 90 000 ℳ bzw. 100 000 ℳ monatlich.**
Die Sätze betragen
a) vom 1. 12. 1923 bis zum 31. 3. 1924: 11, 12½ und 14 *Gℳ* monatlich,
b) vom 1. 4. 1924 bis zum 31. 5. 1924: 13, 15 und 17 *Gℳ* monatlich,
c) vom 1. 6. 1924 ab 16, 18 und 20 *Gℳ* monatlich.
Zu den Sätzen unter c erhalten die Beamten der Besoldungsgruppen A 1 bis 6 mit Wirkung vom 16. 11. 1924 ab, die übrigen Beamten mit Wirkung vom 1. 12. 1924 ab einen Zuschlag in Höhe von monatlich je 2 *Rℳ*.

**) und eines etwaigen örtlichen Sonderzuschlags.

(2) Zur Annahme des Vorliegens einer Schulausbildung im Sinne des Abs. 1 ist es nicht erforderlich, daß der Schulbesuch die Ausbildung für einen künftig gegen Entgelt auszuübenden Lebensberuf bezweckt (vgl. dagegen Ziff. 113b), wohl aber, daß er die Zeit und Arbeitskraft des Kindes ausschließlich oder ganz überwiegend in Anspruch nimmt.

(3) Der Besuch von Handarbeits-, Musikschulen (Konservatorien) oder Fortbildungsschulen gilt hiernach in der Regel nicht als Schulausbildung im Sinne des Abs. 1.

(4) Soweit der Besuch von Schulen nach Abs. 1 und 3 die Gewährung einer Kinderbeihilfe nicht begründet, kann unter Umständen die Gewährung einer solchen nach Ziff. 113b in Frage kommen.

**113b.** (1) Eine Berufsausbildung im Sinne der Ziff. 113 Abs. 1 Nr. 1 liegt nur dann vor, wenn die Ausbildung für einen später gegen Entgelt auszuübenden Lebensberuf erfolgt und die Arbeitskraft des Kindes ausschließlich oder wenigstens ganz überwiegend in Anspruch nimmt.

(2) Für Kinder, die eine in den Prüfungsvorschriften usw. vorgeschriebene Ausbildung oder praktische Beschäftigung zurücklegen, um die Befähigung für einen künftig gegen Entgelt auszuübenden Lebensberuf zu erlangen, beispielsweise die Beschäftigung als Zögling, Volontär, Zivilsupernumerar, Justizanwärter oder sonstiger Anwärter, ferner die in den Vorschriften für das Hochschul- usw. Studium vorgeschriebene praktische Beschäftigung, ist die Angabe des Beamten erforderlich, welchen Beruf das Kind zu ergreifen beabsichtige und wieweit es bereits ausgebildet sei.

(3) Zum Nachweis der sonstigen Ausbildung für einen künftig gegen Entgelt auszuübenden Lebensberuf ist in der Regel die Vorlegung des Lehrvertrages zu fordern, und zwar auch für Töchter: für diese aus folgenden Gründen:

a) Die Gewerbeordnung macht — abgesehen von den Arbeiterschutzbestimmungen für Frauen — hinsichtlich der Ausübung des Gewerbebetriebes keinen Unterschied zwischen den männlichen und weiblichen Gewerbetreibenden.

b) Auch die das Handwerk betreffenden Vorschriften der Gewerbeordnung, insbesondere die über das Lehrlingswesen, über die Ablegung der Gesellen- und Meisterprüfung und über die Befugnis zur Anleitung von Lehrlingen, sind auf männliche wie weibliche Gewerbetreibende gleichmäßig anzuwenden.

c) Die von Innungen und Handwerkskammern erlassenen Vorschriften zur Regelung des Lehrlingswesens sind auf alle Handwerkslehrlinge gleichmäßig anzuwenden.

d) Nach § 130a Abs. 1 der Gewerbeordnung beträgt die Lehrzeit für alle Lehrlinge mindestens drei Jahre: sie darf den Zeitraum von vier Jahren nicht übersteigen. Mit solchen Lehrlingen ist nach § 126b der Gewerbeordnung ein schriftlicher Lehrvertrag abzuschließen.

(4) Ein Wechsel des Berufs selbst nach erfolgter Ausbildung in dem anfänglich ergriffenen zieht den Verlust des Anspruchs auf die Kinderbeihilfe nicht nach sich.

(5) Regelmäßige Ferien, regelmäßiger Erholungsurlaub, die üblichen Übergangszeiten zwischen Schul- und Berufsausbildung, vorübergehende Erkrankung unterbrechen die Schul- oder Berufsausbildung nicht.

(6) Wenn Fürsorgezöglinge in einer Erziehungsanstalt untergebracht sind, so gilt diese Erziehung als Schulausbildung oder Ausbildung für einen künftig gegen Entgelt auszuübenden Lebensberuf im Sinne der Ziff. 113. Bei Unterbringung in einer Familie ist in jedem Einzelfalle zu prüfen, ob die Voraussetzungen für die Gewährung der Kinderbeihilfe gemäß Ziff. 113 vorliegen. Die Ziff. 107 ff., insbesondere auch die Ziff. 108, 109a und 110b, gelten auch für Fürsorgezöglinge.

**113c.** (1) **Erfolgt die Ausbildung in Unterrichtsstunden, ohne daß eigentlicher Schulunterricht im Sinne der Ziff. 113a in Frage kommt, so ist zunächst festzustellen, ob es sich um eine ernsthafte Berufsausbildung handelt, d. h. um eine solche, die das Ziel verfolgt, mit Hilfe der durch den Unterricht zu erwerbenden Kenntnisse später den Lebensunterhalt zu verdienen, und die in allen Einzelheiten so angelegt ist, daß der erstrebte Zweck unbeschadet der Gründlichkeit in möglichst kurzer Frist erreicht ist.**

(2) **Entscheidendes Gewicht wird aber andererseits auch auf die Feststellung zu legen sein, ob die zeitliche Ausdehnung der Unterweisung für eine Berufsausbildung genügt und ob die von dem Kinde zu seiner Ausbildung ausgeübte Tätigkeit tatsächlich seine Arbeitskraft ausschließlich oder wenigstens ganz überwiegend in Anspruch nimmt.**

(3) **Eine hinreichende zeitliche Ausdehnung der Unterweisung wird z. B. in Handelsschulen in der Regel nur dann anzunehmen sein, wenn sich die Ausbildung auf mindestens ein halbes Jahr erstreckt. Eine ganz überwiegende Inanspruchnahme der Arbeitskraft des Kindes wird im allgemeinen nur dann vorliegen, wenn es durch die Berufsausbildung wöchentlich mindestens 30 Stunden voll in Anspruch genommen wird. Bei der Ausbildung in Unterrichtsstunden werden hiervon z. B. in Handelsschulen im allgemeinen 24 Stunden, in Ausnahmefällen 18 Stunden wöchentlich auf eigentliche Unterrichtsstunden, der Rest auf häusliche Vorbereitungsarbeiten zu entfallen haben.**

(4) **Etwas anders wird die Musik- und Gesangausbildung zu beurteilen sein. Hier wird eine überwiegende Inanspruchnahme der Arbeitskraft des Kindes durch die Ausbildung dann angenommen werden können, wenn die Ausbildung einschließlich der in Nebenfächern (Theorie, Musikgeschichte, Gehörbildung usw.) wöchentlich etwa drei bis sechs Stunden eigentlichen Unterrichts und daneben mindestens 24 Stunden häusliche Übungen umfaßt.**

**113d.** (1) Die Kinderbeihilfe ist *nicht* zu gewähren für Kinder im Alter von 16 bis 21 Jahren;

a) die im elterlichen Hause, in der elterlichen Wohnung, in der Wirtschaft von Verwandten usw. tätig sind:

b) die *zu ihrer eigenen Vervollkommnung*, also nicht zu Berufszwecken, die Hauswirtschaft — wenn auch außerhalb des Hauses, sei es gegen Zahlung eines Pensionspreises, sei es ohne gegenseitige Vergütung — das Kochen, das Nähen, das Sticken, das Plätten usw. sei es in einer Koch- oder Handarbeitsschule, sei es bei einem Handwerksmeister oder einer Handwerksmeisterin, erlernen, in Musik, Singen, Malen usw. unterrichtet werden:

c) die, nachdem sie ihre Schulausbildung beendet haben, deshalb noch nicht für einen künftig gegen Entgelt auszuübenden Lebensberuf ausgebildet werden können, weil sie nicht sogleich eine Stellung finden, oder weil sie sich auf ärztliche Anordnung erst erholen oder kräftigen sollen, oder weil sie vorübergehend erkrankt sind:

d) die zwar für einen künftig gegen Entgelt auszuübenden Lebensberuf ausgebildet sind und bereits beruflich tätig waren, die ihren Beruf aber wegen vorübergehender Erkrankung nicht ausüben können:

e) die zwar persönlich in der Lage und gern gewillt sind, einem Erwerb nachzugehen, die aber aus in den gegenwärtigen Verhältnissen liegenden Gründen keine Stellung erlangen können.

(2) Nicht förmliche Ausbildungen (z. B. die Tätigkeit als Hütejunge, Laufbursche, Dienstmädchen, sowie die Ausbildung für die Tätigkeit als Hausfrau) gelten ebenfalls nicht als Berufsausbildung. Als nicht förmliche Ausbildung ist in der Regel auch anzusehen, wenn die Ausbildung bei einer Person erfolgt, die zur Ausbildung von Lehrlingen in dem betreffenden Fach nicht befugt ist. Eine Tätigkeit, die für die Berufsausbildung zwar wertvoll, aber nicht notwendig und vorgeschrieben ist, kann nicht berücksichtigt werden.

**113e.** (1) Unter körperlichen oder geistigen Gebrechen im Sinne der Ziff. 113 Abs. Nr. 1 sind alle angeborenen oder erworbenen körperlichen oder geistigen Fehler und Leiden nicht vorübergehender Natur zu verstehen, durch die dem Kinde die volle Erwerbsfähigkeit genommen wird (z. B. Blindheit, Taubheit, Krüppelhaftigkeit, Lungentuberkulose, Geisteskrankheit).

(2) Beim Vollzuge dieser Bestimmung sind unbillige Härten zu vermeiden, insbesondere wird das Vorliegen einer dauernden Erwerbsunfähigkeit dadurch nicht ausgeschlossen, daß künftig die teilweise Besserung oder vollständige Heilung und damit der Eintritt völliger Erwerbsfähigkeit wahrscheinlich oder möglich ist.

**114.** (1) Eigenes Einkommen des Kindes ist nicht nur das Einkommen, mit dem das Kind selbständig veranlagt wird, sondern auch das Einkommen, das bei der Veranlagung mit dem eines anderen Steuerpflichtigen zusammengerechnet wird.

(2) Als eigenes Einkommen des Kindes gilt ferner das aus dem Vermögen des Kindes fließende Einkommen, an welchem der Vater oder der Mutter kraft der elterlichen Gewalt die Nutznießung zusteht.

(3) Wenn der Nießbrauch am Vermögen des Kindes nicht auf Grund gesetzlicher Vorschrift (§§ 1649, 1685, 1686 BGB.) von dem Beamten als Inhaber der elterlichen Gewalt, sondern kraft eigenen Rechts ausgeübt wird, z. B. weil dem Beamten der lebenslängliche Nießbrauch testamentarisch vermacht ist, dann ist das Einkommen daraus nicht als Einkommen des Kindes anzusehen.

(4) Zum eigenen Einkommen des Kindes zählen auch Sachbezüge jeder Art, z. B. die freie Station der Kinder, die bei einem Lehrherrn, in der Landwirtschaft, im Geschäft oder in einem Gewerbe tätig sind. Bezieht ein Kind ein Einkommen, das teilweise oder ganz aus Sachbezügen besteht, so sind für die Ermittlung des Gesamteinkommens die Sachbezüge mit den Ortspreisen zu veranschlagen, wie sie von den Finanzämtern im Vollzuge des Einkommensteuergesetzes festgesetzt sind.

(5) Eigenes Einkommen des Kindes ist nicht dessen steuerpflichtiges Einkommen, sondern dasjenige, welches das Kind tatsächlich bezieht, also beispielsweise bei freier Station, der von dem zuständigen Finanzamt oder Landesfinanzamt festgesetzte Wert der freien Station, bei einem Einkommen aus barem Lohn usw. der Rohbetrag nach Abzug der Kranken-, Invaliden- oder Angestelltenversicherungsbeiträge, bei Einkommen aus Kapitalvermögen die Zinsen nach Abzug der Kapitalertragssteuer. Andere Ausgaben, die reichsgesetzlich zu den sogenannten Werbungskosten zählen, z. B. die Ausgaben, die einem Kinde durch Fahrten zwischen Wohnung und Arbeitsstätte erwachsen, Sterbekassenbeiträge, Lebensversicherungsbeiträge, Vereinsbeiträge usw., dürfen vom Einkommen nicht abgezogen werden, ebensowenig Beträge für Beschaffung, Reinigung und Instandhaltung der Berufskleidung, Schulgeld usw.

(6) Mildtätige Zuwendungen, die das Kind erhält, gelten nicht als Einkommen. Dagegen fallen darunter Krankengeld und etwaige Verletztenrenten.

**115.** (1) Wird für ein Kind, für das nach vorstehenden Bestimmungen einem Beamten eine Kinderbeihilfe zusteht, auf Grund eines Beamtenhinterbliebenengesetzes ein Waisengeld oder auf Grund eines sonstigen Versorgungsgesetzes eine Waisenrente — gleichgültig, an wen — aus Mitteln des Reichs, eines Landes oder einer sonstigen öffentlichen Körperschaft, oder wird auf Grund der §§ 30, 87 des Reichsversorgungsgesetzes eine Kinderzulage (nebst Teuerungszuschlag) oder ein Teuerungszuschuß (Ges. über Teuerungsmaßnahmen für Militärrentner — RGBl. 1922 S. 650 —) gezahlt, so gelten diese Bezüge nicht als eigenes Einkommen des Kindes im Sinne der Ziff. 113 Abs. 1 Nr. 2 Diese Bestimmung tritt mit Wirkung vom 1. 1. 1922 mit der Maßgabe in Kraft, daß für die Zeit vom 1. 4. 1920 bis zum 31. 12. 1921 Rückforderungen und Nachzahlungen unterbleiben.

(2) Die Vorschriften der Ziff. 110d bleiben unberührt.

**116.** (1) Maßgebend für die Zahlung der Kinderbeihilfe für das folgende Kalendervierteljahr ist das eigene Einkommen des Kindes im zweiten Monat des diesem vorhergehenden Kalendervierteljahrs. Durch Gegenüberstellung des eigenen Einkommens des Kindes und der in diesem Monat zahlbaren Kinderbeihilfe einschließlich des Ausgleichszuschlags *) ist festzustellen, ob die Kinderbeihilfe für das folgende Kalendervierteljahr voll, zur Hälfte oder nicht zu zahlen ist.

(2) Änderungen des eigenen Einkommens des Kindes nach dem genannten zweiten Monat des vorhergehenden Kalendervierteljahrs bleiben im allgemeinen für die Bemessung der Kinderbeihilfe für das folgende Kalendervierteljahr unberücksichtigt. Wenn jedoch das eigene Einkommen des Kindes wegfällt, sich verringert oder verhältnismäßig weniger steigt als die Kinderbeihilfe einschließlich des Ausgleichszuschlags *), so ist auf Antrag des Beamten die Kinderbeihilfe beim Vorliegen der Voraussetzungen der Ziff. 113 Abs. 1 Nr. 2 auch im Laufe des Kalendervierteljahrs zu erhöhen oder neu zu gewähren (vgl. auch Ziff. 121 ff.).

(3) Einnahmen, die — wie Zinsen, Dividenden, Mieten, Pachtbeträge usw. — nicht monatlich, sondern für längere Zeiträume gezahlt werden, sind auf die einzelnen Monate zu verteilen.

---

*) gegebenenfalls auch einschließlich des örtlichen Sonderzuschlags.

**117.** Nach Ziff. 183 der Reichsbesoldungsvorschriften in der Fassung der Bekanntmachung v. 14. 7. 1924 (RBB. S. 221) haben auf amtliches Ersuchen der Kassenbehörden der Länder die Steuerbehörden Auskunft über die Höhe des eigenen Einkommens eines Kindes zu erteilen.

**118.** (1) Vollendet ein Kind, für das eine Kinderbeihilfe bezogen wird, das sechzehnte Lebensjahr, so ist die Zahlung der Kinderbeihilfe einzustellen, wenn nicht der zum Bezuge berechtigte Beamte schriftlich der zur Anweisung zuständigen Behörde die für den Weiterbezug der Kinderbeihilfe und für dessen Höhe nach Ziff. 113 bis 116 maßgebenden Verhältnisse darlegt und diese Angaben auf Verlangen glaubhaft macht.

(2) Bis zum Fünfzehnten des letzten Monats des Rechnungsjahres hat der Beamte eine Erklärung abzugeben, daß die für den Bezug und die Höhe der angewiesenen Kinderbeihilfe maßgebenden Verhältnisse im abgelaufenen Rechnungsjahre unverändert fortbestanden haben und weiterhin fortbestehen. Der Beamte hat außerdem bis zum Fünfzehnten des dritten Monats jedes Kalendervierteljahrs die Höhe des eigenen Einkommens des Kindes für den zweiten Monat dieses Kalendervierteljahrs einschließlich etwaiger Nachzahlungen anzugeben und auf Verlangen glaubhaft zu machen. Diese Angabe ist nicht erforderlich, wenn für das Kind eine Kinderbeihilfe nicht angewiesen ist, oder wenn sich das eigene Einkommen des Kindes gegenüber dem Stande der letzten Angabe nicht erhöht hat.

(3) Jede andere Tatsache, welche eine Herabsetzung oder die Einstellung der Zahlung der Kinderbeihilfe zur Folge hat, ist von dem Beamten unverzüglich anzuzeigen. Auf diese Vorschriften (Abs. 1 bis 3) ist der Beamte bei der erstmaligen Anweisung einer Kinderbeihilfe ausdrücklich hinzuweisen.

(4) Die wirtschaftlichen Verhältnisse des Beamten sind weder für die Gewährung noch für die Höhe von Kinderbeihilfen von Belang.

**119.** Fortgefallen.

**119a.** Ist die Kinderbeihilfe einschließlich des Ausgleichszuschlags nach Ziff. 113 Abs. 1 Nr. 2 nur teilweise auszuzahlen, so sind die gezahlten Beträge bis zu der nach Ziff. 112 sich ergebenden Höhe bei den Kinderbeihilfen und nur mit dem etwaigen Mehrbetrag bei den Ausgleichszuschlägen zu verrechnen *).

**120.** (1) Beamte, die im Staatsdienst nur ein Nebenamt bekleiden, erhalten keine Kinderbeihilfen.

(2) Bei Beamten, die gleichzeitig auch eine Stelle im Dienst des Reichs oder eines der Länder bekleiden, wird die Kinderbeihilfe in demselben Verhältnis gekürzt wie der Ortszuschlag (vgl. Ziff. 88). Eine Stelle im Dienste einer öffentlichen Körperschaft wird einer Stelle im Reichs- oder Staatsdienst gleichgeachtet.

(3) Beamte, die im Disziplinarverfahren oder aus Anlaß eines Strafverfahrens vorläufig vom Dienst enthoben sind, sowie Beamte, deren Diensteinkommen auf Grund eines Disziplinarurteils zu kürzen ist, erhalten die Kinderbeihilfen in voller Höhe.

(4) Wird das Diensteinkommen aus einem anderen Grunde gekürzt, so wird die Kinderbeihilfe deswegen nicht gekürzt.

---

*) gegebenenfalls auch der örtlichen Sonderzuschläge.

### B. Beginn, Änderung und Wegfall von Kinderbeihilfen.

**121.** (1) Die Kinderbeihilfen werden vom Ersten des Monats an gezahlt, in welchem das für die Gewährung maßgebende Ereignis fällt.

(2) Vom gleichen Zeitpunkt an werden Erhöhungen der Kinderbeihilfen wirksam, soweit nicht in Ziff. 116 etwas anderes bestimmt ist.

(3) Beispiele von Fällen der Neuanweisung einer Kinderbeihilfe; Geburt, Ehelichkeitserklärung, Annahme an Kindes Statt, Wegfall des eigenen Einkommens, Tod des Ehemannes eines weiblichen Beamten, Eintritt der Voraussetzungen in Ziff. 107 Abs. 4.

(4) Beispiele von Fällen der Erhöhung einer Kinderbeihilfe; Vollendung des sechsten oder vierzehnten Lebensjahrs, Verminderung des eigenen Einkommens, Erhöhung des tatsächlichen Aufwandes für ein Kind im Falle der Ziff. 108 Abs. 2.

**122.** (1) Soweit nicht in Ziff. 116 etwas anderes bestimmt ist, werden Herabsetzungen der Kinderbeihilfe vom Ersten des Monats an wirksam, der auf das maßgebende Ereignis folgt. Hat sich das Ereignis am ersten Tage eines Monats zugetragen, so wird die Herabsetzung von diesem Tage an wirksam.

(2) Beispiele von Fällen der Herabsetzung einer Kinderbeihilfe; Erhöhung des eigenen Einkommens des Kindes **(vgl. Ziff. 116 Abs. 2)**, Verminderung des tatsächlichen Aufwandes für ein Kind im Falle der Ziff. 108 Abs. 2.

(3) In gleicher Weise (Abs. 1) ist zu verfahren, wenn in der Person des zum Bezuge der Kinderbeihilfe berechtigten Beamten ein Wechsel eintritt.

(4) Beispiel zu Abs. 3: Ein Beamter erhält als Stiefvater die Kinderbeihilfe für das uneheliche Kind seiner Ehefrau. Der uneheliche Vater, der ebenfalls Beamter ist, nimmt Mitte eines Monats das Kind in seinen Hausstand auf: er erhält vom ersten Tage des folgenden Monats ab die Kinderbeihilfe.

**122a.** (1) Die Kinderbeihilfen fallen fort mit dem Ablauf des Vierteljahrs (Kalendervierteljahrs), in dem das für den Wegfall der Beihilfe maßgebende Ereignis sich zugetragen hat.

(2) Auch wenn sich das Ereignis am ersten Tage eines Kalendervierteljahrs zugetragen hat, dauert hiernach der Bezug noch bis zum Ende des Vierteljahrs fort.

(3) Bei der Bemessung der nach Abs. 1 und 2 bis zum Ablauf des Kalendervierteljahrs weiterzuzahlenden Kinderbeihilfe sind Änderungen zu berücksichtigen, die sich für das betreffende Kalendervierteljahr durch anderweite Festsetzung der Kinderbeihilfen und des Ausgleichszuschlags *) ergeben.

(4) Die Kinderbeihilfen fallen vor dem Ablauf des Vierteljahrs fort, wenn das Recht zum Bezuge des Grundgehalts früher aufhört.

(5) Beispiele von Fällen des Wegfalls einer Kinderbeihilfe; Vollendung des einundzwanzigsten (oder sechzehnten) Lebensjahrs, Beendigung der Schul- oder Berufsausbildung, Tod, Verheiratung eines weiblichen Beamten, Verheiratung des Kindes. Dabei ist jedoch zu beachten, daß ein am 1. 10. geborenes Kind das 21. Lebensjahr bereits mit dem Ablauf des 30. 9 vollendet (§ 187 Abs. 2 S. 2, 188 Abs. 2 BGB.).

---

*) gegebenenfalls auch der örtlichen Sonderzuschläge.

**122b.** Fällt die Kinderbeihilfe fort, weil die Voraussetzungen für Bewilligung einer Kinderbeihilfe für ein uneheliches Kind (Ziff. 110b Abs. 3 und 4) nicht mehr gegeben sind oder weil die Aufwendungen für ein Kind eingestellt werden (vgl. Ziff. 108 Abs. 2), so ist sinngemäß nach Ziff. 122 Abs. 1 zu verfahren. Fällt die Kinderbeihilfe fort, weil das eigene Einkommen des Kindes eine bestimmte Höhe erreicht, so ist nach Ziff. 116 zu verfahren.

**122c.** Die dem Beamten als Erzeuger eines unehelichen Kindes gewährte Kinderbeihilfe fällt nach seinem Tode gemäß Ziff. 122a weg. Sie darf auch dann nicht weiter gewährt werden, wenn der Erzeuger eine Witwe hinterlassen hat, die Witwengeld bezieht, oder wenn eine Vollwaise vorhanden ist, für welche Waisengeld gezahlt wird.

**122d. Fällt fort.**

## III.

## Ausgleichszuschlag.

**123.** (1) Zur Anpassung an die Veränderungen in der allgemeinen Wirtschaftslage kann zum Grundgehalt, zum Ortszuschlag, zu den Kinderbeihilfen und zu der Frauenbeihilfe ein veränderlicher nicht ruhegehaltsfähiger Ausgleichszuschlag gewährt werden.

(2) Zu anderen Zulagen, Sondervergütungen oder Nebenbezügen tritt der Ausgleichszuschlag nicht.

(3) Der Ausgleichszuschlag tritt hiernach zu dem Grundgehalt, dem Ortszuschlag, den Kinderbeihilfen und der Frauenbeihilfe, wie sie tatsächlich bezogen werden. Dies gilt insbesondere auch bei Kürzungen des Diensteinkommens nach Bruchteilen auf Grund eines Disziplinarurteils (vgl. Ziff. 62 Abs. 2 Satz 1). Wegen des Verfahrens bei Kürzungen um einen bestimmten zahlenmäßig festgelegten Betrag vgl. Ziff. 62 Abs. 2 Satz 2.

Beispiele:

Weiblichen Beamten, die nach Ziff. 87 den Ortszuschlag nur zur Hälfte erhalten, steht der ganze Ausgleichszuschlag aus dem halben Ortszuschlage zu. Beamte, die nach Ziff 88 und 120 Abs. 2 Ortszuschlag und Kinderbeihilfen nur zu einem Bruchteil aus Staatsmitteln erhalten, beziehen aus Staatsmitteln den ganzen Ausgleichszuschlag aus diesem Bruchteil. Beamte, deren Diensteinkommen auf Grund eines Disziplinarurteils gekürzt oder wegen vorläufiger Dienstenthebung zum Teil einbehalten ist, erhalten den ganzen Ausgleichszuschlag aus den gekürzten Bezügen.

(4) Ausgleichszuschläge, die am Todestage des Beamten noch nicht bewilligt sind, werden an Erben, denen keine Gnadenbezüge zustehen, nicht nachgezahlt (vgl. Ziff. 9a).

**124.** Die Art und Höhe des Ausgleichszuschlagssatzes wird gleichmäßig für alle in Ziff. 123 Abs. 1 genannten Bezüge durch den Staatshaushaltsplan oder durch besonderes Gesetz bestimmt.

## IV.

## Frauenbeihilfe.

**124a.** (1) **Die verheirateten männlichen planmäßigen unmittelbaren Staatsbeamten erhalten für die unterhaltsberechtigte Ehefrau eine Frauen-**

**beihilfe von 7** ***GM.******) monatlich.** Die Frauenbeihilfe ist in voller Höhe auch den verheirateten Medizinalräten und Veterinärräten zu zahlen, welche gekürzte Grundgehälter beziehen, ebenso denjenigen Beamten, deren Diensteinkommen infolge Disziplinarurteils (§ 16 BDG., § 15 des RDG.) gekürzt ist oder die im Disziplinarverfahren oder aus Anlaß eines Strafverfahrens vorläufig vom Dienste enthoben sind.

(2) Die Frauenbeihilfe ist nur für unterhaltsberechtigte Ehefrauen zahlbar. Leben die Eheleute zusammen, so ist die Unterhaltsberechtigung der Ehefrau ohne weiteres als gegeben anzusehen. Leben die Eheleute getrennt, so ist die Frauenbeihilfe dem Beamten zu zahlen, soweit er der getrennt lebenden unterhaltsberechtigten Ehefrau den Unterhalt gewährt oder mindestens in Höhe der Frauenbeihilfe — **gegebenenfalls einschließlich des Ausgleichszuschlags und eines etwaigen örtlichen Sonderzuschlags** — einen Betrag dazu leistet.

(3) Die Frauenbeihilfe wird ferner verwitweten (männlichen oder weiblichen) Beamten gewährt, wenn sie im eigenen Hausstande für den vollen Unterhalt **mindestens eines Kindes** aufkommen, für welches sie nach § 18 BDEG. **die volle** Kinderbeihilfe beziehen. Ziff. 110a Abs. 2 gilt sinngemäß. Die Gewährung des vollen Unterhalts im Sinne des Satz 1 ist nicht als erfüllt anzusehen, wenn das Kind ein eigenes Einkommen (einschließlich der Sachbezüge — vgl. Ziff. 114 Abs. 4 —) hat, welches die Hälfte des Betrages der Kinderbeihilfe einschließlich des Ausgleichszuschlags**) übersteigt. Der Umstand, daß der Beamte eine Kinder z u l a g e vgl. Erl. v. 24. 8. 1922 — FMBl. S. 497 —) erhält, berechtigt nicht zum Bezug der Frauenhilfe.

(4) Den verwitweten Beamten sind solche Beamte **(männliche oder weibliche)** gleichzustellen, deren Ehe ohne ihr eigenes Verschulden für nichtig erklärt oder geschieden worden ist. Ist wegen Verschuldens des Beamten die Ehe geschieden oder für nichtig erklärt, so steht ihm die Frauenbeihilfe auch dann nicht zu, wenn er im eigenen Hausstande für den vollen Unterhalt von Kindern aufkommt, für die er nach § 18 BDEG. Kinderbeihilfen bezieht, oder wenn er verpflichtet ist, für den Unterhalt seiner geschiedenen Ehefrau zu sorgen.

(5) **Durch Aufhebung der ehelichen Gemeinschaft (§ 1575 BGB.) wird der rechtliche Bestand der Ehe nicht berührt. Der Beamte, bei dem die eheliche Gemeinschaft durch gerichtliches Urteil aufgehoben ist, erhält also für die getrennt lebende, unterhaltsberechtigte Ehefrau, falls die Voraussetzungen des Abs. 2 Satz 3 erfüllt sind, die Frauenbeihilfe ohne Rücksicht darauf, ob ihn bezüglich der Aufhebung der ehelichen Gemeinschaft ein Verschulden trifft, oder ob er im eigenen Hausstande für den vollen Unterhalt eines Kindes aufkommt, für das er nach § 18 BDEG. Kinderbeihilfe bezieht (vgl. jedoch auch Abs. 7).**

(6) Beamte, die gleichzeitig mehr als eine Stelle im Staatsdienst bekleiden, erhalten die Frauenbeihilfe nur einmal. Bekleiden sie nur ein Nebenamt, so erhalten sie die Frauenbeihilfe nicht. Bezieht ein Beamter ein Grundgehalt aus Landesmitteln und zugleich aus Reichsmitteln oder aus Mitteln

---

*) **Für die Zeit vom 1. 12. 1923 bis zum 31. 3. 1924 7** ***GM*****, für die Zeit vom 1. 4. 1924 bis zum 31. 5. 1924 8** ***GM*****, vom 1. 6. 1924 ab 10** ***GM*** **monatlich. Zu dem Satz von 10** ***RM*** **erhalten die Beamten der Besoldungsgruppe A 1 bis 6 mit Wirkung vom 16. 11. 1924 ab, die übrigen Beamten mit Wirkung vom 1. 12. 1924 ab einen Zuschlag in Höhe von 2** ***RM*** **monatlich.**

**) und eines etwaigen örtlichen Sonderzuschlags.

eines anderen Landes, so erhält er von der Frauenbeihilfe aus Landesmitteln nur den Teilbetrag, der dem aus Landesmitteln gezahlten Grundgehalt entspricht. Wird das Grundgehalt aus anderen Gründen gekürzt, so wird die Frauenbeihilfe deswegen nicht gekürzt (vgl. auch Ziff. 124a Abs. 1).

(7) Die Frauenbeihilfe wird nicht gewährt, wenn die Ehefrau als Beamtin, Angestellte oder Arbeiterin im Dienste des Reichs, eines Landes, einer Gemeinde oder einer sonstigen öffentlichen Körperschaft Gehalt oder Lohn bezieht. Ist jedoch die Ehefrau in diesem Dienstverhältnis nicht voll beschäftigt, oder hat sie ohne Festlegung einer bestimmten Arbeitszeit die Vornahme von Arbeiten (z. B. Reinigung des Dienstgebäudes) gegen eine Pauschalvergütung übernommen, so steht diese Beschäftigung der Gewährung der Frauenbeihilfe nicht entgegen. Bezieht die Ehefrau eines Beamten aus Reichs-, Staats- oder Gemeindemitteln für ihre eigene Person Versorgungsbezüge oder eine ruhegehaltsähnliche laufende Unterstützung, so sind diese Bezüge auf die Frauenbeihilfe anzurechnen.

(8) Die Frauenbeihilfe wird im voraus, und zwar vom Ersten des Monats ab, gezahlt, in welchem das für die Gewährung maßgebende Ereignis fällt. Die Zahlung der Frauenbeihilfe wird vom Ersten des Monats an eingestellt, der auf das für den Fortfall maßgebende Ereignis folgt: hat sich das Ereignis am ersten Tage eines Monats zugetragen, so ist die Zahlung von diesem Tage ab einzustellen.

(9) Fällt die Frauenbeihilfe gemäß Abs. 3 fort, weil dem verwitweten Beamten eine Kinderbeihilfe nicht mehr zusteht, so gilt als maßgebendes Ereignis für den Fortfall der Frauenbeihilfe der Zeitpunkt des Fortfalls der Kinderbeihilfe gemäß 122a oder 122b. Wird die Zahlung der Frauenbeihilfe eingestellt, weil der verwitwete Beamte im eigenen Hausstand für den vollen Unterhalt des Kindes nicht mehr aufkommt, da das eigene Einkommen des Kindes die Hälfte der Kinderbeihilfe einschließlich des Ausgleichszuschlags*) übersteigt, so fällt die Frauenbeihilfe mit Ablauf des Kalendervierteljahres weg, in dessen zweitem Monat das eigene Einkommen des Kindes den genannten Betrag übersteigt. Ziff. 116 gilt sinngemäß.

(10) Stirbt die Ehefrau, so erhält der Beamte beim Vorliegen der sonstigen Voraussetzungen die Frauenbeihilfe, auch wenn er nicht bereits nach Abs. 3 Satz 1 als Witwer Anspruch darauf hat, noch für den ganzen Sterbemonat sowie für die darauffolgenden drei Monate.

(11) Bis zum Wegfall wird die Frauenbeihilfe in der jeweils geltenden Höhe gezahlt.

(12) Stirbt der Beamte (männliche oder weibliche), so ist als ein Teil der Gnadenbezüge auch der entsprechende auf das Gnadenvierteljahr entfallende Betrag der Frauenbeihilfe zu zahlen (s. Ziff. 9a).

(13) Für die Frauenbeihilfe gilt Ziff. 118 Abs. 2 Satz 1 sowie Abs. 3 und 4 entsprechend.

## Zweiter Abschnitt: **Nichtplanmäßige Beamte.**

**125.** (1) Die nichtplanmäßigen Beamten erhalten:

I. Grundvergütung und Ortszuschlag (§§ 11 bis **16** BDEG.) sowie in besonderen Fällen:

Sondervergütungen, Nebenbezüge und sonstige Vergünstigungen (**§ 17** BDEG.),

*) und eines etwaigen örtlichen Sonderzuschlags.

II. Kinderbeihilfe und Frauenbeihilfe (**§§ 18 und 19** BDEG.),
III. Ausgleichszuschlag (§ **20** BDEG.).

(2) **Ziff. 1a** gilt **sinngemäß**.

## I.

### 1. Grundvergütung.

A. Allgemeines.

**126.** (1) Die Grundvergütung der im Staatsdienst als Stellenanwärter vollbeschäftigten nichtplanmäßigen unmittelbaren Staatsbeamten sowie der im § 11 Abs. 1 BDEG. aufgeführten Hilfskräfte an den wissenschaftlichen Hochschulen, Anstalten und Instituten bemißt sich nach der Nachweisung der Dienstbezüge der nichtplanmäßigen Beamten (Anl. 3 des BDEG.).

(2) Hiernach werden diese Dienstbezüge nach einem bestimmten Hundertsatz des Anfangsgrundgehalts derjenigen Besoldungsgruppe berechnet, in der der nichtplanmäßige Beamte beim regelmäßigen Verlauf seiner Dienstlaufbahn zuerst planmäßig angestellt wird, und wenn dies eine Beförderungsstelle ist, nach der Eingangsgruppe.

(3) Bis zur anderweitigen Regelung durch den Staatshaushaltsplan oder durch besonderes Gesetz erhalten die nichtplanmäßigen Beamten, die wissenschaftlichen Assistenten mit planmäßiger Vergütung an den wissenschaftlichen Hochschulen und die ihnen gleichgestellten Hilfskräfte der wissenschaftlichen Hochschulen, Anstalten und Institute zur Grundvergütung nebst Ausgleichszuschlägen einen Notzuschlag in der Höhe, daß Grundvergütung, Ausgleichszuschläge und Notzuschlag (ohne Frauenbeihilfe) zusammen betragen, wenn sie Zivilanwärter sind:

im 1. Anwärterdienstjahr . . . . . . . . . . . . 95 v. H.,
„ 2. „ . . . . . . . . . . . . 95 „
„ 3. „ . . . . . . . . . . . . 98 „
„ 4. „ . . . . . . . . . . . . 100 „
„ 5. „ . . . . . . . . . . . . 100 „

wenn sie Militäranwärter sind:

im 1. Anwärterdienstjahr . . . . . . . . . . . . 95 v. H.,
„ 2. „ . . . . . . . . . . . . 98 „
„ 3. „ . . . . . . . . . . . . 100 „
„ 4. „ . . . . . . . . . . . . 100 „

des Anfangsgrundgehalts nebst Ausgleichszuschlägen (ohne Frauenbeihilfe) derjenigen Gruppe, in der sie beim regelmäßigen Verlauf ihrer Dienstlaufbahn zuerst planmäßig angestellt werden. Bei Anwärterinnen auf Stellen, die in der Besoldungsordnung mit einem † bezeichnet sind, ist der Berechnung dieses Notzuschlages das um 10 v. H. gekürzte Anfangsgrundgehalt solcher Stellen zugrunde zu legen.

(4) Die Grundvergütungen an sich berechnen sich danach auch künftig lediglich nach den in der Anl. 3 festgesetzten Hundertsätzen des Anfangsgrundgehalts der betreffenden Besoldungsgruppe. Unter Berücksichtigung des Notzuschlages ist jedoch künftig bei der Anweisung und Buchung davon auszugehen, daß die Grundvergütungen betragen

bei nichtplanmäßigen Staatsbeamten, wenn sie Militäranwärter sind:
95, 98, 100, 100 v. H.,

wenn sie Zivilanwärter sind: 95, 95, 98, 100, 100 v. H.

des Anfangsgrundgehalts der betreffenden Besoldungsgruppe.

(5) In den Fällen der Ziff. 148 Abs. 2 und 3 sind dagegen bei Berechnung des Anwärterdienstalters die in Anl. 3 vorgesehenen Grundvergütungssätze (70, 80, 85, 90, 95 v. H.) zugrunde zu legen.

(6) Militäranwärter sind Stellenanwärter im Sinne des BDEG. und dieser BV. nur, wenn sie nach Ziff. 140 und 141 endgültig in den Zivilstaatsdienst übernommen sind. Ihre Eigenschaft als Stellenanwärter im Sinne der Anstellungsgrundsätze ist für die Bemessung ihrer Bezüge ohne Bedeutung.

(7) Die für Militäranwärter vorgesehenen Sätze gelten nur für die in Ziff. 28 Satz 1 bezeichneten Inhaber des Zivilversorgungsscheins, des Zivildienstscheins und des Polizeiversorgungsscheins. Den Inhabern des Anstellungsscheins, des Beamtenscheins, des Zivildienstscheins gemäß § 61 des Wehrmachtsversorgungsgesetzes (ehemalige Offiziere) und des Forstversorgungsscheins werden die Bezüge der Zivilanwärter gewährt.

(8) Die Bezüge der nichtplanmäßigen Beamten die nicht zu den Stellenanwärtern zählen, werden von dem Fachminister geregelt, sie dürfen aber die Höchstsätze der Dienstbezüge der entsprechenden nichtplanmäßigen Beamten (Anl. 3 des BDEG. und Abs. 3 dieser Ziffer) nicht übersteigen. Diese Bestimmung bezieht sich nicht auf Beamte im Vorbereitungsdienst.

**126a.** (1) **Durch die in Ziff. 85a aufgeführten Gesetze und Verordnungen sind mit Wirkung von den dort angegebenen Zeitpunkten ab neue Grundvergütungssätze in Kraft gesetzt worden (Anl. 3).**

(2) Das AnwDA. und die AnwDZ. (vgl. Ziff. 137) werden dadurch nicht berührt. Die Vorschriften in Ziff. 85b sind sinngemäß anzuwenden.

**127.** (1) Ist ein Zivilanwärter bis zur Vollendung des fünften Anwärterdienstjahrs, ein Militäranwärter bis zur Vollendung des vierten Anwärterdienstjahrs noch nicht planmäßig angestellt, so erhält bei voller Beschäftigung der Zivilanwärter vom Beginne des sechsten, der Militäranwärter vom Beginne des fünften Anwärterdienstjahrs an nach Dienstaltersstufen mit zweijähriger Aufrückungsfrist steigend eine Grundvergütung in der Höhe der Grundgehaltssätze derjenigen Besoldungsgruppe, in der er beim regelmäßigen Verlauf seiner Dienstlaufbahn zuerst planmäßig angestellt wird.

(2) Die wissenschaftlichen Assistenten mit planmäßiger Vergütung an den wissenschaftlichen Hochschulen und die ihnen nach § 11 Abs. 1 BDEG. gleichgestellten Hilfskräfte der wissenschaftlichen Hochschulen, Anstalten und Institute erhalten die Grundvergütung der Stellenanwärter nach Gruppe 10 und von Vollendung des fünften Dienstjahrs an eine Grundvergütung, die in ihrer Höhe den Grundgehaltssätzen der planmäßigen Beamten in Gruppe 10 entspricht.

**128.** Anwärter erhalten die in Ziff. 126 vorgesehenen Bezüge auch dann, wenn sie in Stellen einer anderen Besoldungsgruppe verwendet werden. Sie erhalten die Bezüge nur einmal, auch wenn sie gleichzeitig mehrere Stellen versehen.

**129.** Weibliche Beamte in Stellen, die in der Besoldungsordnung mit einem † bezeichnet sind, erhalten die Grundvergütung um 10 v. H. gekürzt.

**130.** (1) Planmäßige Beamte, die in einer anderen Dienststelle nichtplanmäßig beschäftigt werden, gelten nicht als nichtplanmäßige Beamte. Sie erhalten neben den Bezügen ihrer planmäßigen Stelle die ihnen etwa gesetz- und verordnungsmäßig zustehenden Tagegelder oder sonstigen Bezüge.

(2) Nichtvollbesoldete Medizinalräte und nichtvollbesoldete Veterinärräte erhalten bei nichtplanmäßiger Beschäftigung in einer vollbesoldeten Dienststelle (z. B. als Regierungs- und Medizinalrat, Regierungs- und Veterinärrat usw.) die Bezüge der vollbesoldeten Medizinalräte oder Veterinärräte, **und zwar aus der Gruppe, in der sie sich als nichtvollbesoldete Medizinalräte oder Veterinärräte befinden,** unter Berücksichtigung der Vorschriften in Ziff. 79 und daneben die ihnen etwa gesetzlich oder verordnungsmäßig zustehenden Tagegelder oder sonstigen Bezüge.

(3) Nichtplanmäßige Beamte, die in einer anderen Dienststelle verwendet werden, erhalten, wenn und solange sie nicht in eine Stelle der sie verwendenden Behörde versetzt werden, die Bezüge ihrer bisherigen nichtplanmäßigen Stelle und daneben die ihnen etwa gesetz- und verordnungsmäßig zustehenden Tagegelder oder sonstigen Bezüge. Werden sie anderswo als bei der sie verwendenden Behörde planmäßig angestellt, so gilt von da an Abs. 1.

(4) Abs. 1 und 3 gelten sinngemäß für planmäßige und nichtplanmäßige Beamte des Reichs oder der Länder, die in einer Stelle des Staatsdienstes nichtplanmäßig verwendet werden. Für planmäßige Beamte oder Anwärter der öffentlichen Körperschaften gilt Abs. 1 und 3 nur dann, wenn ihre bisherigen Bezüge denen gleichwertiger oder gleichartiger Staatsbeamten entsprechen.

### B. Dienstaltersstufen.

**131.** (1) Die Grundvergütung steigt bei nichtplanmäßigen Beamten gemäß Anl. 3 BDEG. bis zum Erreichen des Anfangsgrundgehalts der planmäßigen Beamten und von da an von zwei zu zwei Jahren gemäß Ziff. 6.

(2) Die höheren Grundvergütungssätze werden jeweilig vom Ersten des Kalendermonats an gezahlt, in den der Eintritt in die neue Dienstaltersstufe fällt (§ **13** Abs. 1 BDEG.).

**132.** Die nichtplanmäßigen Beamten haben auf die Dienstalterszulage einen Rechtsanspruch.

**133.** (1) Eine Dienstalterszulage kann versagt werden, wenn gegen das dienstliche oder außerdienstliche Verhalten des Beamten eine erhebliche Ausstellung vorliegt (§ **13** Abs. 2 BDEG.).

(2) Vor der Versagung ist dem Beamten Gelegenheit zu geben, sich zu den Gründen der beabsichtigten Maßregel zu äußern. Vor dem Versagen ist ferner die örtliche Beamtenvertretung zu hören. Wird das Aufrücken versagt, so sind dem Beamten die Gründe hierfür schriftlich zu eröffnen (**§ 13** Abs. 3 BDEG.).

(3) Gegen die Versagung, sofern sie nicht von der obersten Verwaltungsbehörde verfügt ist, steht dem Beamten die Beschwerde an diese zu (**§ 13** Abs. 4 BDEG.).

(4) Wird der Beschwerde stattgegeben, so ist die Dienstalterszulage rückwirkend zu gewähren.

(5) Die Versagung einer Dienstalterszulage wird wirksam, sobald dem Beamten die entsprechende schriftliche Verfügung zugeht.

(6) Eine Dienstalterszulage kann nach ihrer Fälligkeit nicht mehr versagt werden.

**134.** (1) Sind die Ausstellungen, auf Grund deren eine Dienstalterszulage versagt worden ist, wieder behoben, so ist die Dienstalterszulage wieder zu bewilligen, und zwar vom ersten Tage des Kalendermonats an, in dem die Bewilligungsverfügung ergeht,

(2) Aus besonderen Gründen kann die versagte Dienstalterszulage von einem früheren Zeitpunkt an gewährt werden. Eine Anweisung für rückliegende Rechnungsjahre bedarf der Genehmigung der obersten Verwaltungsbehörde.

**135.** Die Versagung einer Dienstalterszulage wirkt ohne weiteres nur für ein Jahr. Nach Vollendung des nächsten Anwärterdienstjahrs erhält der Beamte wieder den seinem vollen Anwärterdienstalter entsprechenden Grundvergütungssatz, wenn nicht neuerdings die Versagung verfügt wird.

**136.** (1) Die Ziff. 8 bis 9a gelten für die nichtplanmäßigen Beamten sinngemäß.

(2) Eine fällig gewordene Dienstalterszulage wird aber nicht berücksichtigt, wenn die Voraussetzungen für die Versagung der Dienstalterszulage am Fälligkeitstage gegeben waren. Das Recht der Beschwerde nach Ziff. 133 Abs. 3 steht in diesem Falle nach dem Ableben des Beamten demjenigen zu, der zum Empfange der Nachzahlung oder der erhöhten Hinterbliebenenbezüge berechtigt wäre.

**136a. Fällt fort.**

## C. Anwärterdienstalter (AnwDA.) und Anwärterdienstzeit (AnwDZ.).

### I. Allgemeines.

**137.** (1) Der Tag, auf den das AnwDA. eines nichtplanmäßigen Beamten festgesetzt wird, bezeichnet den Zeitpunkt, welcher der Berechnung der dem Beamten in seiner Anwärtergruppe zukommenden Dienstaltersstufe zugrunde gelegt wird. Von diesem Zeitpunkt an sind die Zeitabschnitte für das Verbleiben in den Dienstaltersstufen zu rechnen.

(2) Der Tag, auf den der Beginn der AnwDZ. eines nichtplanmäßigen Beamten festgesetzt wird, bezeichnet den Zeitpunkt, von dem an die im § 14 Abs. 2 Satz 1 BDEG. bezeichnete Frist für die planmäßige Anstellung rechnet.

(3) Hat nach Inkrafttreten des § 14 Abs. 2 Satz I BDEG. ein Anwärter die dort bezeichnete Anwärterdienstzeit noch nicht zurückgelegt, wohl aber bereits ein AnwDA. von mehr als fünf (vier) Jahren erreicht, so gilt für ihn auch weiterhin die Bestimmung in Ziff. 127 und 20.

**138.** (1) Die Vorschriften des BDEG. und dieser BV. über die Berechnung des AnwDA. und der AnwDZ. gelten für alle Beamten, die mit Wirkung vom 1. 4. 1920 oder einem späteren Zeitpunkt Anwärter geworden oder ohne voraufgegangene Anwärterdienstzeit zur planmäßigen Anstellung gelangt sind (Ziff. 24).

(2) Auf die anderen am 1. 4. 1920 vorhandenen Anwärter finden diese Vorschriften hinsichtlich der nach dem 31. 3. 1920 zurückgelegten Dienstzeit in vollem Umfange, für die Vergangenheit dagegen nur dann Anwendung, wenn sich daraus insgesamt eine Verbesserung des AnwDA. oder der AnwDZ. ergibt. Auf planmäßige Beamte, die zugleich Anwärter auf eine andere planmäßige Stelle sind, finden die Bestimmungen erst nach dem Ausscheiden aus ihrer bisherigen Stelle Anwendung.

**139.** Ziff. 14 bis 19 gelten sinngemäß für die Festsetzung des AnwDA. und der AnwDZ.

## II. Berechnung des AnwDA. und der AnwDZ.

### a. Beginn.

**140.** (1) Das AnwDA. und die AnwDZ. beginnen mit dem Tage, mit dem der endgültig in den Staatsdienst übernommene Beamte nach erlangter Befähigung für das Amt die Anwartschaft erhalten hat, in eine entsprechende planmäßige Stelle einzurücken, soweit nicht in diesen BB. etwas Günstigeres bestimmt oder zugelassen ist.

(2) Wenn ein nichtplanmäßiger Beamter den Dienst bei einer Behörde mit dem Beginn eines Monats antreten sollte, ihn aber, weil der Erste des Monats ein Sonntag oder ein allgemeiner Feiertag war, erst am darauffolgenden Werktag angetreten hat, so ist der Beginn des AnwDA. und der Anw.DZ so festzusetzen, als wenn der Dienst am ersten Tage des Monats angetreten wäre.

**141.** (1) Für alle in regelmäßiger Laufbahn anzustellenden Beamten des nichttechnischen Sekretariats-, Kassen- und Rechnungsdienstes sowie des Registraturdienstes gilt als Zeitpunkt für den Beginn des AnwDA.:

a) bei den aus der Klasse der Zivilsupernumerare oder der Justizanwärter hervorgehenden Beamten der Ablauf dreier Jahre seit Beginn des Vorbereitungsdienstes, soweit nicht der Vorbereitungsdienst auf eigenen Wunsch des Beamten, wegen unzureichender Befähigung oder aus einem sonstigen in der Person des Beamten liegenden Grunde — ausgenommen Krankheit — über drei Jahre hinaus verlängert wird;

b) bei den aus der Klasse der Militäranwärter hervorgehenden Beamten der Tag der endgültigen Übernahme in den Zivilstaatsdienst, frühestens jedoch ein Jahr nach Beginn der Probedienstzeit.

(2) Die Vorschrift des Abs. **1** gilt sinngemäß für die den dort genannten Beamtengattungen gleichartigen Beamtengattungen mit der Maßgabe, daß an Stelle des Zeitraums von drei Jahren der in den Ausbildungsvorschriften etwa vorgesehene kürzere Vorbereitungsdienst, mindestens jedoch der Zeitraum von einem Jahre, tritt.

(3) Für Beamte, für die eine besondere Vorbereitung nicht vorgeschrieben ist, gilt als Beginn des AnwDA. und der AnwDZ. der Tag der endgültigen Übernahme in den Zivilstaatsdienst, auch soweit sie nicht Militäranwärter sind.

**142.** In den von Ziff. **141** nicht getroffenen Fällen bleiben die besonderen Vorschriften über die Berechnung des AnwDA. und der AnwDZ. der anzustellenden Beamten unberührt, soweit sie nicht durch diese BB. geregelt werden.

**143.** (1) Als Zeitpunkt für den Beginn des AnwDA. und der AnwDZ. der nach mindestens zweijährigem juristischen Vorbereitungsdienst unmittelbar zu den Anwärtern für eine Stelle der Gruppe 7 übertretenden Gerichtsreferendare gilt der Ablauf des zweiten Jahres nach Beginn des juristischen Vorbereitungsdienstes zuzüglich des vor der Übernahme in das Anwärterverhältnis abgeleisteten Probedienstes. Unterbrechungen des juristischen Vorbereitungsdienstes, die in den zweijährigen Zeitraum fallen und auf den Vorbereitungsdienst nicht angerechnet sind, bleiben außer Betracht.

(2) Als Zeitpunkt für den Beginn des AnwDA. und der AnwDZ. der nicht zu den planmäßigen Beamten zählenden Anwärter für die Amtsanwaltslaufbahn gilt die Ablegung der Amtsanwaltsprüfung oder der frühere Beginn der Dienstzeit als Amtsanwalt im Hauptamt.

**144.** Von der nach Ziff. 151 ff. angerechneten Zeit, und soweit eine solche nicht vorhanden ist, von dem AnwDA. und der AnwDZ., ist bei den Beamten der Besoldungsgruppen 1 bis 8, die nicht unter Ziff. 141 Abs. 1, 2 fallen, stets ein Jahr — bei Militäranwärtern (Ziff. 28), Inhabern des Anstellungsscheins (§ 17 des Mannschaftsversorgungsgesetzes v. 31. 5. 1906) und Inhabern des Beamtenscheins (§ 33 des Reichsversorgungsgesetzes v. 12. 5. 1920) ein halbes Jahr (183 Tage) — als Vorbereitungszeit abzuziehen. Das gilt auch, wenn die angeordnete oder zugelassene Vorbereitungszeit mehr oder weniger als ein Jahr — bei Militäranwärtern, Inhabern des Anstellungsscheins oder des Beamtenscheins mehr oder weniger als ein halbes Jahr — beträgt.

**145.** (1) Die vor dem vollendeten 20. Lebensjahre verbrachte Dienstzeit wird weder auf das AnwDA. noch als AnwDZ. angerechnet.

(2) Dies gilt nicht für die Beamten, die bis zum 1. 4. 1921 als nichtplanmäßige Beamte eingestellt worden sind, hinsichtlich der Zeit, während der sie Tagegelder (Vergütungen) bezogen haben.

**146.** Die Vorbereitungszeit der nichttechnischen Zivilanwärter ist grundsätzlich unentgeltlich abzuleisten, auch wenn vor derselben eine Beschäftigungszeit liegt, die auf die AnwDZ. angerechnet wird. Werden in besonderen Fällen während der Vorbereitungszeit Vergütungen oder widerrufliche Unterhaltszuschüsse gewährt, so werden, selbst wenn die Zuschüsse die Höhe der Mindestgrundvergütungen (Anl. 3 BDEG.) erreichen, die Fristen für das Aufrücken in den Grundvergütungsstufen der Anwärter nicht in Lauf gesetzt.

b. Verlauf.

**147.** (1) Ist ein Beamter aus einer nichtplanmäßigen Stelle des Staatsdienstes freiwillig ausgeschieden oder ist sein früheres Beamtenverhältnis durch Dienstentlassung gelöst worden, so darf im Falle seiner Wiedereinstellung als nichtplanmäßiger Beamter bei der Festsetzung des AnwDA. und der AnwDZ. auf die nichtplanmäßige Dienstzeit und auf die Höhe der Dienstbezüge in der früheren Stelle in der Regel keine Rücksicht genommen werden. Nichtplanmäßige Beamte, die ihre Stelle freiwillig aufgeben wollen, sollen hierauf ausdrücklich hingewiesen werden.

(2) Ziff. 57 Abs. 2 und 3 mit Ziff. 31 gilt sinngemäß.

**148.** (1) Beim Übertritt zu den Anwärtern für andere Stellen derselben Besoldungsgruppe in demselben oder einem anderen Zweige des Staatsdienstes bleibt das AnwDA. und die AnwDZ. grundsätzlich unverändert. Beide oder eines von beiden können jedoch entsprechend gekürzt werden, wenn der Anwärter sich sonst erheblich günstiger stehen würde als der Durchschnitt der gleichaltrigen Anwärter des neuen Dienstes (Ziff. 23 findet Anwendung).

(2) Beim Übertritt zu den Anwärtern einer niedrigeren Besoldungsgruppe findet Ziff. 40 sinngemäß Anwendung.

(3) Erwirbt der Anwärter die Anwartschaft für Stellen einer höheren Besoldungsgruppe in dem gleichen oder einem neuen Zweige des Staatsdienstes, so wird nach seiner Übernahme zu den Anwärtern der höheren Be-

soldungsgruppe das AnwDA. und die AnwDZ. nach Maßgabe des § 14 Abs. 3 in Verbindung mit § 3 Abs. 5 BDEG. festgesetzt.

(4) Bei nichtplanmäßigen Reichs- und Landesbeamten gilt hierbei Ziff. 58 und 59 sinngemäß.

**149.** (1) Solange der Anwärter die bisherige Anwartschaft beibehält, bleibt sein AnwDA. und seine AnwDZ. unverändert, auch wenn er in einem anderen Zweige des Staatsdienstes, im Reichsdienst, im Dienste eines der Länder oder im Dienste einer sonstigen öffentlichen Körperschaft beschäftigt wird, jedoch kann eine Kürzung des AnwDA. oder der AnwDZ. oder beider bei der Beurlaubung vorbehalten und mit Zustimmung des Fachministers angeordnet werden.

(2) Inwieweit bei sonstigen Beurlaubungen zu einer Beschäftigung außerhalb des Staatsdienstes die Urlaubszeit auf das AnwDA. und die AnwDZ. oder eine von beiden anzurechnen ist, bestimmt der Fachminister.

### c. Anrechnung von Militär- und Marinedienstzeit.

**150.** (1) Den Zivilanwärtern wird die in Erfüllung der gesetzlichen Dienstpflicht abgeleistete Militär- und Marinedienstzeit bis zur Dauer eines Jahres, allen Anwärtern wird die Zeit des Kriegsdienstes, eines dem Kriegsdienst nach Ziff. 70 und 71 gleichzuachtenden Dienstes sowie eines nach Ziff. 32c bis f anzurechnenden Dienstes unbeschränkt auf das AnwDA. und die AnwDZ. angerechnet, soweit sie nach dem tatsächlichen Beginn der Anwärterdienstzeit abgeleistet sind.

(2) Sind sie vorher abgeleistet, so erfolgt die Anrechnung insoweit, als durch die Dienstleistung der Beginn des AnwDA. und der AnwDZ. nachweislich verzögert worden ist; Ziff. 65 bis 69 gelten entsprechend.

### d. Anrechnnng einer der Übernahme ins Anwärterverhältnis unmittelbar voraufgegangenen Dienstzeit als Angestellter oder Hilfsbeamter.

**151.** Nach Maßgabe der folgenden Bestimmungen wird auf das AnwDA. und die AnwDZ. auch eine Beschäftigung gegen Lohn oder Schreibgebühren angerechnet, die im privatrechtlichen Vertragsverhältnis eines Dienstverpflichteten geleistet ist, sofern der Beamte mit Aussicht auf dauernde Verwendung ständig und hauptsächlich mit den Dienstverrichtungen eines Beamten betraut gewesen ist (vgl. Ziff. 154) und diese Beschäftigung im unmittelbaren Anschluß daran bei dem gleichen Dienstzweig zur Übernahme in das Beamtenverhältnis geführt hat. Dabei bleiben unberücksichtigt:

a) in den den Militäranwärtern ausschließlich oder zum Teil vorbehaltenen Stellen der Besoldungsgruppen 1 bis 6 die vor dem vollendeten 24. Lebensjahre zurückgelegte Dienstzeit,

b) in den übrigen nichttechnischen Dienstzweigen und denjenigen technischen Dienstzweigen, für die ein Supernumerariat vorgeschrieben ist, die vor dem vollendeten 20. Lebensjahre liegende Dienstzeit,

c) bei den in technischen Dienstzweigen beschäftigten Personen, soweit sie nicht bei b genannt sind, die vor Ablegung der für die Anstellung vorgeschriebenen Prüfung liegende Dienstzeit.

**152.** (1) Inwieweit einem Anwärter eine Aussicht auf dauernde Verwendung eröffnet werden kann, regeln die einzelnen Fachminister im Einvernehmen mit dem Finanzminister. Wird einem Anwärter die Aussicht eröffnet, so ist dies aktenkundig zu machen.

(2) Die Vorschrift des Abs. 1 tritt erst mit Wirkung vom 1. 4. 1922 in Kraft. Unter welchen Voraussetzungen bei den bis dahin eingestellten Anwärtern angenommen werden kann, daß sie mit Aussicht auf dauernde Verwendung beschäftigt worden sind, bestimmt der Fachminister. Der Fachminister kann im Einvernehmen mit dem Finanzminister von dem Erfordernisse der Aussicht auf dauernde Verwendung absehen.

**153.** (1) Außer Betracht bleibt — unbeschadet der Vorschriften in Ziff. 155 und 156 — die Zeit, in der die Übernahme in das Beamtenverhältnis auf eigenen Wunsch des Angestellten, wegen unzureichender Befähigung oder aus einem sonstigen in seiner Person liegenden Grunde — ausgenommen Krankheit — unterblieben ist.

(2) Bei denjenigen Angestellten, die ohne die vorgeschriebenen Vorbedingungen und ohne die vorgeschriebene Ausbildungszeit ausnahmsweise in das Beamtenverhältnis übernommen sind, bleibt ferner von der nach dem vollendeten 20. oder 24. Lebensjahr zurückgelegten Dienstzeit ein Zeitraum außer Betracht, der der vorgeschriebenen Ausbildungszeit des Beamten entspricht, in dessen Stelle er angestellt wird, oder, wenn für diesen in der einen Verwaltung eine Ausbildungszeit nicht vorgeschrieben ist, eines gleich zu bewertenden Beamten einer anderen Verwaltung, der eine Ausbildungszeit zurückzulegen hatte.

**154.** Daß der Anwärter ständig und hauptsächlich mit den Dienstverrichtungen eines Beamten betraut war, ist dann anzunehmen, wenn er voll beschäftigt worden ist, und zwar überwiegend mit Arbeiten, die seiner Ausbildung für die spätere Diensttätigkeit förderlich gewesen sind.

**155.** (1) Zu der Annahme, daß die Beschäftigung im unmittelbaren Anschluß bei dem gleichen Dienstzweig zur Übernahme in das — planmäßige oder nichtplanmäßige — Beamtenverhältnis geführt hat, ist es erforderlich, daß die Beschäftigung weder unmittelbar vor der Übernahme in das Beamtenverhältnis noch zu einer früheren Zeit erheblich unterbrochen worden ist.

(2) Die vor einer erheblichen Unterbrechung liegende Beschäftigungszeit gilt nicht als Zeit einer nichtplanmäßigen Beschäftigung. Ausnahmen sind nur mit Genehmigung des Fachministers im Einverständnis mit dem Finanzminister zulässig.

(3) Als erhebliche Unterbrechung ist hierbei nicht anzusehen:

a) die Zeit eines Militär- oder Marinedienstes, eines Kriegsdienstes (vgl. Ziff. 70 und 71) oder eines nach Ziff. 32c bis f anzurechnenden Dienstes,
b) die Zeit vor und nach Ableistung eines unter a genannten Dienstes, wenn sie je einen Monat nicht übersteigt,
c) die Zeit einer Krankheit und eine angemessene Erholungszeit nach einer Krankheit,
d) die Zeit eines mit Fortbezug der Entlohnung gewährten Urlaubs,
e) die Zeit eines Urlaubs ohne Entlohnung von nicht mehr als einem Monat,
f) die Zeit einer Unterbrechung ohne Urlaub von nicht mehr als einem Monat aus irgendeinem anderen billigerweise zu berücksichtigenden Grunde,
g) bei den Landtagsstenographen und -amtsgehilfen die Zeit einer Unterbrechung der Parlamentsarbeit infolge Vertagung oder Neuwahl.

**156.** (1) Von den Zeitabschnitten, die nach Ziff. 155 Abs. 3 nicht als erhebliche Unterbrechung der auf die AnwDZ. anzurechnenden Beschäftigung anzusehen sind, werden angerechnet:

die Zeiten unter a in entsprechender Anwendung der Ziff. 150 Abs. 1,
die Zeiten unter d auf das AnwDA. und die AnwDZ.,
die Zeiten unter c, soweit sie 90 Tage nicht überschreiten, auf das AnwDA. und die AnwDZ., darüber hinaus nur auf das AnwDA.,
die Zeiten unter b, e, f und g weder auf das AnwDA. noch die AnwDZ.

(2) Zwischenzeiten von weniger als einer Woche, die zwischen anzurechnenden Zeitabschnitten liegen, werden mitangerechnet.

(3) Zeitabschnitte der in Abs. 1, 2 bezeichneten Art — ausgenommen eine nach Ziff. 150 Abs. 1 anzurechnende Dienstzeit — dürfen höchstens mit insgesamt 2 Jahren als AnwDZ. angerechnet werden. Diese Einschränkung bezieht sich nicht auf das AnwDA.

**157.** (1) Auf das AnwDA. und die AnwDZ. wird die zur Erlangung einer Stelle der Besoldungsgruppe 6 oder 7 herkömmlich im Bureau-, Kassen- oder Registraturdienst vor der Einberufung in den Staatsdienst bei einer Behörde der betreffenden Verwaltung oder bei sonstigen Dienststellen des Reichs-, Staats- oder Kommunaldienstes verbrachte Zeit angerechnet, insoweit sie nach Erfüllung der allgemeinen Zulassungsbedingungen für die Laufbahn zurückgelegt und der Ausbildung des Anwärters für die spätere Diensttätigkeit förderlich gewesen ist. Daß die Tätigkeit eine entgeltliche war, ist nicht Voraussetzung für die Anrechnung. Die Altersgrenze Ziff. 151 Satz 2 findet Anwendung.

(2) Abs. 1 gilt auch für die beim Inkrafttreten des BDEG. vorhanden gewesenen Beamten.

**158.** Die vorstehenden Bestimmungen finden entsprechende Anwendung, wenn der Beamte nicht im vertraglichen Dienstverhältnis, sondern als Hilfsbeamter ohne Anwärtereigenschaft angenommen war.

e. Berücksichtigung von Ausbildungszeit auf einer wissenschaftlichen Hochschule.

**159.** (1) Den Anwärtern für eine Stelle der Besoldungsgruppen 9 und 10 wird die in den Ausbildungs- und Prüfungsvorschriften vorgesehene Zeit

a) der praktischen Beschäftigung, soweit sie nicht in den Hochschulferien abgeleistet ist,
b) des Hochschulstudiums,
c) der nachfolgenden Vorbereitungszeit,
d) der notwendigen Prüfungszeit,

soweit die Gesamtsumme der unter a bis d genannten Zeiten 4 Jahre übersteigt, auf das AnwDA., nicht auch auf die AnwDZ. angerechnet.

(2) Ob und welche Zeit hiernach als Prüfungszeit bei den einzelnen Verwaltungen anzurechnen ist, bestimmt der Fachminister im Einvernehmen mit dem Finanzminister.

(3) Nicht anrechnungsfähig ist

a) die Zeit, die der Beamte länger als vorgeschrieben auf der Hochschule zugebracht hat,
b) die Zeit, die der Beamte dadurch verloren hat, daß er die eine oder die andere Prüfung beim ersten Versuch nicht bestanden hat.

(4) Bestehen für Laufbahnen, die eine abgeschlossene Hochschulbildung voraussetzen, keine bestimmten Vorschriften für die auf das Hochschulstudium folgende Vorbereitungszeit, so wird hierfür höchstens die Zeit angerechnet, die nach einer Vereinbarung zwischen dem Fach- und dem Finanzminister als herkömmlich festgesetzt worden ist.

(5) Diese Bestimmungen gelten auch für die am 31. 3. 1920 bereits planmäßig angestellten Beamten.

(6) Die im Abs. 1 genannten Personen können erst dann die Grundvergütungssätze der Gruppe 10 erhalten, wenn sie als Beamte im Staatsdienst voll beschäftigt sind, die etwa vorgeschriebene zweite (letzte) Staatsprüfung mit Erfolg abgelegt und den — vor oder nach der zweiten (letzten) Staatsprüfung — vorgeschriebenen Vorbereitungsdienst zurückgelegt haben.

### f. Anrechnung sonstiger Beschäftigungszeiten.

**160.** (1) Ob und inwieweit sonst zum Ausgleich von Härten der Dienstzeit in einem anderen Zweige des Staatsdienstes, im Reichsdienste oder im Dienste eines der Länder, eine außerhalb des Staatsbeamtenverhältnisses zurückgelegte Dienstzeit oder die Zeit einer praktischen Beschäftigung auf das AnwDA. oder die AnwDZ. oder auf beide angerechnet werden kann, bestimmt der Fachminister im Einvernehmen mit dem Finanzminister.

(2) Die Anrechnung soll nicht erfolgen, soweit sich der Beamte dadurch günstiger stehen würde als der Durchschnitt der gleichaltrigen Anwärter, die die regelmäßige Dienstlaufbahn zurückgelegt haben. Ziff. 23 Abs. 2 gilt entsprechend.

**161.** Wird ein nichtplanmäßiger Beamter des Reichs oder eines der Länder sogleich in eine planmäßige Stelle des Staatsdienstes übernommen, so darf er nicht schlechter gestellt werden, als wenn er zunächst in eine nichtplanmäßige Stelle des Staatsdienstes übernommen worden wäre.

Beispiel:

Ein nichtplanmäßiger Beamter des Reichs (nicht Militäranwärter) wird in eine planmäßige Stelle des Staatsdienstes übernommen; wäre er statt dessen in eine nichtplanmäßige Stelle desselben Dienstzweiges übernommen worden, so hätte er ein AnwDA. von sechs Jahren erhalten. In diesem Falle ist dem Beamten ein Jahr auf das BDA. anzurechnen.

### g. Kürzung des AnwDA. und der AnwDZ.

**162.** Verzögert sich die planmäßige Anstellung des Anwärters auf seinen eigenen Wunsch, wegen unzureichender Befähigung oder aus einem sonstigen in seiner Person liegenden Grunde — ausgenommen Krankheit —, so ist das AnwDA. und die AnwDZ. um den Zeitraum der Verzögerung zu kürzen; er rückt also zunächst in seiner Grundvergütung nicht auf (vgl. Ziff. 21 Abs. 2 bis 4).

## D. Besondere Fälle.

### a. Wissenschaftliche Assistenten an den wissenschaftlichen Hochschulen.

**163.** (1) Das Vergütungsdienstalter beginnt mit dem Tage der endgültigen Übertragung der Stelle, soweit im folgenden nicht etwas anderes bestimmt oder zugelassen ist. Grundsätzlich kann auf das Vergütungsdienstalter nur eine Dienstzeit angerechnet werden, die abgeleistet ist nach einem auf einer wissenschaftlichen Hochschule zurückgelegten Studium von mindestens sechs Semestern und nach Erlangung der Doktorwürde oder, sofern diese bestimmungsgemäß nicht verlangt wird, nach Bestehen der maßgebenden Staats- oder Hochschulprüfung. Ausnahmen bedürfen der Genehmigung des Fachministers.

(2) Auf das Vergütungsdienstalter kann die nach Erfüllung der Bedingungen zu Abs. 1 Satz 2 ausgeübte Tätigkeit als Volontärassistent (ohne Vergütung) oder außerplanmäßiger Assistent (mit Vergütung) an einer reichsdeutschen wissenschaftlichen Hochschule, soweit sie zwei Jahre übersteigt, mit dem darüber hinausgehenden Beschäftigungszeitraum bis zur Höchstdauer von sieben Jahren angerechnet werden.

(3) Die nach Erfüllung der Bedingungen zu Abs. 1 Satz 2 als wissenschaftlicher Assistent oder in einer gleichwertigen Stellung an einer reichsdeutschen Hochschule, im Dienste des Reichs, des preußischen Staates, eines der Länder und im Kolonialdienst mit Beamteneigenschaft zugebrachte Beschäftigung wird auf das Vergütungsdienstalter angerechnet, und zwar auch dann, wenn diese Dienstzeiten infolge zeitweiligen Ausscheidens aus einer der oben gedachten Stellungen nicht unmittelbar zusammenhängen. Die unter denselben Voraussetzungen im Gemeinde- Kirchen- und Schuldienst oder im Dienste einer öffentlichen Körperschaft zurückgelegte Dienstzeit kann mit Zustimmuug des Finanzministers in derselben Weise angerechnet werden.

(4) Die nach Erfüllung der Bedingungen zu Abs. 1 Satz 2 an wissenschaftlichen Hochschulen, im Dienste des Reiches, des Staates, eines der Länder, im Kolonial-, Gemeinde-, Kirchen- und Schuldienst oder im Dienst einer öffentlichen Körperschaft ohne Beamteneigenschaft ausgeübte Tätigkeit, soweit es sich dabei nicht um eine der unter Abs. 2 gedachten Tätigkeiten handelt, und private Tätigkeit kann, soweit sie zwei Jahre übersteigt, mit dem darüber hinausgehenden Zeitraum bis zur Hälfte, höchstens aber mit sieben Jahren, auf das Vergütungsdienstalter angerechnet werden, wenn die Tätigkeit im Interesse der Vorbereitung für die Annahme als planmäßiger Assistent an einer preußischen Hochschule gelegen hat. Die Anrechnung der an ausländischen Hochschulen zurückgelegten Dienstzeit kann grundsätzlich nur dann in Frage kommen, wenn es sich um Hochschulen mit deutschem Charakter und deutscher Sprache handelt. Die Anrechnung kann nur mit Genehmigung des Fachministers erfolgen.

(5) Die Zeit von zwei Jahren, die nach Abs. 2 und 4 von vornherein nicht zur Berechnung kommt, bleibt, wenn die Voraussetzungen für die Anwendbarkeit beider Absätze vorliegen, nur einmal außer Ansatz.

(6) Soweit in Ausnahmefällen ein von den vorstehenden Grundsätzen abweichendes, für den Assistenten günstigeres Vergütungsdienstalter festgesetzt werden soll, bedarf es der Genehmigung des Fachministers im Einvernehmen mit dem Finanzminister.

### b. Den wissenschaftlichen Assistenten gleichgestellte Konstruktions-, Betriebs- und Oberingenieure an den technischen Hochschulen.

**164.** (1) Die Bestimmungen unter Ziff. 163 Abs. 1 bis 6 finden auf die den wissenschaftlichen Assistenten gleichgestellten Konstruktions-, Betriebs- und Oberingenieure sinngemäß Anwendung mit Ausnahme der Bestimmung unter 4, soweit sie sich auf die Zeit der privaten Tätigkeit erstreckt.

(2) Die nach Erfüllung der Bedingungen unter Ziff. 163 Abs. 1 Satz 2 ausgeübte private Tätigkeit kann, soweit sie zwei Jahre übersteigt, mit dem darüber hinausgehenden Zeitraum bis zur Höchstdauer von sieben Jahren auf das Vergütungsdienstalter angerechnet werden.

**165.** Zu Ziff. 163 und 164: (1) Für die Anrechnung von Kriegsdienstzeit gelten Ziff. 65 bis 71 entsprechend.

(2) Die Beschäftigung in einer entsprechenden Stellung an den Universitäten Frankfurt a. M. und Köln und an der Technischen Hochschule in Danzig wird derjenigen an den staatlichen preußischen Hochschulen gleichgestellt.

c. Sonstige den wissenschaftlichen Assistenten gleichgestellte Beamte.

**166.** Die Bestimmungen unter Ziff. 163 und 165 gelten für folgende den wissenschaftlichen Assistenten gleichgestellte Beamten:

a) im Bereiche der Bergverwaltung die Assistenten bei der Geologischen Landesanstalt in Berlin;

b) im Bereiche der landwirtschaftlichen Verwaltung die Assistenten bei den landwirtschaftlichen höheren Lehranstalten (Lehranstalt für Obst- und Gartenbau in Proskau und Lehranstalt für Wein-, Obst- und Gartenbau in Geisenheim), die Prosektoren, Apotheker und Oberassistenten an den tierärztlichen Hochschulen in Berlin und Hannover, die wissenschaftlich-technischen Hilfslehrer und die wissenschaftlich-technischen Hilfskräfte bei den landwirtschaftlichen Versuchs- und Forschungsanstalten in Landsberg a. W. (bisher bei dem Kaiser-Wilhelm-Institut für Landwirtschaft in Bromberg), die Assistenten am Institut für Binnenfischerei am Müggelsee;

c) im Bereiche der Verwaltung des Ministeriums für Wissenschaft, Kunst und Volksbildung die wissenschaftlichen Mitglieder und Assistenten beim Institut für experimentelle Therapie in Frankfurt a. M., den Assistenten an der Biologischen Anstalt auf Helgoland;

d) im Bereiche der Verwaltung des Ministeriums für Volkswohlfahrt die Assistenten beim Institut für Infektionskrankheiten „Robert Koch" in Berlin und bei den hygienischen Instituten in Beuthen, Saarbrücken und dem Ersatzinstitut für Posen und den Medizinaluntersuchungsämtern, die wissenschaftlichen Hilfsarbeiter bei der Landesanstalt für Wasserhygiene in Berlin-Dahlem.

## 2. Ortszuschlag und Dienstwohnung.

### a. Ortszuschlag.

**167.** Zur Grundvergütung der nichtplanmäßigen Beamten tritt als weiterer Bestandteil des Diensteinkommens ein Ortszuschlag in Höhe des Ortszuschlages, den sie als planmäßige Beamte in der ersten Gehaltsstufe derjenigen Besoldungsgruppe beziehen würden, in der sie bei regelmäßigem Verlauf ihrer Dienstlaufbahn zuerst planmäßig angestellt werden.

**Ist ein Zivilanwärter bis zur Vollendung des fünften Anwärterdienstjahres, ein Militäranwärter bis zur Vollendung des vierten Anwärterdienstjahres noch nicht planmäßig angestellt, so erhält der Zivilanwärter vom Beginne des sechsten, der Militäranwärter vom Beginne des fünften Anwärterdienstjahres an den Ortszuschlag, den sie als planmäßige Beamte in der von ihnen erreichten Vergütungsstufe beziehen**

**würden, in voller Höhe.** Für die wissenschaftlichen Assistenten mit planmäßiger Vergütung bei den wissenschaftlichen Hochschulen und die ihnen gleichgestellten Hilfskräfte der wissenschaftlichen Hochschulen, Anstalten und Institute beträgt der Ortszuschlag 100 v. H. des Ortszuschlags, den sie als planmäßige Beamte in der ersten Gehaltsstufe der Besoldungsgruppe 10 beziehen würden, und, sobald die ihnen gewährte Grundvergütung in ihrer Höhe den Grundgehaltssätzen dieser Besoldungsgruppe entspricht, 100 v. H. des Ortszuschlags, den sie als planmäßige Beamte in der von ihnen erreichten Vergütungsstufe beziehen würden.

**168 und 169.** Fortgefallen.

**170.** Ziff. 86 bis 96 gelten sinngemäß.

**171.** Auf die Vorrückung in höhere Ortszuschlaggruppen haben die nichtplanmäßigen Beamten keinen Rechtsanspruch (Ziff. 131 bis 133).

b. Dienstwohnung.

**172.** Wird den nichtplanmäßigen Beamten einschließlich der wissenschaftlichen Assistenten eine Dienstwohnung zugewiesen, so gelten die Ziff. 97 bis 102 sinngemäß.

**3. Sondervergütungen, Nebenbezüge und sonstige Vergünstigungen.**

**173.** Ziff. 103 bis 106 gelten sinngemäß für die nichtplanmäßigen Beamten.

## II.

## Kinderbeihilfen und Frauenbeihilfe.

**174.** Ziff. 107 bis **122c und 124a** gelten sinngemäß für die nichtplanmäßigen Beamten.

## III.

## Ausgleichszuschlag.

**175.** Ziff. 123 und 124 gelten sinngemäß.

**175a. Fällt fort.**

# Zweiter Teil: Zahlungsvorschriften.

**176.** (1) Die unmittelbaren Staatsbeamten, die eine planmäßige Stelle bekleiden, erhalten ihre Dienstbezüge, soweit sie ihnen in festen Barbezügen zustehen, aus der Staatskasse monatlich, bei Überweisung auf ein Konto vierteljährlich im voraus.

(2) Die nichtplanmäßigen Beamten (Stellenanwärter) erhalten ihre Dienstbezüge monatlich im voraus. Diese Bestimmung gilt nur für Beamte, die eine laufende Vergütung erhalten. Stellenanwärter, die nur eine Vergütung für die Dauer eines Beschäftigungsauftrags beziehen, und nichtplanmäßige Beamte, die noch keine Stellenanwärter sind, erhalten die Vergütung monatlich nachträglich gezahlt. Soweit bisher einzelnen noch nicht zu den Stellenanwärtern zählenden Beamten die Vergütung

monatlich im voraus gezahlt ist, bleibt es dabei. Den neu einberufenen Beamten ist jedoch, solange sie noch nicht zu den Stellenanwärtern zählen, die Vergütung monatlich nachträglich zu zahlen.

(3) Aus Anlaß der herrschenden Teuerungsverhältnisse kann der Finanzminister für die nichtplanmäßigen Beamten, die ihre Dienstbezüge monatlich nachträglich erhalten, unter Vorbehalt jederzeitigen Widerrufs eine abweichende Zahlungsweise der Bezüge anordnen.

(4) Die Dienstbezüge der planmäßigen Beamten werden nur dann vierteljährlich gezahlt, wenn der Beamte bei der zuständigen Kasse schriftlich die restlose Überweisung des Grundgehalts, des Ortszuschlags, der Kinderbeihilfen und des Ausgleichszuschlags und etwaiger sonstiger fortlaufender Bezüge auf ein Konto beantragt.

(5) **Der Finanzminister kann bestimmen, ob und in welchem Umfange die nach erfolgter Überweisung der Vierteljahrsbezüge fällig werdenden Dienstbezüge bar gezahlt werden.**

(6) Die Überweisung kann auf ein Bankkonto oder auf ein Postscheckkonto erfolgen. In den Anträgen auf Überweisung von Dienst- oder Versorgungsbezügen darf nur ein Bank- oder Sparkassen- oder Postscheckkonto bezeichnet werden. Anträge auf Überweisung der Bezüge in Teilen auf mehrere Konten sind wegen der damit verbundenen Belastung der Kassen nicht zulässig. Die an den Reichsbankgiroverkehr angeschlossenen Sparkassen und die als scheckfähig bezeichneten Genossenschaften, d. h. bankähnlichen Genossenschaften, die sich nach den für ihren Geschäftsbereich maßgebenden Bestimmungen mit der Annahme von Geld und der Leistung von Zahlungen für fremde Rechnung befassen, sind bei Zahlung von Dienstbezügen einem Bankhause gleichzuachten.

**176a.** Über die Abrundung der Zahlungen trifft der Finanzminister besondere Bestimmung.

**176b.** (1) **Die im voraus zahlbaren Dienstbezüge werden am letzten Werktage gezahlt, der dem Zeitabschnitt vorhergeht, für den die Zahlung bestimmt ist. Bei Halbmonatszahlungen umfaßt die erste Monatshälfte die Zeit vom 1. bis 15. eines jeden Monats.**

(2) **Der Fachminister kann im Einvernehmen mit dem Finanzminister für einzelne Kassen, die wegen der besonders großen Anzahl der von ihnen zu versorgenden Zahlungsempfänger die Auszahlungen nicht an einem Tage erledigen können, anordnen, daß diese Dienstbezüge an den letzten beiden Werktagen gezahlt werden.**

(3) **Die nachträglich zahlbaren Dienstbezüge werden am letzten Werktage des Zeitabschnitts, für den die Zahlung bestimmt ist, gezahlt.**

(4) **An Zahlungsempfänger, die am Zahlungstage beurlaubt sind und sich außerhalb ihres dienstlichen Wohnsitzes aufhalten, darf am Tage vor dem Beginn des Urlaubs, frühestens jedoch fünf Tage vor dem Zahlungstag (Abs. 1 und 3), gezahlt werden.**

(5) **Abs. 2 und 4 gelten nicht bei Überweisung der Dienstbezüge auf ein Konto.**

(6) **Durch vorstehende Bestimmungen wird der Zeitpunkt der Fälligkeit der Dienstbezüge nicht berührt.**

**177.** Damit die Beamten unter allen Umständen **am vorgeschriebenen Zahlungstage (Ziff. 176b)** über ihre Dienstbezüge verfügen können, ist folgendes bestimmt:

a. Zahlung im Girowege.

Die laufenden Bezüge sind auf das Reichsbankgirokonto der Bankhäuser oder Sparkassen an dem vierten des dem Zahlungstage vorhergehenden Werktage (also **bei im voraus zahlbaren Dienstbezügen z. B. am 27. 3., 26. 6., 26. 9.**) durch roten Scheck zu überweisen.

b. Zahlung im Postscheckverkehr.

(Überweisung auf ein Postscheckkonto.) Die laufenden Bezüge sind auf das Konto der Bezugsberechtigten bei einer nur an den Postscheckverkehr — nicht auch an den Reichsbankgiroverkehr — angeschlossenen Bank- oder Sparkasse am vierten des dem Zahlungstage vorhergehenden Werktage zu überweisen.

(Zahlung durch Schecks.) Damit auch bei Zahlungen von Gehältern, Ruhegehalts- und Hinterbliebenenbezügen im Postscheckverkehr die Empfangsberechtigten am Zahlungstage in den Besitz ihrer Bezüge gelangen, sind die Zahlungsanweisungen und Sammelschecks am vierten des dem Zahlungstage vorhergehenden Werktage an das Postscheckamt abzusenden.

## Dritter Teil: **Schlußvorschriften.**

**178.** Ergänzende Vorschriften für die Festsetzung des AnwDA. und der AnwDZ. der nichtplanmäßigen Forstbetriebsbeamten erläßt der Minister für Landwirtschaft, Domänen und Forsten im Einvernehmen mit dem Finanzminister.

**178 a.** (1) **Werden Beamte durch eine gesetzliche Änderung der im BDEG. geregelten Grundgehälter, Grundvergütungen, Ortszuschläge, Kinderbeihilfen und der dort geregelten Frauenbeihilfe oder durch eine gesetzliche Änderung ihrer Einreihung in die Besoldungsgruppen oder durch eine Änderung der PBV. mit rückwirkender Kraft schlechter gestellt, so sind die Unterschiedsbeträge nicht zurückzuerstatten.**

(2) **In allen übrigen Fällen, z. B. bei unrichtiger Eingruppierung eines Beamten oder bei unrichtiger Festsetzung des Besoldungsdienstalters, sind zuviel erhobene Dienstbezüge zurückzuzahlen.**

(3) **Bezüge im Sinne dieser Bestimmung sind außer den in Ziff. 1 und 125 genannten auch andere den Beamten mit Beziehung auf ihr Amt geleistete Zahlungen.**

(4) **Durch die Vorschrift im Abs. 2 wird bei Rückforderung zuviel erhobener Dienstbezüge usw. der Einwand, daß der Empfänger nicht mehr bereichert sei, ausgeschlossen, da diese Sonderbestimmung den Anspruch auf Rückerstattung solcher Beträge unabhängig von den allgemeinen gesetzlichen Bestimmungen, insbesondere dem § 818 Abs. 3 BGB. regelt. Bei Rückforderung solcher Beträge sind aber die wirtschaftlichen Verhältnisse des zur Rückzahlung verpflichteten Beamten zu berücksichtigen; durch Bewilligung entsprechender Teilzahlungen sind Härten zu vermeiden, jedoch sind die Teilzahlungen so zu bemessen, daß die Tilgung der Schuld**

**in einer angemessenen Zeit erfolgt. Von der Rückforderung zuviel erhobener Bezüge kann beim Vorliegen besonderer Billigkeitsgründe mit Zustimmung des Fachministers oder der von diesem bestimmten Behörde auch ganz oder teilweise abgesehen werden. Jedenfalls ist von der Rückforderung solcher Beträge dann Abstand zu nehmen, wenn sie nicht durch Anrechnung auf noch zahlbare Bezüge eingezogen werden können und das Einziehungsverfahren den Wert der zuviel erhobenen Bezüge übersteigende Kosten verursachen würde.**

**179.** (1) Diese BV. treten mit Wirkung vom 1. 4. 1920 in Kraft, soweit nicht bei den einzelnen Vorschriften bzw. im nachstehenden etwas anderes bestimmt ist.

(2) Die Ziff. 9a ,28 und 167 (und zwar die jetzigen Sätze 1 und 3) treten mit Wirkung vom 1. 4. 1922, die Ziff. 126 Abs. 3, 4, 5 und 176a mit Wirkung vom 1. 10. 1922, die Ziff. 176 Abs. 3 mit Wirkung vom 1. 1. 1923, die Ziff. 97 bis 102, 107 bis 122c, 124a mit Wirkung vom 1. 4. 1923, ab in Kraft*).

(3) Von den durch den ersten Nachtrag vom 30. 11. 1923 vorgenommenen Änderungen und Ergänzungen tritt die Änderung zu Ziff. 49 mit Wirkung vom 1. 4. 1920 ab in Kraft. Wegen der Inausgabebelassung etwa überzahlter Beträge — vgl. Abs. 3 des Begleiterlasses zur PBV. v. 19. 5. 1923 (Bes. 1479 — FMBl. Nr. 11 S. 267 —). Die Änderungen zu Ziff. 136 Abs. 1 treten mit Wirkung vom 1. 4. 1922, diejenigen zu Ziff. 9a, 93, 94, 94a, 109a, 110b, 113, 113a, 113c (jetzt 113 d),116, 118, 120, 121, 122, 122a, 122b, 123, 124, 124a, 176, 176a mit Wirkung vom 1. 7. 1923 in Kraft.

(4) Die durch den zweiten Nachtrag vorgenommenen Änderungen der Ziff. 97, 98 (Abs. 1 und 3), 99 (Abs. 1 und 2), 100 bis 102 gelten mit Wirkung vom 1. 1. 1924 ab die durch den dritten Nachtrag vorgenommenen der Ziff. 98 (Abs. 2) und 99 (Abs. 3) mit Wirkung vom 1. 4. 1924 ab, und die durch den vierten Nachtrag vorgenommene Erweiterung der Leistungspflicht — Ziff. 98 (Abs. 2), Buchstabe g — gilt mit Wirkung vom 1. 1. 1925 ab.

(5) **Von den in diesem Neudruck vorgenommenen Änderungen****) **treten die zu den Ziff. 27 (bisher Abs. 3 und 4), 30, 31, 47 bezüglich der Einfügung der Worte „zum 1. 4. 1920“, 50** und **167 mit Wirkung vom 1. 4. 1920, die zu Ziff. 36 mit Wirkung vom 1. 10. 1922, die zu Ziff. 124a Abs. 2 mit Wirkung vom 1. 4. 1923 die zu Ziff. 124a Abs. 4 bezüglich der Einschaltung der Worte „(männliche oder weibliche)“ mit Wirkung vom 1. 7. 1923, die zu Ziff. 40 und 123 mit Wirkung vom 1. 12. 1923, die zu Ziff. 172 mit Wirkung vom 1. 1. 1924, die zu Ziff. 16 und 18 mit Wirkung vom 12. 2. 1924, die zu Ziff. 86 und 95 mit Wirkung vom 1. 11. 1924, die zu Ziff. 9a, 94a, 107 und 177 mit Wirkung vom 1. 4. 1925, die übrigen Änderungen mit Wirkung vom 1. 4. 1924 ab in Kraft, soweit sich nicht aus den einzelnen Vorschriften etwas anderes ergibt.**

**Die neue Ziff. 113c tritt mit Wirkung vom 1. 7. 1924, die neue Ziff. 176b mit Wirkung vom 1. 4. 1925, die neue Ziff. 178a mit Wirkung vom 12. 2. 1924 in Kraft.**

*) sämtliche Ziffern in der Fassung der Bekanntm. v. 19. 5. 1923 (FMBl. S. 267), wegen der Abänderungen und Ergänzungen siehe die folgenden Absätze.

**) **durch Fettdruck hervorgehobenen.**

(6) Alle den BV. entgegenstehenden Ausführungsbestimmungen, insbesondere die mit Wirkung vom 1. 4. 1911 in Kraft getretenen Gehaltsvorschriften vom 17. 8. 1911 werden mit Wirkung von den in Abs. 1 bis 5 bezeichneten Zeitpunkten an aufgehoben.

**180.** Grundsätzliche Entscheidungen über die Anwendung der BV. sind bei der nächsten Gelegenheit dem Landtage vorzulegen, ebenso die Ergänzungsbestimmungen, die sich nach den BV. aus Sonderregelungen für einzelne Verwaltungszweige ergeben.

**181.** Soweit im Einzelfall bei Anwendung der BV. über ihre Auslegung Zweifel oder Streitigkeiten entstehen, ist die Beamtenvertretung der in Frage kommenden Behörde zur Mitwirkung hinzuzuziehen. Kommt eine Verständigung nicht zustande, so entscheidet die Zentralbehörde, der die Äußerung der Beamtenvertretung vorzulegen ist.

**182.** Änderungen des BDEG. v. 17. 12. 1920 sind — soweit es sich nicht um Erhöhung der Ausgleichszuschläge handelt — erfolgt:

1. durch das Gesetz über eine Änderung des BDEG. v. 17. 12. 1920, v. 14. 1. 1921 (GS. S. 220),
2. durch die Verordnung zwecks Berichtigung des BDEG. v. 17. 12. 1920, v. 8. 2. 1921 (GS. S. 300),
3. durch das Gesetz über eine Änderung der Dienst- und Versorgungsbezüge der unmittelbaren Staatsbeamten v. 24. 11. 1921 (GS. S. 553),
4. durch das Gesetz über Änderungen in der Beamtenbesoldung v. 19. 4. 1922 (GS. S. 83),
5. durch das Gesetz über Änderungen der Dienst- und Versorgungsbezüge der unmittelbaren Staatsbeamten v. 21. 11. 1922 (GS. S. 431),
6. durch das Gesetz über Änderungen des Beamtendiensteinkommensgesetzes und des Gewerbe- und Handelslehrer-Diensteinkommensgesetzes v. 17. 4. 1923 (GS. S. 99).

(2) Änderungen des Gesetzes über das Diensteinkommen der unmittelbaren Staatsbeamten (Beamten-Diensteinkommensgesetz) v. 17. 12. 1920/1. 4. 1923 (GS. S. 1923 S. 167) sind bisher — **soweit es sich nicht um Erhöhung des Ausgleichszuschlags und der Frauenbeihilfe handelt** — erfolgt:

1. durch das Gesetz über Änderung der Dienst- und Versorgungsbezüge der unmittelbaren Staatsbeamten v. 17. 12. 1923 (GS. S. 305),
2. durch das Gesetz über Änderungen der Dienstbezüge der unmittelbaren Staatsbeamten v. 26. 7. 1923 (GS. S. 360),
3. **durch das Gesetz über Änderungen der Dienst- und Versorgungsbezüge der unmittelbaren Staatsbeamten v. 3. 1. 1924 (GS. S. 9),**
4. **durch § 80 der Verordnung zur Verminderung der Personalausgaben der öffentlichen Verwaltung (Preuß. Personal-Abbau-Verordnung) v. 8. 2. 1924 (GS. S. 73),**
5. **durch die Verordnung über Änderungen der Dienst- und Versorgungsbezüge der unmittelbaren Staatsbeamten v. 17. 4. 1924 (GS. S. 469),**
6. **durch Art. I des Gesetzes über Änderungen des Beamten-Diensteinkommensgesetzes, über Erhöhungen der Dienst- und Versorgungsbezüge der unmittelbaren Staatsbeamten sowie über Änderungen des Gesetzes, betr. die Fürsorge für die Witwen und Waisen der unmittelbaren Staatsbeamten v. 6. Juni 1925 (GS. S. 61).**

(3) **Die am 1. 4. 1924 gültige Fassung des Beamten-Diensteinkommensgesetzes ist in der GS. 1924 S. 487 ff. bekanntgegeben. Änderungen dieser Fassung sind erfolgt.**

1. **durch das Gesetz über eine Änderung des Beamten-Diensteinkommensgesetzes v. 21. 7. 1924 (GS. S. 584),**
2. **durch die Verordnung über Änderungen der Dienst- und Versorgungsbezüge der unmittelbaren Staatsbeamten v. 9. 10. 1924 (GS. S. 621),**
3. **durch das Gesetz über Änderungen des Beamten-Diensteinkommensgesetzes, über Erhöhungen der Dienst- und Versorgungsbezüge der unmittelbaren Staatsbeamten sowie über Änderung des Gesetzes, betr. die Fürsorge für die Witwen und Waisen der unmittelbaren Staatsbeamten v. 6. Juni 1925 (GS. S. 61).**

183. **Änderungen der Ausführungsbestimmungen zum Beamten-Diensteinkommensgesetz (Preußischen Besoldungsvorschriften) in der Fassung der Bekanntm. v. 19. 5. 1923 (FMBl. S. 267) sind erfolgt.**

1. **durch den ersten Nachtrag zu den PBV. v. 30. 11. 1923 (PrBesBl. S. 209),**
2. **durch den zweiten Nachtrag zu den PBV. v. 30. 1. 1924 (PrBesBl. S. 21),**
3. **durch den dritten Nachtrag zu den PBV. v. 30. 4. 1924 (PrBesBl. S. 115),**
4. **durch den vierten Nachtrag zu den PBV. v. 31. 12. 1924 (PrBesBl. 1925 S. 1).**

Anlage 1.

## Gehaltstafel für die planmäßigen unmittelbaren Staatsbeamten mit aufsteigenden Gehältern.

### a) Jahresbeträge, gültig für die Zeit vom 1. 4. 1920 bis 30. 9. 1921.

| 1 | 2 | 3 | 4 | 5 | 6 | 7 | 8 | 9 | 10 |
|---|---|---|---|---|---|---|---|---|---|
| Gruppe | Anfangs-grundgehalt ℳ | Nach 2 Jahren ℳ | Nach 4 Jahren ℳ | Nach 6 Jahren ℳ | Nach 8 Jahren ℳ | Nach 10 Jahren ℳ | Nach 12 Jahren ℳ | Nach 14 Jahren ℳ | Nach 16 Jahren ℳ |
| 1 | 4 000 | 4 300 | 4 600 | 4 900 | 5 200 | 5 500 | 5 700 | 5 900 | 6 000 |
| 2 | 4 300 | 4 700 | 5 000 | 5 300 | 5 600 | 5 800 | 6 000 | 6 200 | 6 400 |
| 3 | 4 600 | 5 000 | 5 400 | 5 700 | 6 000 | 6 300 | 6 500 | 6 700 | 6 900 |
| 4 | 5 000 | 5 400 | 5 800 | 6 200 | 6 500 | 6 800 | 7 100 | 7 300 | 7 500 |
| 5 | 5 400 | 5 800 | 6 200 | 6 600 | 7 000 | 7 300 | 7 600 | 7 900 | 8 100 |
| 6 | 5 800 | 6 300 | 6 800 | 7 300 | 7 700 | 8 100 | 8 300 | 8 500 | 8 700 |
| 7 | 6 200 | 6 700 | 7 200 | 7 700 | 8 100 | 8 500 | 8 900 | 9 100 | 9 300 |
| 8 | 6 800 | 7 400 | 8 000 | 8 600 | 9 100 | 9 600 | 9 900 | 10 200 | — |
| 9 | 7 600 | 8 300 | 9 000 | 9 600 | 10 200 | 10 800 | 11 100 | 11 400 | — |
| 10 | 8 400 | 9 200 | 10 000 | 10 800 | 11 300 | 11 800 | 12 300 | 12 600 | — |
| 11 | 9 700 | 10 700 | 11 700 | 12 500 | 13 300 | 13 700 | 14 100 | 14 500 | — |
| 12 | 11 200 | 12 200 | 13 200 | 14 200 | 15 100 | 16 000 | 16 800 | — | — |
| 13 | 13 200 | 15 600 | 18 000 | 20 000 | 22 000 | — | — | — | — |

**b) Jahresbeträge, gültig für die Zeit vom 1. 10. 1921 bis 31. 3. 1922.**

| 1 | 2 | 3 | 4 | 5 | 6 | 7 | 8 | 9 | 10 |
|---|---|---|---|---|---|---|---|---|---|
| Gruppe | Anfangs-grundgehalt ℳ | Nach 2 Jahren ℳ | Nach 4 Jahren ℳ | Nach 6 Jahren ℳ | Nach 8 Jahren ℳ | Nach 10 Jahren ℳ | Nach 12 Jahren ℳ | Nach 14 Jahren ℳ | Nach 16 Jahren ℳ |
| 1 | 7 500 | 8 100 | 8 700 | 9 300 | 9 900 | 10 500 | 11 000 | 11 500 | 12 000 |
| 2 | 10 000 | 10 400 | 10 800 | 11 200 | 11 600 | 12 000 | 12 400 | 12 700 | 13 000 |
| 3 | 11 500 | 12 000 | 12 500 | 13 000 | 13 400 | 13 800 | 14 200 | 14 600 | 15 000 |
| 4 | 12 500 | 13 000 | 13 500 | 14 000 | 14 400 | 14 800 | 15 200 | 15 600 | 16 000 |
| 5 | 13 500 | 14 000 | 14 500 | 15 000 | 15 400 | 15 800 | 16 200 | 16 600 | 17 000 |
| 6 | 14 500 | 15 200 | 15 900 | 16 500 | 17 100 | 17 700 | 18 300 | 18 900 | 19 500 |
| 7 | 16 000 | 16 900 | 17 700 | 18 500 | 19 300 | 20 100 | 20 900 | 21 700 | 22 500 |
| 8 | 18 000 | 19 200 | 20 400 | 21 600 | 22 800 | 24 000 | 25 000 | 26 000 | — |
| 9 | 21 000 | 22 500 | 24 000 | 25 500 | 27 000 | 28 500 | 30 000 | 31 000 | — |
| 10 | 25 000 | 26 800 | 28 600 | 30 400 | 32 200 | 33 800 | 35 400 | 37 000 | — |
| 11 | 30 000 | 32 000 | 34 000 | 36 000 | 38 000 | 40 000 | 42 000 | 44 000 | — |
| 12 | 38 000 | 41 500 | 45 000 | 48 000 | 51 000 | 54 000 | 57 000 | — | — |
| 13 | 53 000 | 60 000 | 67 000 | 74 000 | 80 000 | — | — | — | — |

**c) Jahresbeträge, gültig für die Zeit vom 1. 4. bis 30. 9. 1922.**

| 1 | 2 | 3 | 4 | 5 | 6 | 7 | 8 | 9 | 10 |
|---|---|---|---|---|---|---|---|---|---|
| 1 | 11 000 | 11 700 | 12 400 | 13 000 | 13 600 | 14 200 | 14 800 | 15 400 | 16 000 |
| 2 | 13 500 | 14 100 | 14 700 | 15 300 | 15 900 | 16 500 | 17 000 | 17 500 | 18 000 |
| 3 | 15 000 | 15 700 | 16 400 | 17 000 | 17 600 | 18 200 | 18 800 | 19 400 | 20 000 |
| 4 | 16 000 | 16 800 | 17 600 | 18 300 | 19 000 | 19 700 | 20 300 | 20 900 | 21 500 |
| 5 | 17 000 | 18 000 | 19 000 | 19 800 | 20 600 | 21 200 | 21 800 | 22 400 | 23 000 |
| 6 | 18 500 | 19 500 | 20 500 | 21 300 | 22 100 | 22 900 | 23 600 | 24 300 | 25 000 |
| 7 | 20 000 | 21 000 | 22 000 | 23 000 | 24 000 | 25 000 | 26 000 | 27 000 | 28 000 |
| 8 | 22 000 | 23 500 | 25 000 | 26 200 | 27 400 | 28 600 | 29 800 | 31 000 | ± |
| 9 | 25 000 | 26 600 | 28 200 | 29 800 | 31 400 | 33 000 | 34 500 | 36 000 | — |
| 10 | 28 000 | 30 000 | 32 000 | 34 000 | 36 000 | 38 000 | 40 000 | 42 000 | — |
| 11 | 32 000 | 34 500 | 37 000 | 39 500 | 42 000 | 44 000 | 46 000 | 48 000 | — |
| 12 | 40 000 | 44 000 | 48 000 | 51 000 | 54 000 | 57 000 | 60 000 | — | — |
| 13 | 53 000 | 60 000 | 67 000 | 74 000 | 80 000 | — | — | — | — |

## d) Monatsbeträge, gültig für die Zeit vom 1. 10. 1922 bis 30. 6. 1923.

| 1 | 2 | 3 | 4 | 5 | 6 | 7 | 8 | 9 | 10 |
|---|---|---|---|---|---|---|---|---|---|
| Gruppe | Anfangs-grundgehalt M | Nach 2 Jahren M | Nach 4 Jahren M | Nach 6 Jahren M | Nach 8 Jahren M | Nach 10 Jahren M | Nach 12 Jahren M | Nach 14 Jahren M | Nach 16 Jahren M |
| 1 | 9 700 | 10 100 | 10 500 | 10 900 | 11 300 | 11 700 | 12 100 | 12 500 | 12 800 |
| 2 | 10 600 | 11 100 | 11 600 | 12 100 | 12 500 | 12 900 | 13 300 | 13 700 | 14 100 |
| 3 | 11 700 | 12 200 | 12 700 | 13 200 | 13 700 | 14 200 | 14 700 | 15 100 | 15 500 |
| 4 | 12 800 | 13 400 | 14 000 | 14 500 | 15 000 | 15 500 | 16 000 | 16 500 | 17 000 |
| 5 | 14 100 | 14 700 | 15 300 | 15 900 | 16 500 | 17 100 | 17 700 | 18 200 | 18 700 |
| 6 | 15 400 | 16 100 | 16 800 | 17 500 | 18 100 | 18 700 | 19 300 | 19 900 | 20 500 |
| 7 | 17 300 | 18 100 | 18 800 | 19 500 | 20 200 | 20 900 | 21 600 | 22 300 | 23 000 |
| 8 | 19 600 | 20 500 | 21 400 | 22 300 | 23 200 | 24 100 | 25 000 | 25 900 | — |
| 9 | 21 500 | 22 600 | 23 700 | 24 800 | 25 900 | 27 000 | 28 100 | 29 100 | — |
| 10 | 24 400 | 25 800 | 27 200 | 28 600 | 30 000 | 31 400 | 32 700 | 34 000 | — |
| 11 | 27 500 | 29 300 | 31 100 | 32 800 | 34 500 | 36 200 | 37 900 | 39 600 | — |
| 12 | 32 500 | 35 000 | 37 500 | 40 000 | 42 500 | 45 000 | 47 500 | — | — |
| 13 | 42 000 | 47 000 | 52 000 | 57 000 | 62 000 | — | — | — | — |
| **e) Monatsbeträge, gültig für die Zeit vom 1. 7. bis 30. 11. 1923.** | | | | | | | | | |
| 1 | 324 000 | 338 000 | 352 000 | 366 000 | 380 000 | 393 000 | 406 000 | 419 000 | 432 000 |
| 2 | 357 000 | 372 000 | 387 000 | 402 000 | 417 000 | 432 000 | 447 000 | 462 000 | 476 000 |
| 3 | 390 000 | 407 000 | 424 000 | 440 000 | 456 000 | 472 000 | 488 000 | 504 000 | 520 000 |
| 4 | 437 000 | 456 000 | 474 000 | 492 000 | 510 000 | 528 000 | 546 000 | 564 000 | 582 000 |
| 5 | 494 000 | 515 000 | 536 000 | 557 000 | 578 000 | 598 000 | 618 000 | 638 000 | 658 000 |
| 6 | 557 000 | 581 000 | 605 000 | 628 000 | 651 000 | 674 000 | 697 000 | 720 000 | 743 000 |
| 7 | 636 000 | 663 000 | 690 000 | 717 000 | 744 000 | 770 000 | 796 000 | 822 000 | 848 000 |
| 8 | 730 000 | 756 000 | 800 000 | 835 000 | 870 000 | 905 000 | 939 000 | 973 000 | — |
| 9 | 838 000 | 878 000 | 918 000 | 958 000 | 998 000 | 1 038 000 | 1 078 000 | 1 118 000 | — |
| 10 | 963 000 | 1 009 000 | 1 055 000 | 1 101 000 | 1 147 000 | 1 193 000 | 1 239 000 | 1 284 000 | — |
| 11 | 1 115 000 | 1 169 000 | 1 222 000 | 1 275 000 | 1 328 000 | 1 381 000 | 1 434 000 | 1 487 000 | — |
| 12 | 1 303 000 | 1 376 000 | 1 449 000 | 1 521 000 | 1 593 000 | 1 665 000 | 1 737 000 | — | — |
| 13 | 1 560 000 | 1 690 000 | 1 820 000 | 1 950 000 | 2 080 000 | — | — | — | — |

### f) Jahresbeträge, gültig vom 1. 12. 1923 bis 31. 3. 1924.

| 1 | 2 | 3 | 4 | 5 | 6 | 7 | 8 | 9 | 10 |
|---|---|---|---|---|---|---|---|---|---|
| Gruppe | Anfangsgrundgehalt Goldmark | Nach 2 Jahren Goldmark | Nach 4 Jahren Goldmark | Nach 6 Jahren Goldmark | Nach 8 Jahren Goldmark | Nach 10 Jahren Goldmark | Nach 12 Jahren Goldmark | Nach 14 Jahren Goldmark | Nach 16 Jahren Goldmark |
| A 1 | 606 | 630 | 654 | 684 | 714 | 738 | 762 | 786 | 810 |
| 2 | 666 | 690 | 720 | 750 | 780 | 810 | 840 | 864 | 888 |
| 3 | 726 | 762 | 792 | 822 | 852 | 882 | 912 | 942 | 972 |
| 4 | 834 | 870 | 906 | 942 | 978 | 1 014 | 1 050 | 1 080 | 1 110 |
| 5 | 978 | 1 020 | 1 062 | 1 104 | 1 148 | 1 188 | 1 230 | 1 266 | 1 302 |
| 6 | 1 152 | 1 200 | 1 248 | 1 296 | 1 344 | 1 392 | 1 440 | 1 488 | 1 536 |
| 7 | 1 380 | 1 440 | 1 500 | 1 560 | 1 620 | 1 680 | 1 740 | 1 800 | 1 860 |
| 8 | 1 620 | 1 710 | 1 770 | 1 860 | 1 920 | 2 010 | 2 070 | 2 160 | — |
| 9 | 1 890 | 1 980 | 2 070 | 2 160 | 2 250 | 2 340 | 2 430 | 2 520 | — |
| 10 | 2 250 | 2 370 | 2 460 | 2 580 | 2 670 | 2 790 | 2 880 | 3 000 | — |
| 11 | 2 610 | 2 730 | 2 850 | 2 970 | 3 120 | 3 240 | 3 360 | 3 480 | — |
| 12 | 3 060 | 3 240 | 3 420 | 3 570 | 3 720 | 3 900 | 4 080 | — | — |
| 13 | 3 750 | 4 050 | 4 350 | 4 650 | 4 950 | — | — | — | — |

### g) Jahresbeträge, gültig vom 1. 4. bis 31. 5. 1924.

| 1 | 2 | 3 | 4 | 5 | 6 | 7 | 8 | 9 | 10 |
|---|---|---|---|---|---|---|---|---|---|
| A 1 | 684 | 714 | 744 | 768 | 798 | 828 | 852 | 882 | 912 |
| 2 | 750 | 780 | 810 | 846 | 876 | 906 | 942 | 972 | 1 002 |
| 3 | 822 | 858 | 894 | 924 | 960 | 990 | 1 026 | 1 056 | 1 092 |
| 4 | 942 | 984 | 1 026 | 1 062 | 1 104 | 1 140 | 1 182 | 1 218 | 1 260 |
| 5 | 1 104 | 1 152 | 1 200 | 1 242 | 1 290 | 1 332 | 1 380 | 1 422 | 1 470 |
| 6 | 1 302 | 1 356 | 1 410 | 1 464 | 1 518 | 1 572 | 1 626 | 1 680 | 1 734 |
| 7 | 1 590 | 1 650 | 1 710 | 1 800 | 1 860 | 1 920 | 2 010 | 2 070 | 2 130 |
| 8 | 1 830 | 1 920 | 2 010 | 2 100 | 2 160 | 2 250 | 2 340 | 2 420 | — |
| 9 | 2 160 | 2 250 | 2 340 | 2 460 | 2 550 | 2 670 | 2 760 | 2 850 | — |
| 10 | 2 550 | 2 670 | 2 790 | 2 910 | 3 030 | 3 150 | 3 270 | 3 390 | — |
| 11 | 2 940 | 3 090 | 3 240 | 3 360 | 3 510 | 3 630 | 3 780 | 3 930 | — |
| 12 | 3 480 | 3 660 | 3 870 | 4 050 | 4 230 | 4 440 | 4 620 | — | — |
| 13 | 4 200 | 4 560 | 4 890 | 5 250 | 5 610 | — | — | — | — |

## h) Jahresbeiträge, gültig vom 1. 6. 1924 ab*).

| 1 | 2 | 3 | 4 | 5 | 6 | 7 | 8 | 9 | 10 |
|---|---|---|---|---|---|---|---|---|---|
| Gruppe | Anfangsgrundgehalt Goldmark | Nach 2 Jahren Goldmark | Nach 4 Jahren Goldmark | Nach 6 Jahren Goldmark | Nach 8 Jahren Goldmark | Nach 10 Jahren Goldmark | Nach 12 Jahren Goldmark | Nach 14 Jahren Goldmark | Nach 16 Jahren Goldmark |
| A 1 | 804 | 840 | 864 | 900 | 936 | 996 | 1 056 | 1 116 | 1 164 |
| 2 | 876 | 912 | 948 | 1 008 | 1 068 | 1 128 | 1 188 | 1 236 | 1 272 |
| 3 | 960 | 1 020 | 1 080 | 1 140 | 1 200 | 1 260 | 1 308 | 1 344 | 1 380 |
| 4 | 1 104 | 1 176 | 1 248 | 1 320 | 1 392 | 1 428 | 1 476 | 1 524 | 1 572 |
| 5 | **) 1 296 | **) 1 380 | 1 452 | 1 524 | 1 596 | 1 668 | 1 716 | 1 776 | 1 824 |
| 6 | 1 596 | 1 704 | 1 812 | 1 920 | 2 028 | 2 124 | 2 208 | 2 292 | 2 376 |
| 7 | 2 100 | 2 220 | 2 340 | 2 460 | 2 640 | 2 760 | 2 880 | 3 000 | 3 120 |
| 8 | 2 400 | 2 580 | 2 760 | 2 940 | 3 060 | 3 240 | 3 420 | 3 600 | — |
| 9 | 2 820 | 3 000 | 3 180 | 3 360 | 3 540 | 3 720 | 3 900 | 4 140 | — |
| 10 | 3 600 | 3 900 | 4 140 | 4 380 | 4 620 | 4 860 | 5 100 | 5 400 | — |
| 11 | 4 200 | 4 500 | 4 800 | 5 100 | 5 400 | 5 700 | 6 000 | 6 300 | — |
| 12 | 4 860 | 5 220 | 5 580 | 5 940 | 6 360 | 6 780 | 7 200 | — | — |
| 13 | 6 300 | 7 200 | 8 100 | 8 700 | 9 600 | — | — | — | — |

*) Zu diesen Grundgehältern erhalten:

a) die Beamten der Besoldungsgruppe A 1 bis 6 mit Wirkung vom 16. 11. 1924 ab einen Zuschlag in Höhe von 12½ v. H.,

b) die übrigen Beamten mit Wirkung vom 1. 12. 1924 ab einen Zuschlag in Höhe von 10 v. H.

**) Die Beamten der Gruppe 5 Stufe 1 und 2 erhalten den Ortszuschlag (Wohnungsgeldzuschuß) nach der Tarifklasse V.

**Anlage 2.**

# Ortszuschlag.

**a) Gültig für die Zeit vom 1. 4. 1920 bis 30. 9. 1921.**

Der Ortszuschlag beträgt für planmäßige Beamte:

| Bei einem Grundgehalt | in den Orten der Ortsklassen A | B | C | D | E | Durchschnitt |
|---|---|---|---|---|---|---|
| | jährlich | | | | | |
| | ℳ | ℳ | ℳ | ℳ | ℳ | ℳ |
| bis 4 900 ℳ | 2 000 | 1 600 | 1 400 | 1 200 | 1 000 | 1 440 |
| über 4 900 bis 5 700 ℳ | 2 500 | 2 000 | 1 700 | 1 450 | 1 200 | 1 770 |
| „ 5 700 „ 7 000 „ | 3 000 | 2 400 | 2 000 | 1 700 | 1 400 | 2 100 |
| „ 7 000 „ 8 100 „ | 3 500 | 2 800 | 2 300 | 1 950 | 1 600 | 2 430 |
| „ 8 100 „ 10 500 „ | 4 000 | 3 200 | 2 600 | 2 200 | 1 800 | 2 760 |
| „ 10 500 „ 12 500 „ | 4 500 | 3 600 | 2 900 | 2 450 | 2 000 | 3 090 |
| „ 12 500 ℳ | 5 000 | 4 000 | 3 200 | 2 700 | 2 200 | 3 420 |

**b) Gültig für die Zeit vom 1. 10. 1921 bis 31. 3. 1922.**

| Bei einem Grundgehalt | A | B | C | D | E | Durchschnitt |
|---|---|---|---|---|---|---|
| bis 11 500 ℳ | 3 200 | 2 400 | 2 000 | 1 600 | 1 200 | 2 080 |
| über 11 500 bis 12 700 ℳ | 4 000 | 3 000 | 2 500 | 2 000 | 1 500 | 2 600 |
| „ 12 700 „ 15 200 „ | 4 800 | 3 600 | 3 000 | 2 400 | 1 800 | 3 120 |
| „ 15 200 „ 16 900 „ | 5 600 | 4 200 | 3 500 | 2 800 | 2 100 | 3 640 |
| „ 16 900 „ 25 500 „ | 6 400 | 4 800 | 4 000 | 3 200 | 2 400 | 4 160 |
| „ 25 500 „ 38 000 „ | 7 200 | 5 400 | 4 500 | 3 600 | 2 700 | 4 680 |
| „ 38 000 ℳ | 8 000 | 6 000 | 5 000 | 4 000 | 3 000 | 5 200 |

**c) Gültig für die Zeit vom 1. 4 bis 30. 9. 1922.**

Der Ortszuschlag beträgt für planmäßige Beamte:

| Bei einem Grundgehalt | in den Orten der Ortsklassen A | B | C | D | E | Durchschnitt |
|---|---|---|---|---|---|---|
| | jährlich | | | | | |
| | ℳ | ℳ | ℳ | ℳ | ℳ | ℳ |
| bis 14 800 ℳ | 3 200 | 2 400 | 2 000 | 1 600 | 1 200 | 2 080 |
| über 14 800 bis 16 500 ℳ | 4 000 | 3 000 | 2 500 | 2 000 | 1 500 | 2 600 |
| „ 16 500 „ 19 800 „ | 4 800 | 3 600 | 3 000 | 2 400 | 1 800 | 3 120 |
| „ 19 800 „ 21 800 „ | 5 600 | 4 200 | 3 500 | 2 800 | 2 100 | 3 640 |
| „ 21 800 „ 27 400 „ | 6 400 | 4 800 | 4 000 | 3 200 | 2 400 | 4 160 |
| „ 27 400 „ 40 000 „ | 7 200 | 5 400 | 4 500 | 3 600 | 2 700 | 4 680 |
| „ 40 000 ℳ | 8 000 | 6 000 | 5 000 | 4 000 | 3 000 | 5 200 |

**d) Gültig für die Zeit vom 1. 10. 1922 bis 30. 6. 1923.**

Der Ortszuschlag beträgt für planmäßige Beamte:

| Bei einem Grundgehalt | in den Orten der Ortsklassen A | B | C | D | E |
|---|---|---|---|---|---|
| | monatlich | | | | |
| | ℳ | ℳ | ℳ | ℳ | ℳ |
| bis 11 600 ℳ | 2 400 | 1 800 | 1 500 | 1 200 | 900 |
| über 11 600 bis 12 900 ℳ | 3 000 | 2 300 | 1 900 | 1 500 | 1 100 |
| „ 12 900 „ 15 400 „ | 3 600 | 2 700 | 2 300 | 1 800 | 1 400 |
| „ 15 400 „ 17 500 „ | 4 200 | 3 200 | 2 600 | 2 100 | 1 600 |
| „ 17 500 „ 22 600 „ | 4 800 | 3 600 | 3 000 | 2 400 | 1 800 |
| „ 22 600 „ 32 800 „ | 5 400 | 4 100 | 3 400 | 2 700 | 2 000 |
| „ 32 800 ℳ | 6 000 | 4 500 | 3 800 | 3 000 | 2 300 |

**Anlage 3.**

# Nachweisung der Dienstbezüge für die nichtplanmäßigen unmittelbaren Staatsbeamten.

## a) Jahresbeträge, gültig für die Zeit vom 1. 4. 1920 bis 30. 9. 1921.

Es betragen die Grundvergütungssätze vom Beginn des

| | | 1. | 2. | 3. | 4. | 5. |
|---|---|---|---|---|---|---|
| | | Anwärterdienstjahres ab | | | | |
| für Zivilanwärter | | 70 v. H. | 80 v. H. | 85 v. H. | 90 v. H. | 95 v. H. |
| „ Militäranwärter | | 80 v. H. | 85 v. H. | 90 v. H. | 95 v. H. | — |
| | | des Anfangsgrundgehalts derjenigen Gruppe, in der der Stellenanwärter beim regelmäßigen Verlaufe seiner Dienstlaufbahn zuerst planmäßig angestellt wird | | | | |
| | | ℳ | ℳ | ℳ | ℳ | ℳ |
| Gruppe 1 | Zivilanwärter | 2 800 | 3 200 | 3 400 | 3 600 | 3 800 |
| | Militäranwärter | 3 200 | 3 400 | 3 600 | 3 800 | — |
| Gruppe 2 | Zivilanwärter | 3 010 | 3 440 | 3 655 | 3 870 | 4 085 |
| | Militäranwärter | 3 440 | 3 655 | 3 870 | 4 085 | — |
| Gruppe 3 | Zivilanwärter | 3 220 | 3 680 | 3 910 | 4 140 | 4 370 |
| | Militäranwärter | 3 680 | 3 910 | 4 140 | 4 370 | — |
| Gruppe 4 | Zivilanwärter | 3 500 | 4 000 | 4 250 | 4 500 | 4 750 |
| | Militäranwärter | 4 000 | 4 250 | 4 500 | 4 750 | — |
| Gruppe 5 | Zivilanwärter | 3 780 | 4 320 | 4 590 | 4 860 | 5 130 |
| | Militäranwärter | 4 320 | 4 590 | 4 860 | 5 130 | — |
| Gruppe 6 | Zivilanwärter | 4 060 | 4 640 | 4 930 | 5 220 | 5 510 |
| | Militäranwärter | 4 640 | 4 930 | 5 220 | 5 510 | — |
| Gruppe 7 | Zivilanwärter | 4 340 | 4 960 | 5 270 | 5 580 | 5 890 |
| | Militäranwärter | 4 960 | 5 270 | 5 580 | 5 890 | — |
| Gruppe 8 | | 4 760 | 5 440 | 5 780 | 6 120 | 6 460 |
| Gruppe 9 | | 5 320 | 6 080 | 6 460 | 6 840 | 7 220 |
| Gruppe 10 | | 5 880 | 6 720 | 7 140 | 7 560 | 7 980 |

**b) Jahresbeträge, gültig für die Zeit vom 1. 10. 1921 bis 31. 3. 1922.**

Es betragen die Grundvergütungssätze vom Beginn des

| | | 1. | 2. | 3. | 4. | 5. |
|---|---|---|---|---|---|---|
| | | Anwärterdienstjahres ab | | | | |
| für Zivilanwärter | | 70 v. H. | 80 v. H. | 85 v. H. | 90 v. H. | 95 v. H. |
| „ Militäranwärter | | 80 v. H. | 85 v. H. | 90 v. H. | 95 v. H. | — |
| | | des Anfangsgrundgehalts derjenigen Gruppe, in der der Stellenanwärter beim regelmäßigen Verlaufe seiner Dienstlaufbahn zuerst planmäßig angestellt wird | | | | |
| | | ℳ | ℳ | ℳ | ℳ | ℳ |
| Gruppe 1 | Zivilanwärter | 5 250 | 6 000 | 6 375 | 6 750 | 7 125 |
| | Militäranwärter | 6 000 | 6 375 | 6 750 | 7 125 | — |
| Gruppe 2 | Zivilanwärter | 7 000 | 8 000 | 8 500 | 9 000 | 9 500 |
| | Militäranwärter | 8 000 | 8 500 | 9 000 | 9 500 | — |
| Gruppe 3 | Zivilanwärter | 8 050 | 9 200 | 9 775 | 10 350 | 10 925 |
| | Militäranwärter | 9 200 | 9 775 | 10 350 | 10 925 | — |
| Gruppe 4 | Zivilanwärter | 8 750 | 10 000 | 10 625 | 11 250 | 11 875 |
| | Militäranwärter | 10 000 | 10 625 | 11 250 | 11 875 | — |
| Gruppe 5 | Zivilanwärter | 9 450 | 10 800 | 11 475 | 12 150 | 12 825 |
| | Militäranwärter | 10 800 | 11 475 | 12 150 | 12 825 | — |
| Gruppe 6 | Zivilanwärter | 10 150 | 11 600 | 12 325 | 13 050 | 13 775 |
| | Militäranwärter | 11 600 | 12 325 | 13 050 | 13 775 | — |
| Gruppe 7 | Zivilanwärter | 11 200 | 12 800 | 13 600 | 14 400 | 15 200 |
| | Militäranwärter | 12 800 | 13 600 | 14 400 | 15 200 | — |
| Gruppe 8 | | 12 600 | 14 400 | 15 300 | 16 200 | 17 100 |
| Gruppe 9 | | 14 700 | 16 800 | 17 850 | 18 900 | 19 950 |
| Gruppe 10 | | 17 500 | 20 000 | 21 250 | 22 500 | 23 750 |

**c) Jahresbeträge, gültig für die Zeit vom 1. 4. bis 30. 9. 1922.**

Es betragen die Grundvergütungssätze vom Beginn des

| | | 1. | 2. | 3. | 4. | 5. |
|---|---|---|---|---|---|---|
| | | Anwärterdienstjahres ab | | | | |
| für Zivilanwärter | | 70 v. H. | 80 v. H. | 85 v. H. | 90 v. H. | 95 v. H. |
| „ Militäranwärter | | 80 v. H. | 85 v. H. | 90 v. H. | 95 v. H. | — |
| | | des Anfangsgrundgehalts derjenigen Gruppe, in der der Stellenanwärter beim regelmäßigen Verlaufe seiner Dienstlaufbahn zuerst planmäßig angestellt wird | | | | |
| | | ℳ | ℳ | ℳ | ℳ | ℳ |
| Gruppe 1 | Zivilanwärter | 7 700 | 8 800 | 9 350 | 9 900 | 10 450 |
| | Militäranwärter | 8 800 | 9 350 | 9 900 | 10 450 | — |
| Gruppe 2 | Zivilanwärter | 9 450 | 10 800 | 11 475 | 12 150 | 12 825 |
| | Militäranwärter | 10 800 | 11 475 | 12 150 | 12 825 | — |
| Gruppe 3 | Zivilanwärter | 10 500 | 12 000 | 12 750 | 13 500 | 14 250 |
| | Militäranwärter | 12 000 | 12 750 | 13 500 | 14 250 | — |
| Gruppe 4 | Zivilanwärter | 11 200 | 12 800 | 13 600 | 14 400 | 15 200 |
| | Militäranwärter | 12 800 | 13 600 | 14 400 | 15 200 | — |
| Gruppe 5 | Zivilanwärter | 11 900 | 13 600 | 14 450 | 15 300 | 16 150 |
| | Militäranwärter | 13 600 | 14 450 | 15 300 | 16 150 | — |
| Gruppe 6 | Zivilanwärter | 12 950 | 14 800 | 15 725 | 16 650 | 17 575 |
| | Militäranwärter | 14 800 | 15 725 | 16 650 | 17 575 | — |
| Gruppe 7 | Zivilanwärter | 14 000 | 16 000 | 17 000 | 18 000 | 19 000 |
| | Militäranwärter | 16 000 | 17 000 | 18 000 | 19 000 | — |
| Gruppe 8 | | 15 400 | 17 600 | 18 700 | 19 800 | 20 900 |
| Gruppe 9 | | 17 500 | 20 000 | 21 250 | 22 500 | 23 750 |
| Gruppe 10 | | 19 600 | 22 400 | 23 800 | 25 200 | 26 600 |

**d) Hundertsätze, gültig vom 1. 10. 1922 ab (vgl. Ziff. 126 Abs. 1 bis 5).**

Es betragen die Hundertsätze vom Beginn des

| | 1. | 2. | 3. | 4. | 5. |
|---|---|---|---|---|---|
| | Anwärterdienstjahres ab | | | | |
| für Zivilanwärter | 70 v. H. | 80 v. H. | 85 v. H. | 90 v. H. | 95 v. H. |
| „ Militäranwärter | 80 v. H. | 85 v. H. | 90 v. H. | 95 v. H. | — |
| | des Anfangsgrundgehalts derjenigen Gruppe, in der der Stellenanwärter beim regelmäßigen Verlaufe seiner Dienstlaufbahn zuerst planmäßig angestellt wird | | | | |

**e) Gültig für die Zeit vom 1. 7. 1923 bis 30. 11. 1923.**

Der Ortszuschlag beträgt für planmäßige Beamte:

| in den Orten der Ortsklasse | bei einem Grundgehalt von monatlich | | | | | | |
|---|---|---|---|---|---|---|---|
| | bis 387 000 M | über 387 000 bis 437 000 M | über 437 000 bis 510 000 M | über 510 000 bis 605 000 M | über 605 000 bis 838 000 M | über 838 000 bis 1 275 000 M | über 1 275 000 M |
| | monatlich | | | | | | |
| | M | M | M | M | M | M | M |
| A | 72 000 | 90 000 | 108 000 | 126 000 | 144 000 | 162 000 | 180 000 |
| B | 60 000 | 75 000 | 90 000 | 105 000 | 120 000 | 135 000 | 150 000 |
| C | 52 000 | 65 000 | 78 000 | 91 000 | 104 000 | 117 000 | 130 000 |
| D | 44 000 | 55 000 | 66 000 | 77 000 | 88 000 | 99 000 | 110 000 |
| E | 36 000 | 45 000 | 54 000 | 63 000 | 72 000 | 81 000 | 90 000 |

**f) Gültig für die Zeit vom 1. 12. 1923 bis 31. 3. 1924.**

Der Ortszuschlag beträgt für planmäßige Beamte:

| in den Orten der Ortsklasse | bei einem Grundgehalt von jährlich | | | | | | |
|---|---|---|---|---|---|---|---|
| | bis 726 Goldmark | über 726 bis 834 Goldmark | über 834 bis 978 Goldmark | über 978 bis 1 200 Goldmark | über 1 200 bis 1 890 Goldmark | über 1 890 bis 2 970 Goldmark | über 2 970 Goldmark |
| | Goldmark | Goldmark | Goldmark | Goldmark | Goldmark | Goldmark | Goldmark |
| A | 120 | 150 | 180 | 210 | 240 | 270 | 300 |
| B | 102 | 126 | 150 | 174 | 198 | 228 | 252 |
| C | 84 | 108 | 132 | 150 | 174 | 198 | 216 |
| D | 72 | 90 | 108 | 126 | 144 | 168 | 186 |
| E | 60 | 78 | 90 | 108 | 120 | 138 | 150 |

**g) Gültig für die Zeit vom 1. 4. 1924 bis 31. 5. 1924.**

Der Ortszuschlag (Wohnungsgeldzuschuß) beträgt für planmäßige Beamte*):

| in den Orten der Ortsklasse | bei einem Grundgehalt von jährlich | | | | | | |
|---|---|---|---|---|---|---|---|
| | bis 810 Goldmark | über 810 bis 1 092 Goldmark | über 1 092 bis 1 734 Goldmark | über 1 734 bis 2 850 Goldmark | über 2 850 bis 4 620 Goldmark | über 4 620 bis 6 600 Goldmark | über 6 600 Goldmark |
| | Tarifklasse | | | | | | |
| | VII Goldmark | VI Goldmark | V Goldmark | IV Goldmark | III Goldmark | II Goldmark | I Goldmark |
| A | 252 | 390 | 540 | 720 | 960 | 1 260 | 1 560 |
| B | 198 | 312 | 432 | 570 | 780 | 1 020 | 1 260 |
| C | 168 | 258 | 360 | 480 | 630 | 840 | 1 050 |
| D | 132 | 210 | 288 | 390 | 510 | 660 | 840 |
| E | 102 | 156 | 216 | 300 | 390 | 510 | 630 |

*) Von diesen Ortszuschlagssätzen wurden 80 v. H. gewährt.

**h) Gültig für die Zeit vom 1. 6. 1924 bis 31. 10. 1924.**

Der Ortszuschlag (Wohnungsgeldzuschuß) beträgt für planmäßige Beamte**):

| in den Orten der Ortsklasse | bei einem Grundgehalt von jährlich | | | | | | |
|---|---|---|---|---|---|---|---|
| | bis 948 Goldmark | über 948 bis 1 380 Goldmark | über 1 380 bis 2 376 Goldmark | über 2 376 bis 4 140 Goldmark | über 4 140 bis 7 200 Goldmark | über 7 200 bis 12 000 Goldmark | über 12 000 Goldmark |
| | Tarifklasse | | | | | | |
| | VII Goldmark | VI Goldmark | V Goldmark | IV Goldmark | III Goldmark | II Goldmark | I Goldmark |
| A | 252 | 390 | 540 | 720 | 960 | 1 260 | 1 560 |
| B | 198 | 312 | 432 | 570 | 780 | 1 020 | 1 260 |
| C | 168 | 258 | 360 | 480 | 630 | 840 | 1 050 |
| D | 132 | 210 | 288 | 390 | 510 | 660 | 840 |
| E | 102 | 156 | 216 | 300 | 390 | 510 | 630 |

Anmerkung: Die Beamten der Gruppe 5 Stufe 1 und 2 erhalten den Ortszuschlag (Wohnungsgeldzuschuß) nach Tarifklasse V.

**) Von diesen Ortszuschlagssätzen wurden 80 v. H. gewährt.

**i) Gültig vom 1. 11. 1924 ab.**

Der Ortszuschlag (Wohnungszuschuß) beträgt für planmäßige Beamte***):

| Ortsklasse | Jahresbetrag bei einem Grundgehalt | | | | | | |
|---|---|---|---|---|---|---|---|
| | bis 948 Goldmark | über 948 bis 1 380 Goldmark | über 1 380 bis 2 376 Goldmark | über 2 376 bis 4 140 Goldmark | über 4 140 bis 7 200 Goldmark | über 7 200 bis 12 000 Goldmark | über 12 000 Goldmark |
| | Tarifklasse | | | | | | |
| | VII Goldmark | VI Goldmark | V Goldmark | IV Goldmark | III Goldmark | II Goldmark | I Goldmark |
| Sonderklasse | 336 | 528 | 720 | 960 | 1 320 | 1 680 | 2 100 |
| A | 288 | 444 | 612 | 840 | 1 140 | 1 440 | 1 800 |
| B | 240 | 372 | 504 | 660 | 900 | 1 200 | 1 500 |
| C | 180 | 288 | 396 | 540 | 720 | 900 | 1 140 |
| D | 132 | 216 | 288 | 396 | 540 | 660 | 840 |

Anmerkung: Die Beamten der Gruppe 5 Stufe 1 und 2 erhalten den Ortszuschlag (Wohnungsgeldzuschuß) nach Tarifklasse V.

***) Von diesen Ortszuschlagssätzen wurden in der Zeit vom 1. 11. 1924 bis 31. 3. 1925 85 v. H., vom 1. 4. 1925 ab werden 95 v. H. gezahlt.

**Anlage 4.**

# Beispiele.

## Zu Ziff. 37.

1. (Ziff. 37 Abs. 1 Satz 1.)

Es wird aufgerückt: von 4300 *M* in Gruppe 1 auf 4700 *M* in Gruppe 2, von 6000 *M* in Gruppe 1 auf 6200 *M* in Gruppe 2, von 5000 *M* in Gruppe 2 auf 5400 *M* in Gruppe 3, von 6000 *M* in Gruppe 2 auf 6300 *M* in Gruppe 3, von 5000 *M* in Gruppe 3 auf 5400 *M* in Gruppe 4, von 5400 *M* in Gruppe 3 auf 5800 *M* in Gruppe 4, von 6500 *M* in Gruppe 3 auf 6800 *M* in Gruppe 4, von 5400 *M* in Gruppe 4 auf 5800 *M* in Gruppe 5, von 5800 *M* in Gruppe 4 auf 6200 *M* in Gruppe 5, von 6200 *M* in Gruppe 4 auf 6600 *M* in Gruppe 5, von 7300 *M* in Gruppe 4 auf 7600 *M* in Gruppe 5, von 5800 *M* in Gruppe 5 auf 6300 *M* in Gruppe 6, von 7300 *M* in Gruppe 5 auf 7700 *M* in Gruppe 6, von 8100 *M* in Gruppe 5 auf 8300 *M* in Gruppe 6, von 7700 *M* in Gruppe 6 auf 8100 *M* in Gruppe 7, von 8100 *M* in Gruppe 6 auf 8500 *M* in Gruppe 7, von 8500 *M* in Gruppe 6 auf 8900 *M* in Gruppe 7, von 9100 *M* in Gruppe 7 auf 9600 *M* in Gruppe 8, von 9600 *M* in Gruppe 8 auf 10 200 *M* in Gruppe 9, von 10 200 *M* in Gruppe 8 auf 10 800 *M* in Gruppe 9 und 10800 *M* in Gruppe 9 auf 11 300 *M* in Gruppe 10, von 13200 *M* in Gruppe 12 auf 15 600 *M* in Gruppe 13.

2. (Ziff. 37 Abs. 1.)

Ein Beamter der Besoldungsgruppe 6 mit einem BDA. vom 1. 4. 1915 wird am 1. 10. 1920 in eine Stelle der Besoldungsgruppe 7 befördert. Er erhält in Gruppe 6 ein Grundgehalt von 6800 *M*, steigend am 1. 4. 1921 auf 7300 *M* und in Gruppe 7 ein Grundgehalt von 7200 *M*, steigend am 1. 4. 1921 auf 7700 *M*, mithin ein BDA. vom 1. 4. 1915.

3. (Ziff. 37 Abs. 1.)

Wird derselbe Beamte erst am 1. 10. 1926 in eine Stelle der Besoldungsgruppe 7 befördert, so erhält er in Gruppe 6 ein Grundgehalt von 8100 *M*, steigend am 1. 4. 1927 auf 8300 *M* und in Gruppe 7 ein Grundgehalt von 8500 *M* (also ein Grundgehalt, das über den Satz von 8300 *M*, den er am 1. 4. 1927 beziehen würde, hinausgeht), steigend am 1. 10. 1928 auf 8900 *M* und ein BDA. vom 1. 10. 1916.

4. (Ziff. 37 Abs. 2 und 3.)

Ein Landrat der Besoldungsgruppe 11 mit einem BDA. vom 1. 1. 1908 der ein Grundgehalt von 14 100 *M*, steigend am 1. 1. 1922 auf 14 500 *M*, und eine nichtruhegehaltsfähige Aufwandsentschädigung von 2000 *M* erhält, wird zum 1. 4. 1921 zum Oberregierungsrat befördert. Er erhält in Gruppe 12 ein Grundgehalt von 15 100 *M*, steigend am 1. 1. 1922 auf 16 000 *M* und ein BDA. vom 1. 1. 1912.

5. (Ziff. 37 Abs. 3.)

Ein Beamter der Besoldungsgruppe 3 mit einem BDA vom 1. 4. 1903, der zum 1. 7. 1921 in eine Stelle der Besoldungsgruppe 4 befördert wird, erhält nicht das dem bisherigen Grundgehalt von 6900 *M* entsprechende höhere Grundgehalt von 7100 *M* und damit ein BDA. vom 1. 7. 1909, sondern ein Grundgehalt von 7300 *M* und ein BDA. vom 1. 4. 1907.

6. (Ziff. 37 Abs. 3.)

Ein Beamter der Besoldungsgruppe 5 mit einem BDA. vom 1. 4. 1901, der zum 1. 4. 1922 in eine Stelle der Besoldungsgruppe 6 befördert wird, erhält nicht den seinem Grundgehalt von 8100 ℳ in Gruppe 5 entsprechenden höheren Grundgehaltssatz in Besoldungsgruppe 6 (8300 ℳ) und damit ein BDA. vom 1. 4. 1910, sondern auch in Gruppe 6 das Höchstgehalt von 8700 ℳ und ein neues BDA. vom 1. 4. 1905.

7. (Ziff. 37 Abs. 3.)

Ein Beamter der Besoldungsgruppe 10 mit einem BDA. vom 1. 4. 1907, Grundgehalt 12 300 ℳ, steigend am 1. 4. 1921 auf 12 600 ℳ, wird am 1. 4. 1920 in eine Stelle der Besoldungsgruppe 11 befördert. Er erhält in Gruppe 11 nicht 12 500 ℳ, steigend am 1. 4. 1921 auf 13 300 ℳ, und damit ein BDA. vom 1. 4. 1913 sondern ein Grundgehalt von 13 300 ℳ, steizend am 1. 4. 1921 auf 13 700 ℳ, und ein BDA. vom 1. 4. 1911.

## Zu Ziff. 39.

8. (Ziff. 39 Abs. 1.)

Ein Beamter der Besoldungsgruppe 2 mit einem BDA. vom 1. 10. 1910 (5800 ℳ Grundgehalt) wird zum 1. 4. 1921 in eine Stelle der Besoldungsgruppe 4 befördert. Einzureihen in Gruppe 3 mit 6000 ℳ Grundgehalt, steigend am 1. 10. 1922 auf 6300 ℳ (BDA. 1. 10. 1912), sodann einzureihen in Besoldungsgruppe 4 mit 6200 ℳ, steigend am 1. 10. 1922 auf 6500 ℳ (BDA. 1. 10. 1914).

9. (Ziff. 39 Abs. 1.)

Ein Beamter der Besoldungsgruppe 5 mit einem BDA. vom 1. 4. 1914 (6600 ℳ Grundgehalt) wird zum 1. 4. 1921 in eine Stelle der Besoldungsgruppe 7 befördert. Einzureihen in Gruppe 6 mit einem Grundgehalt von 6800 ℳ, steigend ab 1. 4. 1922 auf 7300 ℳ (BDA. 1. 4. 1916) und in Gruppe 7 mit einem Grundgehalt von 7200 ℳ, steigend am 1. 4. 1922 auf 7700 ℳ, BDA. 1. 4. 1916.

10. (Ziff. 39 Abs. 1.)

Ein Beamter der Besoldungsgruppe 7 mit einem BDA. vom 1. 4. 1912 (Grundgehalt 8100 ℳ) wird zum 1. 7. 1921 in eine Stelle der Gruppe 10 befördert. Einzureihen in Gruppe 8 mit einem Grundgehalt von 8600 ℳ, steigend am 1. 7. 1923 auf 9100 ℳ (BDA. 1. 7. 1915), sodann einzureihen in Gruppe 9 mit einem Grundgehalt von 9000 ℳ, steigend am 1. 7. 1923 auf 9600 ℳ (BDA. 1. 7. 1917) und endlich einzureihen in Gruppe 10 mit einem Grundgehalt von 9200 ℳ, steigend am 1. 7. 1923 auf 10 000 ℳ (BDA. 1. 7. 1919.)

11. (Ziff. 39 Abs. 1.)

Ein Beamter der Besoldungsgruppe 10 mit einem BDA. vom 1. 4. 1903 (Grundgehalt 12 600 ℳ) wird zum 1. 4. 1921 in eine Stelle der Besoldungsgruppe 13 befördert. Einzureihen in Gruppe 11 mit einem Grundgehalt von 14 500 ℳ (BDA. 1. 4. 1907), sodann einzureihen in Gruppe 12 mit einem Grundgehalt von 16 000 ℳ, steigend am 1. 4. 1923 auf 16 800 ℳ (BDA. 1. 4. 1911) und endlich einzureihen in Gruppe 13 mit 18 000 ℳ, steigend am 1. 4. 1923 auf 20 000 ℳ (BDA. 1. 4. 1917).

## Zu Ziff. 40.

12. (Ziff. 40 Abs. 3.)

Ein Beamter der Besoldungsgruppe 8 mit einem BDA. vom 1. 4. 1912 (Grundgehalt 9100 ℳ) ist zum 1. 4. 1920 in eine Stelle der Gruppe 9 befördert (Grundgehalt 9600 ℳ, steigend am 1. 4. 1922 auf 10 200 ℳ) BDA. 1. 4. 1914. Am 1. 7. 1922 wird er auf seinen Antrag aus rein persönlichen Gründen unter Versetzung nach seinem früheren Dienstort in eine Stelle der Gruppe 8 zurückgeführt. Er erhält sein altes BDA. vom 1. 4. 1912; sein Grundgehalt wird von 10 200 ℳ auf 9600 ℳ ermäßigt.

13. (Ziff. 40 Abs. 4.)

Ein Beamter der Besoldungsgruppe 9 mit einem BDA. vom 1. 4. 1914 (Grundgehalt 9600 ℳ, steigend am 1. 4. 1922 auf 10 200 ℳ), der wegen körperlicher Unfähigkeit in einer Stelle der Besoldungsgruppe 9 nicht verbleiben konnte, wird zum 1. 10. 1920 in eine Stelle der Gruppe 8 übergeführt. Er erhält hier denselben Grundgehaltssatz von 9600 ℳ, steigend am 1. 4. 1922 auf 9900 ℳ und ein BDA. vom 1. 4. 1910.

14. (Ziff. 40 Abs. 4.)

Hätte derselbe Beamte (Beispiel 13) ein BDA. in Gruppe 9 vom 1. 4. 1912 und ein Grundgehalt von 10 200 ℳ gehabt, so würde er in Gruppe 8 ein Grundgehalt von 10 200 ℳ und ein BDA. vom 1. 4. 1906 erhalten (nicht 1. 10. 1906, weil in Gruppe 8 bei früherem Übertritt das Grundgehalt von 10 200 ℳ schon am 1. 4. 1920 erreicht worden wäre).

15. (Ziff. 40 Abs. 5)

Derselbe Beamte (Beispiel 13 und 14 tritt am 1. 4. 1926 in eine Stelle der verlassenen Besoldungsgruppe 9 zurück. Im Falle des Beispiels 13 bezieht er dann in Gruppe 8 ein Grundgehalt von 10 200 ℳ. Er erhält in Besoldungsgruppe 9 wieder ein BDA. vom 1. 4. 1914 und Grundgehalt von 11 000 ℳ.

16. (Ziff. 40 Abs. 5.)

Wenn der Beamte ein BDA. in Gruppe 9 vom 1. 4. 1912 gehabt hätte (Beispiel 14), so würde er am 1. 4. 1926 in Gruppe 8 ebenfalls das Höchstgehalt von 10 200 ℳ beziehen und bei seinem Übertritt in Gruppe 9 ein BDA. vom 1. 4. 1912 und ein Grundgehalt von 11 400 ℳ erhalten.

## Zu Ziff. 55.

17. Ein Beamter der Besoldungsgruppe 9 mit einem BDA. vom 1. 1. 1910 ist zum 1. 4. 1920 in den einstweiligen Ruhestand versetzt. Seit dem 1. 10. 1920 wird er wieder als Beamter im Staatsdienst beschäftigt und am 1. 4. 1921 in einer Stelle der Besoldungsgruppe 9 wieder planmäßig angestellt. Sein BDA. ist auf den (1. 1. 1910 + 183 Tage, nämlich der Zeit vom 1. 4. 1920 bis 30. 9. 1920) 3. 7. 1910 festzusetzen.

18. Ein Beamter der Besoldungsgruppe 9 mit einem BDA. vom 1. 1. 1910 ist zum 1. 4. 1920 in den einstweiligen Ruhestand versetzt. Seit 1. 12. 1920 wird er als Beamter im Staatsdienst wieder beschäftigt und am 1. 4. 1921 in einer Stelle der Besoldungsgruppe 10 wieder planmäßig angestellt. Zunächst ist sein BDA. in Gruppe 9 auf den (1. 1. 1910 + 244 Tage, nämlich

die Zeit vom 1. 4. bis 30. 11. 1920) 2. 9. 1910 festzusetzen. Grundgehalt 10 800 M, steigend am 1. 9. 1922 auf 11 100 M, einzureihen in Besoldungsgruppe 10 mit einem Grundgehalt von 11 300 M, steigend am 1. 4. 1923 auf 11 800 M, BDA. 1. 4. 1913.

19. Ein Beamter der Besoldungsgruppe 9 mit einem BDA. vom 1. 1. 1916 ist zum 1. 4. 1920 in den einstweiligen Ruhestand versetzt. Seit dem 1. 7. 1920 wird er als Beamter im Staatsdienst wieder beschäftigt und am 1. 10. 1920 in einer Stelle der Besoldungsgruppe 8 wieder planmäßig angestellt. Sein BDA. in Gruppe 9 ist zunächst auf den (1. 1. 1916 + 91 Tage, nämlich v. 1. 4. bis zum 30. 6. 1920) 1. 4. 1916 festzusetzen. Grundgehalt 9000 M, einzureihen in Gruppe 8 mit einem Grundgehalt von 9100 M und einem BDA. vom 1. 4. 1912.

### Zu Ziff. 58, 59.

20. Ein planmäßiger Landesbeamter, dessen bisheriges Gehalt der Gehaltsklasse der Besoldungsgruppe 8 des BDEG. entspricht, ohne mit dieser im Sinne der Ziff. 59 Abs. 1 PBV. übereinzustimmen, tritt in eine Stelle des Staatsdienstes über, welche der Besoldungsgruppe 8 angehört. Bezog der Beamte ein Grundgehalt nach Dienstaltersstufen, so ist zunächst in sinngemäßer Anwendung der PBV. sein BDA. in der bisherigen Gehaltsklasse zu ermitteln. Mit diesem BDA. ist er in Besoldungsgruppe 8 einzureihen.

Entspricht aber nicht nur die bisherige Gehaltsklasse des Beamten, sondern auch die Gehaltsklasse, der er unmittelbar vor dieser angehört hat, der Besoldungsgruppe 8, so ist er in die Besoldungsgruppe 8 mit einem BDA. einzureihen, das sich für diese frühere Gehaltsklasse errechnet.

21. Derselbe Beamte tritt am 1. 10. 1920 in eine Stelle des Staatsdienstes über, welche der Besoldungsgruppe 9 angehört. Bezog der Beamte ein Grundgehalt nach Dienstaltersstufen, so ist er nach Errechnung seines bisherigen BDA. zunächst mit diesem in Besoldungsgruppe 8 einzureihen und von hier aus in Besoldungsgruppe 9 zu überführen. Ergibt sich beispielsweise für die bisherige Gehaltsklasse 8 ein BDA. v. 1. 1. 1913, so würde er bei Überführung in Gruppe 8 am 1. 10. 1920 ein Grundgehalt von 8600 M erhalten, steigend am 1. 1. 1921 auf 9100 M. Er erhält also in Gruppe 9 vom 1. 10. 1920 an ein Grundgehalt von 9000 M, steigend am 1. 1. 1921 auf 9600 M und ein BDA. vom 1. 1. 1915.

### Zu Ziff. 62.

22. Ein Beamter der Besoldungsgruppe 6 in einem Orte der Ortsklasse B mit einem BDA. vom 1. 4. 1910 wird zum 1. 7. 1921 auf Grund eines Disziplinarurteils mit Verminderung des Diensteinkommens von 10 v. H. zur Strafe nach einem anderen Orte der Ortsklasse B versetzt. Er erhält in der neuen Stelle: Grundgehalt (8100 — 810 = ) 7290 M, Ortszuschlag (2800 — 280 =) 2520 M und Ausgleichs- und Notzuschlag (67 v. H. von 9810 =) 6572,70 M, zusammen 16 382,70 M.

### Zu Ziff. 67.

23. Anwärter der Besoldungsgruppe 7.

Ein am 1. 4. 1913 für den Büro- und Kassendienst vorgemerkter Zivilanwärter, der seiner gesetzlichen Dienstpflicht vom 1. 10. 1911 bis zum 30. 9. 1912 genügt hat, ist vom 1. 8. 1914 bis zum 20. 12. 1918 = 4 Jahre 142 Tage zum Kriegsdienst eingezogen gewesen. Er hätte nach der Reihenfolge seiner Vormerkung in der Bewerberliste und nach der tatsächlichen Stellenerledigung am 1. 4. 1916 als Zivilsupernumerar einberufen werden können, wenn er nicht zum Kriegsdienst einberufen worden wäre. Er ist zum 1. 4. 1919 einberufen. Sein AnwDA. ist einstweilen auf den (1. 4. 1916 + 3 Jahre 14 Tage = 15. 4. 1919 festgesetzt. Würde er die Prüfung rechtzeitig nach dem 1. 4. 1922 mit Erfolg ablegen, und würde er zum 1. 4. 1925 planmäßig angestellt werden, so würde sein BDA. auf den 15 .4. 1924 festzusetzen sein (15. 4. 1919 AnwDA. + 5 Jahre).

Anmerkung: Es ist angenommen, daß der Beamte 14 Tage nach dem Zeitpunkt, zu dem die Stelle erledigt war, seinen Dienst bei der Behörde angetreten hätte.

Zu Ziff. 67 und 72.

24. Beamter der Besoldungsgruppe 7.

Militärdienst 1. 10. 1900 bis 30. 9. 1912 = 12 Jahre. Am 30. 9. 1912 mit dem Zivilversorgungsschein ausgeschieden. Informatorische Beschäftigung bei der Behörde A vom 1. 10. 1912 bis 31. 12. 1912 = 92 Tage, bei der Behörde B vom 1. 1. 1913 bis 31. 3. 1913 = 90 Tage. Am 1. 7. 1913 zur Probedienstleistung für den Büro- und Kassendienst einberufen. Am 1. 1. 1914 endgültig in den Zivilstaatsdienst übernommen. Vom 1. 8.1914 bis 31. 7. 1918 = 4 Jahre Kriegsdienst. Vom 1. 8. 1918 bis 31. 12. 1919 Fortsetzung des Vorbereitungsdienstes. Prüfung rechtzeitig bestanden.

Anwärterdienstalter 1. 7. 1914. Am 1. 4. 1921 planmäßig angestellt, hätte er am 1. 10. 1919 planmäßig angestellt werden können, wenn er die Prüfung bereits abgelegt gehabt hätte. Auf das unberichtigte BDA. (1. 4. 1921) sind anzurechnen: 4 Jahre Militärdienstzeit, von der nachfolgenden Zivildienstzeit die Zeit vom 1. 10. 1912 bis 31. 3. 1913 und vom 1. 7. 1913 bis 30. 12. 1913 = 1 Jahr, von der Anwärterdienstzeit (1. 7. 1914 bis 31. 3. 1921 = 6 Jahre 274 Tage), die über 5 Jahre hinausgehende Dienstzeit = 1 Jahr 274 Tage, zusammen 6 Jahre 274 Tage, mithin BDA. 1. 7. 1914.

25. Hätte der Anwärter bereits am 1. 4. 1916 planmäßig angestellt werden können, so wären anzurechnen gewesen: 4 Jahre Militärdienstzeit, von der nachfolgenden Zivildienstzeit die Zeit vom 1. 10. 1912 bis 31. 3. 1913 und vom 1. 7. 1913 bis 30. 12. 1913 = 1 Jahr (4 + 1 = 5 Jahre) und die Zeit, um die die Anstellung durch den Krieg nachweislich verzögert worden ist (vom 1. 4. 1916 bis 31. 3. 1921 = 5 Jahre), zusammen 10 Jahre, mithin BDA. 1. 4. 1911.

Zu Ziff. 68.

26. Beamter der Besoldungsgruppe 4.

Militärdienstzeit 1. 10. 1900 bis 30. 9. 1913 = 13 Jahre. Am 1. 7. 1914 in einer freien Stelle auf Probe angestellt. Vom 1. 8. 1914 bis 31. 12. 1918 Kriegsdienst = 4 Jahre 153 Tage. Am 1. 1. 1919 wieder im Zivilstaatsdienst. Am 1. 5. 1919 in der Stelle bestätigt.

Normalmäßig wäre er bestätigt worden am 1. 1. 1915, infolge Kriegsdienstleistung wurde er erst bestätigt am 1. 5. 1919, mithin Verzögerung 4 Jahre 120 Tage.

Auf das unberichtigte BDA. (1. 5. 1919) sind daher anzurechnen: Militärdienstzeit 5 Jahre, Kriegsdienstzeit 4 Jahre 120 Tage, zusammen 9 Jahre 120 Tage, mithin BDA. 1. 1. 1910.

Zu Ziff. 69.

27. Beamter der Besoldungsgruppe 10.

Diplomingenieur 5. 11. 1911. Praktische Ausbildung vom 16. 11. 1911 bis 30. 9. 1912 = 320 Tage, vom 1. 10. 1913 bis 13. 10. 1914 = 1 Jahr 13 Tage, vom 12. 2. 1919 bis 31. 3. 1919 = 38 Tage, verschiedene Zeiten während des Kriegsdienstes mit zusammen 359 Tagen, zusammen 1 Jahr 730 Tage oder 3 Jahre.

Militär- und Kriegsdienstzeit: Gedient vom 1. 10. 1912 bis 30. 9. 1913 = 1 Jahr, Kriegsdienst vom 14. 12. 1914 bis 31. 10. 1918 = 4 Jahre 79 Tage, Krankheit infolge der Kriegseinwirkungen vom 21. 9. 1919 bis 31. 10. 1919 = 41 Tage, zusammen 5 Jahre 120 Tage. Davon ab die auf die Ausbildung angerechneten Zeiten = 365 Tage, bleiben 4 Jahre 126 Tage.

Aufgabe für die staatliche Prüfung erteilt am 5. 3. 1919 mit Ablieferungsfrist bis 4. 6. 1919. Ablieferung fristzeitig. Meldefrist für die weitere Prüfung bis 20. 9. 1919. Diese verlängert bis 5. 11. 1919, weil Prüfling an Nervenschwäche erkrankt war, für die nach dem amtsärztlichen Zeugnis die Kriegseinwirkung als Ursache angesehen ist. Meldung am 1. 11. 1919. Prüfung beendet 10. 3. 1920.

Anwärter-(Baumeister-)Dienstalter vom 10. 3. 1920 zu verbessern um 4 Jahre 126 Tage, mithin festzusetzen auf den 5. 11. 1915. (Hierzu tritt noch die weitere Verbesserung nach Ziff. 159.)

## 3. Runderlaß des Finanzministeriums vom 28. März 1925 über die Notstandsbeihilfen (C. I. 2. 1685).

Auf Grund der allgemeinen Ermächtigung des Staatsministeriums vom 7. 5. 1923 (StM II. 1716) mache ich nachstehend die Grundsätze für die Gewährung von Notstandsbeihilfen unter Berücksichtigung der bisherigen und der neu beschlossenen, durch **Fettdruck** hervorgehobenen Ergänzungen und Änderungen bekannt: Diese Grundsätze treten am 1. 4. 1925 für alle nach diesem Tage erfolgenden **Bewilligungen** in Kraft.

**Grundsätze für die Gewährung von Notstandsbeihilfen an unmittelbare Staatsbeamte, Wartegeld- und Ruhegehaltsempfänger sowie Hinterbliebene.**

**1.** (1) Für die aktiven plan- und nichtplanmäßigen Staatsbeamten **einschl. der Beamten im Vorbereitungs- und Ausbildungsdienst** können bis auf weiteres

a) im Falle der eigenen Erkrankung,

b) im Falle des Todes, wenn Familienmitglieder vorhanden sind, außerdem

c) für verheiratete und verheiratet gewesene Beamte in Fällen der Erkrankung, der Geburt oder des Todes in ihrer Familie

auf Antrag Notstandsbeihilfen gewährt werden.

(2) **Beamte im Vorbereitungs- und Ausbildungsdienst kommen im allgemeinen nur in Betracht, wenn sie aus der Staatskasse eine laufende Vergütung (Unterhaltungszuschuß usw.) beziehen.**

(3) Gehört ein Beamter oder sein Familienmitglied einer öffentlichen Kranken- oder Sterbekasse an oder einer solchen, für die das Reich oder der Staat einen Teil der Beiträge oder Verwaltungskosten zahlt, **so darf eine Notstandsbeihilfe nur für die Kosten gewährt werden, die die Kassen nicht erstatten. Erträgnisse aus privaten Versicherungseinrichtungen bleiben bei der Gewährung von Notstandsbeihilfen außer Ansatz (zu vgl. aber Ziff. 6 Abs. 4).**

(4) Soweit Beamten und deren Familienmitgliedern aus öffentl. Mitteln freie ärztliche Behandlung oder besondere Heilfürsorge (z. B. auf Grund versorgungsgesetzlicher Ansprüche) zuteil wird, müssen die betreffenden Kosten bei der Bewilligung einer Notstandsbeihilfe außer Ansatz bleiben.

(5) Für Beamte der Schutzpolizei bis zur Besoldungsgruppe XIII einschl. kommt die Gewährung einer Notstandsbeihilfe nur insoweit in Frage, als diesen Personen nach den jeweils geltenden Heilfürsorgebestimmungen nicht oder nicht hinreichend geholfen werden kann.

(6) Es gehören

I. zur Familie im Sinne des Abs 1b:

a) die Ehefrau,

b) Kinder, für die nach den jeweils geltenden Bestimmungen Kinderbeihilfen oder Kinderzuschläge in gesetzlich nicht geregelten Fällen gezahlt werden, uneheliche Kinder jedoch nur, wenn sie in den Hausstand des Beamten aufgenommen sind,

c) Kinder im Sinne des § 18 des Besoldungsgesetzes, für die Kinderbeihilfen oder -zuschläge zwar nicht mehr gezahlt werden, die aber in den Hausstand des Beamten aufgenommen sind und von ihm überwiegend unterhalten werden.

Wegen des Begriffs „Aufnahme in den Hausstand" vgl. Ziff. 110a Abs. 2 PBV.;

d) **sonstige Verwandte und Verschwägerte, sofern sie bedürftig sind und mit dem oder der Verstorbenen einen gemeinsamen Hausstand geführt oder aus rechtlichen oder sittlichen Gründen Kosten der Beerdigung und der letzten Krankheit übernommen haben.**

**Wegen der Berücksichtigung von Nachlaß und Gnadenbezügen wird auf Ziff. 6 Abs. 4 verwiesen.**

II. zur Familie im Sinne des Abs. 1c:
die vorstehend unter a bis c aufgeführten Personen.

**2.** (1) Eine Notstandsbeihilfe kann nur **zu** solchen tatsächlich bewirkten Aufwendungen bewilligt werden, die unvermeidbar und — der Not der Zeit entsprechend — in sparsamsten Grenzen gehalten sind. Aufwendungen für Gegenstände des gewöhnlichen Bedarfs scheiden aus.

(2) In **Betracht** kommen somit:

a) in **Krankheitsfällen** die durch den Arzt, durch ärztlich verordnete Heilmittel, Arzneien und Hilfsmittel gegen Verunstaltung und Verkrüppelung, durch eine erforderliche Krankenhausbehandlung oder durch Annahme einer Berufspflegekraft entstandenen Kosten sowie die durch ärztlich besonders verordnete Stärkungsmittel verursachten Verpflegungsmehrkosten (zu vgl. aber Abs. 3 zu a und b). Die Lieferung künstlicher Gebisse, Zahnersatz **sind nur dann beihilfefähig,** wenn sie zur Verhütung von Krankheiten und zur Wiederherstellung der Gesundheit unbedingt erforderlich sind; Zahnheilungs- und Zahnersatzkosten sind nur dann zu berücksichtigen, wenn die Arbeiten in möglichst einfacher Art ausgeführt sind; danach sind die Mehrkosten infolge Verwendung von Edelmetallen grundsätzlich nicht erstattungsfähig.

Eine Notstandsbeihilfe wird für denselben Krankheitsfall nur dann gewährt, soweit seine Dauer nicht den Zeitraum von 3 Monaten überschreitet; dauert die Krankheit länger, so werden die nach Ablauf der 3 Monate erwachsenden Kosten in der Regel nicht berücksichtigt (vgl. Ziff. 9).

**Dauerkrankheiten** (z. B. Siechtum, Geisteskrankheit) scheiden für die Gewährung einer Notstandsbeihilfe grundsätzlich aus, sofern nicht eine andere Krankheit hinzutritt oder die Dauerkrankheit außergewöhnliche Ausgaben (z. B. für eine Operation des Dauerleidens) erfordert;

b) in **Geburtsfällen** die Kosten der Hebamme, Heilmittel, Arzneien und, soweit im Einzelfalle erforderlich, des Arztes, der Hauspflegerin für die ersten 10 Tage und der Entbindungsanstalt, außerdem die durch ärztlich besonders verordnete Stärkungsmittel verursachten Verpflegungsmehrkosten (zu vgl. aber Abs. 3 zu 2a und b und zu b);

c) in **Todesfällen** die Begräbnis- oder Feuerbestattungskosten einschl. der ortsüblichen Gebühren für die Überführung der Leiche nach dem Friedhofe, die Grabstelle (jedoch nicht für ein Erbbegräbnis) und die ortsübliche einfache Instandsetzung des Grabes.

(3) **Nicht in Betracht** kommen dagegen u. a.:

zu a und b: Mehrkosten für die übliche bessere Verpflegung, Erstattung von Reiseauslagen an Verwandte, Mehraufwendungen für Verpflegung der Verwandten oder Pfleger, Geschenke für sie, Reiseauslagen zum Besuch von Familienmitgliedern, Mehrverbrauch an Licht und Heizung;

zu b: außerdem Anschaffungskosten für Erstlingswäsche u. dgl., Kinderwagen, Wagendecken, Matratzen, Badewannen, Schwämme, Öfen für Kinderzimmer, Anzeigen und Karten, Porto, Aufbesserung der Kost in der Entbindungsanstalt;

zu c: Kosten für eine Überführung der Leiche von oder nach auswärts, Beschaffung von Trauerkleidung und Grabsteinen, Auslagen für Todesanzeigen, Danksagungen, Karten, Porto, Telegramme, Umzugskosten.

Erkrankungen in Verbindung mit einer Geburt und Erkrankungen mit unmittelbar darauffolgendem Tod sind zusammen als je **ein** Fall der Notstandsbeihilfe zu behandeln.

**3.** Ein Rechtsanspruch auf Gewährung einer Notstandsbeihilfe besteht nicht.

**4.** Für den Antrag ist das **vorgeschriebene** Muster **zu verwenden**. Er ist an die vorgesetzte Dienstbehörde zu richten. Wenn Mann und Ehefrau Beamte sind **und der Mann die Frau überwiegend unterhält,** gilt als die zuständige vorgesetzte Dienstbehörde diejenige des Mannes.

Die Vordrucke sind vom Kassenbüro der Regierung in Hannover anzufordern. Die alten sind aufzubrauchen und, soweit nötig, handschriftlich zu ergänzen.

**5.** Die Prüfung des Antrages — nötigenfalls auch seine Ergänzung durch den Antragsteller — ist von der **derzeitigen** vorgesetzten Dienstbehörde zu bewirken. Hierbei ist wohlwollend zu verfahren und ein peinliches Eindringen in die privaten Verhältnisse des Beamten oder seiner Familienmitglieder zu vermeiden; insbesondere hat für die Feststellung, ob und inwieweit ein etwaiges Privateinkommen, eine Versicherung zur Deckung der Kosten herangezogen werden kann, in der Regel die Erklärung im Antrage zu genügen. Anderseits ist jedoch sorgfältig darauf zu achten, daß nur die wirklich notwendigen und angemessenen Aufwendungen Berücksichtigung finden. **In Fällen, in denen eine unverschuldete Notlage des Beamten nach allen in Betracht kommenden Umständen zweifellos nicht oder nicht mehr vorliegt, kann eine Notstandsbeihilfe überhaupt nicht gewährt werden.**

**6.** (1) Von den entstandenen Kosten hat der Beamte (das Familienmitglied) in jedem Falle den Betrag allein zu tragen, der einem Zehntel des Monatsdiensteinkommens der Beamten entspricht. **Das Zehntel ist nur einmal anzurechnen, wenn innerhalb dreier Monate mehrere Krankheitsfälle eintreten oder die Krankheit bis zu 3 Monaten dauert.**

(2) Als Monatsdiensteinkommen gilt nach Abzug eines Steuersatzes von 10. v. H. der Gesamtbetrag aus Grundgehalt **und Ortszuschlag — Wohnungsgeldzuschuß — nach dem Stande am Ersten des Monats, in dem der Krankheits-, Geburts- oder Todesfall eingetreten ist.**

(3) Als Notstandsbeihilfe dürfen bis zu 60 v. H. der Kosten gewährt werden, die nach Abzug eines Zehntels des Monatsdiensteinkommens verbleiben (vgl. Ziff. 7 Abs. 3).

(4) **Bei der Bemessung der Notstandsbeihilfe sind etwa bewilligte Gnadenbezüge in Betracht zu ziehen, ferner der Nachlaß, soweit seine Heranziehung der Billigkeit entspricht, Privateinkommen, dienstliche Nebenbezüge und die nicht in Abzug zu bringenden Erträgnisse aus privaten Versicherungseinrichtungen. Die im letzten Jahre gezahlten Beiträge zur privaten Versicherung sind den in Betracht kommenden tatsächlichen Aufwendungen hinzuzurechnen. Die Notstandsbeihilfe darf aber nicht dazu führen, daß der Beamte mehr erhält, als er wirklich an Unkosten ausgegeben hat.**

7. (1) Die Bewilligung der Notstandsbeihilfe erfolgt unter Berücksichtigung der wirtschaftlichen Lage des Antragstellers. Zu diesem Zwecke hat die prüfende Behörde der bewilligenden einen bestimmten Vorschlag zu unterbreiten.

(2) Zuständig für die Bewilligung sind, **sofern der Fachminister wegen der verfügbaren Mittel für Notstandsbeihilfen nicht eine andere Regelung trifft,** bei Beamten der Provinzialbehörden und der ihnen unterstellten Behörden die Provinzialbehörden, bei den Vorstehern der Provinzialbehörden und den Beamten der Ministerien der Fachminister. Den Provinzialbehörden stehen gleich die Staatsbehörden, die unmittelbar den Ministerien unterstellt sind.

(3) In Fällen, in denen eine höhere Notstandsbeihilfe, als an sich nach Ziff. 6 statthaft, ausnahmsweise befürwortet wird, hat die Provinzialbehörde den Antrag nach Erledigung innerhalb der eigenen Zuständigkeit an den Fachminister weiterzuleiten. **Dieser befindet über den Antrag, sofern bei zahlreicher Familie oder bei hohen Ausgaben neben verhältnismäßig geringem Einkommen oder bei besonders schweren wirtschaftlichen Verhältnissen die Gewährung einer Notstandsbeihilfe bis zu 80 v. H. der nach Abzug eines Zehntels des Monatseinkommens verbleibenden Kosten gerechtfertigt ist, allein, sonst im Benehmen mit mir.**

8. (1) Für eine Heilstätten- oder sonstige Kur kann eine Notstandsbeihilfe nur ausnahmsweise bewilligt werden, wenn bei Anlegung eines strengen Maßstabes ein besonders dringendes Erfordernis der Kur zur Heilung des Leidens anzuerkennen ist und eine Besserung oder Heilung auf andere Weise nicht herbeigeführt werden kann. Grundsätzlich ist ein Zeugnis eines beamteten Arztes beizubringen, in dem Art, Dauer und Ort des Kurgebrauchs angegeben sein muß. Die Kur ist grundsätzlich nur an dem vom Arzte vorgeschlagenen Ort und unter ständiger ärztlicher Aufsicht durchzuführen. Hierüber ist eine ärztliche Bescheinigung beizubringen, wenn dies nicht die beigebrachten Ausgabebelege genügend glaubhaft machen. Kuren außerhalb des Deutschen Reichs können in der Regel nicht berücksichtigt werden. **Einfacher Erholungsaufenthalt auf dem Lande, im Gebirge und an der See ist einer Kur nicht gleichzuachten.**

(2) **Selbst wenn danach die Notwendigkeit einer Kur dargetan ist, kann ein dringendes Bedürfnis zur Gewährung einer Notstandsbeihilfe nicht anerkannt werden, wenn die Kur nicht übermäßige Kosten erfordert, sie längere Zeit vorauszusehen und der Beamte in der Lage war, sich unter Berücksichtigung seines Einkommens darauf einzurichten. Wenn die**

**Kur an die Stelle einer sonst gewöhnlich unternommenen Sommerreise getreten ist und deren Kosten auch nicht wesentlich überstiegen hat, kommt im allgemeinen eine Notstandsbeihilfe hierfür nicht in Frage.**

(3) Die Beihilfe kann bei tuberkulös Erkrankten ohne weiteres, sonst aber nur in besonders begründeten Ausnahmefällen für eine längere Zeit als für einen Monat gewährt werden.

(4) Bei einer Kur kommen in Betracht:

a) die mit ihr verbundenen allgemeinen Kosten für den Arzt, Bäder, Massage, Verpflegung, Steuern, Wohnung, Aufwartung, Wäsche usw. nach Abzug der häuslichen Ersparnisse, jedoch nur insoweit, als diese Mehrkosten zusammen höchstens 250 RM für einen Monat betragen,

b) die Kosten der Hin- und Rückreise (für die 3. Wagenklasse und für Gepäckbeförderung),

c) die ganz außergewöhnlich und besonders hohen Aufwendungen für Arzt, Bäder, Massage u. dgl., sofern sie nachweislich unbedingt notwendig sind.

(5) Über die Anträge entscheidet der Fachminister im Benehmen mit mir nach Maßgabe der Ziff. 6 und 7 Abs. 3.

**9.** Bei Krankheiten von längerer als dreimonatiger Dauer kann zu den über 3 Monate hinaus aufgewendeten Kosten ganz ausnahmsweise bei dem Fachminister eine weitere Notstandsbeihilfe beantragt werden, wenn ihre Bewilligung geeignet erscheint, einen besonderen Härtefall abzuwenden.

**10.** Im Falle eines dringenden Bedürfnisses (z. B. bei Aufnahme in ein Krankenhaus oder eine Entbindungsanstalt, bei Begräbnissen) kann dem Beamten (Familienmitglied) auf die Notstandsbeihilfe durch die **zu ihrer endgültigen Bewilligung** zuständige Behörde eine angemessene Abschlagszahlung, **auch vorschußweise,** gewährt werden, die sogleich als Notstandsbeihilfe zu verrechnen ist. **Zuvor ist die Entstehung der Kosten soweit wie möglich glaubhaft zu machen.**

**11.** Von den als Notstandsbeihilfe bewilligten Beträgen sind keine Steuerabzüge zu machen, da die Notstandsbeihilfe steuerrechtlich als Unterstützung anzusehen ist.

**12.** Ist der Krankheits- oder Todesfall auf Umstände zurückzuführen, für die ein Schadensersatzanspruch gegen einen Dritten besteht, so kann dem Beamten ein unverzinsliches Darlehen **in Höhe der Notstandsbeihilfe** oder der Abschlagszahlung auf diese **aus Notstandsbeihilfemitteln** gewährt werden. Die Rückzahlung kann bis zur endgültigen Erfüllung des Ersatzanspruchs gestundet werden. Stellt sich innerhalb angemessener Zeit heraus, daß der Rechtsverfolgung des Anspruchs gegen den Dritten ohne Verschulden des Verletzten ganz oder zum Teil aussichtslos ist, so kann die für die Bewilligung der Notstandsbeihilfe zuständige Behörde das Darlehen ganz oder zum Teil als Notstandsbeihilfe in Ausgabe belassen.

**13. Die Möglichkeit der Gewährung einer Notstandsbeihilfe schließt die Bewilligung einer Unterstützung aus. Wo danach in Krankheits-, Geburts- und Todesfällen noch eine Unterstützung in Frage kommen kann, beispielsweise für andere als die in Ziff. 1 Abs. 6 bezeichneten Familienmitglieder oder ausnahmsweise für nicht notstandsbeihilfefähige Kosten, kann diese nur der Fachminister bewilligen.**

**14.** Auf Wartegeld- und Ruhegehaltsempfänger sowie Hinterbliebene finden diese Bestimmungen mit der Maßgabe sinngemäß Anwendung, daß Notstandsbeihilfen nur im Falle eines dringenden Bedürfnisses gewährt werden dürfen.

Die Anträge sind zu richten, **sofern der Fachminister nichts anderes bestimmt:**

a) für im Staatsdienst wiederbeschäftigte Wartegeld- und Ruhegehaltsempfänger an die Beschäftigungsbehörde,

b) im übrigen an die Behörde, die über Unterstützungsgesuche dieser Person zu entscheiden **oder statt dessen die Berichterstattung zu übernehmen hat.**

**15.** In der Ausgabeanweisung ist der Anlaß der Bewilligung, der Tag der Geburt oder des Todesfalles oder der Zeitraum, in den die Krankheit fällt, und die Berechnung des in Betracht kommenden Monatseinkommens, die Gesamthöhe der beihilfefähigen Aufwendungen und die Berechnung des gewährten Beihilfebetrages anzugeben (das Muster ist nicht mit abgedruckt).

Entsprechende Vordrucke auf Formular Nr. 104 sind vom Kassenbüro der Regierung in Schleswig zu beziehen. Die alten sind aufzubrauchen.

# 4. Bestimmungen über die Gewährung von Wohnungsbeihilfen (WB.)

## (Vom 17. März 1925 (I. c) 2. 1750).



A. Versetzte Beamte.

**1.** Besoldeten, planmäßigen wie nichtplanmäßigen, unmittelbaren Staatsbeamten mit eigenem Hausstand, die

a) aus dienstlichen Gründen an einen anderen Ort versetzt worden sind,

b) bis zur Versetzung an ihrem bisherigen dienstlichen Wohnsitz oder in dessen unmittelbarer Nähe eine eigene Wohnung mit Küche — oder in den westlichen Provinzen mit Küchenraum — (nicht nur mit Küchenbenutzung) innegehabt haben und diese Wohnung, die tauschfähig und für einen gleichartigen Beamten als Dauerwohnung (vgl. Ziff. 40 Abs. 3) geeignet, auch der Wohnungstauschnachweisstelle — Wota — im Preußischen Finanzministerium gemeldet sein muß, für Tauschzwecke jederzeit zur Verfügung halten — wegen der Ausnahmen vgl. Ziff. 4 —,

c) an dem neuen dienstlichen Wohnsitz oder in dessen unmittelbarer Nähe infolge der Wohnungsnot für sich allein oder für sich und ihre Familie oder für ihre Familie eine eigene Wohnung nicht finden oder wegen Sperre oder Streik vorläufig nicht beziehen können,

kann zur Erleichterung der Mehraufwendungen, die ihnen durch die Beibehaltung der bisherigen Wohnung **und durch die damit verbundene Führung** eines doppelten Haushalts erwachsen, eine Wohnungsbeihilfe (WB.) gewährt werden, sofern in nachstehenden Ziffern nichts anderes bestimmt ist.

**2.** Auf WB. besteht kein Rechtsanspruch.

**3.** (1) Den Inhabern von Dienstwohnungen, die ihre Wohnung als Tauschwohnung nicht benützen können, ist allein dieses Umstandes wegen die WB. nicht zu versagen. Dasselbe gilt für Inhaber von

a) Kasernenwohnungen, sofern es sich tatsächlich um eine Wohnung mit eigener Küche handelt, wie sie z. B. die verheirateten Unteroffiziere bis zum Kriege innehatten. Die in Kasernen, in Kasernenstuben oder dgl. notdürftig für Verheiratete hergerichteten Unterkunftsmöglichkeiten mit Kochgelegenheit gelten nicht als vollwertige Wohnungen; Inhabern solcher Notwohnungen kann eine WB. nur nach Ziff. 4 gewährt werden;

b) Mietwohnungen in reichs- oder staatseigenen Gebäuden oder in vom Reich oder Staate gemieteten oder gepachteten Gebäuden, die für Reichs- oder preußische Beamte freigemacht werden müssen;
c) Wohnungen in Häusern von Bau-, Siedlungs- usw. Genossenschaften, sofern die freiwerdenden Wohnungen nur an Mitglieder der Genossenschaft vermietet werden dürfen;
d) neugeschaffenen Wohnungen, die nach dem 1. 7. 1918 bezugsfertig geworden sind oder künftig bezugsfertig werden, sofern die Wohnungen nicht mit Zuschüssen aus den für die Wiederherstellung der während des Krieges zerstörten Gebiete bereitgestellten Mitteln errichtet sind (§ 12 des Wohnungsmangelgesetzes in der Fassung v. 26. 7. 1923 — RGBl. I, S. 754 —).

(2) In allen diesen Fällen werden die vorgesetzten Dienststellen der Inhaber solcher Wohnungen jedoch mit den Wohnungsämtern rechtzeitig zu vereinbaren haben, daß die Wohnung der Amts- oder Wohnungs n a ch f o l g e r als Tauschsache beansprucht wird.

**4.** Eine WB. kann ausnahmsweise auch gewährt werden, wenn der Beamte an dem bisherigen dienstlichen Wohnsitz oder in dessen unmittelbarer Nähe eine Wohnung (Notwohnung) mit Küchenbenutzungsrecht innehat und die Wohnung jederzeit als Tauschwohnung der Wota zur Verfügung steht. Aber auch von der Erfüllung dieser Voraussetzung kann ausnahmsweise abgesehen werden, wenn äußere, nicht in der Person des Beamten liegende Umstände einen Tausch unmöglich machen. Im übrigen vgl. Ziff. 37 Abs. 2 und Ziff. 40 Abs. 3 Satz 3.

**5.** (1) Eine WB. ist n i ch t zu gewähren,

a) wenn der Beamte unter Verzicht oder Aberkennung auf Umzugskostenvergütung oder unter Verzicht auf Umzugskostenbeihilfe versetzt ist;
b) an Beamte im Vorbereitungsdienst; wegen der Ausnahmen bei Einberufungen siehe Abschn. B;
c) wenn und solange der zurückgebliebene Ehegatte Beamter im Dienste des Reichs, eines Landes, einer Gemeinde oder einer anderen öffentlich-rechtlichen Körperschaft ist;
d) wenn die Führung eines doppelten Haushalts nicht erst durch die Versetzung notwendig geworden oder nicht mehr lediglich auf dienstliche Gründe zurückzuführen ist, (z. B. bei schwebender Ehescheidungsklage);
e) für die Zeit der Instandsetzung der neuen Wohnung;
f) in den Fällen, in denen dem Beamten nach dem pflichtgemäßen Ermessen des Vorstehers der Behörde oder des nächsten Dienstvorgesetzten die täglichen Fahrten von dem neuen dienstlichen Wohnsitz nach dem Wohnort zugemutet werden können; in diesen Fällen gilt die Ziff. 23 sinngemäß.

(2) Es ist unzulässig, an Stelle einer Versetzung eine auftragsweise Beschäftigung aus dem Grunde anzuordnen, um dem Beamten, der im Falle der Versetzung für die getrennte Haushaltsführung keine WB. erhalten kann, Beschäftigungstagegelder zukommen zu lassen.

(3) In den Fällen, in denen WB. oder Fahrtauslagen (Ziff. 23) nicht oder nicht mehr gewährt werden, gilt Ziff. 93 der PBV.

**6.** (1) Der Tageshöchstsatz der WB. (vgl. auch Ziff. 35 Abs. 2) beträgt:

a) für die ersten 14 Tage des Aufenthalts der Beamten am neuen dienstlichen Wohnsitz das volle Tage- und Übernachtungsgeld, sofern die Beamten nicht bereits vorher dorthin abgeordnet waren und daher nach Ziff. 60 ff. der Ausführungsbestimmungen v. 17. 1. 1923 zum RKG. abgefunden worden sind;

b) sofern eine Gewährung nach Abs. a nicht oder nicht mehr in Frage kommt:

1. bei Fortführung des Hausstands in der bisherigen Wohnung

| für Beamte der Stufe (s. Ziff. 10) | für besonders teure Orte | | für andere Orte | |
|---|---|---|---|---|
| | Beamte mit Familie bis zu RM | Beamte ohne Familie, aber mit eigenem Hausstand bis zu RM | Beamte mit Familie bis zu RM | Beamte ohne Familie, aber mit eigenem Hausstand bis zu RM |
| 1 | 2 | 3 | 4 | 5 |
| I | 4,— | 2,— | 3,— | 1,50 |
| II | 5,— | 2,50 | 4,— | 2,— |
| III | 7,— | 3,50 | 6,— | 2,50 |
| IV | 8,— | 4,— | 7,— | 3,— |
| V | 10,— | 5,— | 9,— | 4,— |

wegen der Beamten ohne Familie vgl. noch Ziff. 13;

2. wenn der Hausstand in der bisherigen Wohnung nicht fortgeführt wird, die Wohnung jedoch für Tauschzwecke jederzeit zur Verfügung steht (vgl. aber Ziff. 4) und nicht gegen Entgelt ganz oder teilweise weitervermietet worden ist,

| für Beamte der Stufe (s. Ziff. 10) | für besonders teure Orte | | für andere Orte | |
|---|---|---|---|---|
| | Beamte mit Familie bis zu RM | Beamte ohne Familie, aber mit eigenem Hausstand bis zu RM | Beamte mit Familie bis zu RM | Beamte ohne Familie, aber mit eigenem Hausstand bis zu RM |
| 1 | 2 | 3 | 4 | 5 |
| I | 2,50 | 1,50 | 2,— | 1,— |
| II | 3,— | 2,— | 2,50 | 1,50 |
| III | 4,— | 2,50 | 3,50 | 2,— |
| IV | 5,— | 3,— | 4,— | 2,50 |
| V | 6,— | 4,— | 5,— | 3,— |

Zu 2 wird bemerkt:

In einzelnen Fällen haben Beamte ihre Familienwohnung am früheren Wohnort verheirateten Söhnen oder anderen Verwandten mit Familie eingeräumt, ohne daß sie von diesen nach ihrer Angabe ein Entgelt dafür erhielten. Die Beamten beanspruchten in solchen Fällen eine Wohnungsbeihilfe für entgeltliche Unterstellung der Möbel. Nach den gegenwärtigen Verhältnissen ist es ausgeschlossen, daß die Beamten in diesen Fällen von ihren Angehörigen usw. ein Entgelt für die Überlassung der Wohnung nicht verlangen und nicht erhalten. In der Regel wird der neue Wohnungsinhaber wenigstens die Miete zahlen. Es kann demnach als ein Grund für die Gewährung einer WB. nicht angesehen werden, wenn die Beamten sich darauf berufen, daß sie ihre bisherige Wohnung unentgeltlich abgegeben haben. Die WB. ist in diesen Fällen zu versagen, weil die Beamten hier offensichtlich die unentgeltliche Benutzung der Wohnung nur gestatten, um widerrechtlich WB. zu erlangen. Im allgemeinen kann es nur zulässig sein, in die bisherige Wohnung solche unverheiratete Angehörige unentgeltlich aufzunehmen, denen der Beamte Unterhalt auf Grund gesetzlicher oder sittlicher Verpflichtung gewährt;

3. wenn der Hausstand in der bisherigen Wohnung nicht fortgeführt wird, die Wohnung für Tauschzwecke jedoch jederzeit zur Verfügung steht — vgl. indes Ziff. 4 —, sie aber mit oder ohne Möbel gegen Entgelt ganz oder teilweise weitervermietet worden ist und der Beamte mit der Familie in einem Gasthause, in einer Pension oder in einer möblierten Wohnung ohne Küchenbenutzung wohnt,

| für Beamte der Stufe (s. Ziff. 10) | für besonders teure Orte | für andere Orte |
|---|---|---|
| | Beamte mit Familie | |
| | bis zu — *RM* | bis zu — *RM* |
| 1 | 2 | 3 |
| I | 1,50 | 1,— |
| II | 2,— | 1,50 |
| III | 2,50 | 2,— |
| IV | 3,— | 2,50 |
| V | 4,— | 3,— |

Beamte ohne Familie erhalten in diesem Falle keine WB., ebensowenig Beamte mit Familie beim Wohnen in einer möblierten Wohnung mit Küchenbenutzung.

(2) Für die Höhe der WB. sind die persönlichen Verhältnisse des Beamten zur Zeit der Versetzung maßgebend; vgl. jedoch Ziff. 10, Abs. 3 und Ziff. 14.

**7.** Beamten ohne eigenen Hausstand, aber mit eigenen Möbeln können die Mietauslagen für die bisherige Wohnung, sofern diese beibehalten wird, andernfalls die Kosten für die Unterstellung dieser Möbel, erstattet werden. Mietauslagen oder Unterstellungskosten dürfen jedoch höchstens bis zu 50 v. H. der Sätze in Ziff. 6 Abs. 1b 2 Sp. 3 oder 5 ersetzt werden.

**8.** (1) Eine WB. bis zu den Sätzen nach Ziff. 6 Abs. 1a bzw. Abs. 1b 1 kann ausnahmsweise auch den Beamten mit Familie gewährt werden, die

a) aus politischen oder dienstlichen Gründen ihren Hausstand am bisherigen Wohnort nicht fortführen konnten und

b) den Hausstand wegen Wohnungsmangel aber auch am neuen dienstlichen Wohnsitz oder in dessen unmittelbarer Nähe nicht einrichten können und
c) daher ihre Familie und die Möbel an einem anderen Ort gegen Entgelt unterbringen und
d) nunmehr von ihrer Familie getrennt leben müssen

(2) Eine entgeltliche Unterstellung der Möbel ist auch anzunehmen, wenn der Beamte die Möbel im eigenen Hause an einem anderen Ort untergestellt hat und dadurch die Miete nicht mehr erhält, die er bisher für diese Räume bezogen hat. Eine entgeltliche Unterstellung der Möbel im eigenen Hause liegt nicht vor, wenn die Möbel in Räumen untergestellt sind, die bisher nicht vermietet waren oder durch deren Inanspruchnahme ein Mietausfall nicht eintritt.

(3) Sind im Falle des Abs. 1 die Möbel unentgeltlich untergestellt, so kommt nur eine WB. bis zu den Sätzen in Ziff. 6 Abs. 1b 2 in Betracht.

(4) Beziehen die im Abs. 1 bezeichneten Beamten mit ihrer Familie an ihrem neuen dienstlichen Wohnsitz oder in dessen unmittelbarer Nähe eine Notwohnung ohne Kochgelegenheit, so kann für die Zeit der Unterbringung daselbst eine WB. bis zu den Sätzen in Ziff. 6 Abs. 1b 2 zugebilligt werden. Haben die Beamten jedoch eine Notwohnung mit Kochgelegenheit bezogen und nur noch einen Teil der Möbel — gegen oder ohne Entgelt — untergestellt, so darf eine WB. nicht mehr gewährt werden.

(5) Notwohnungen in diesem Sinne sind leere Wohnungen (Räume), in denen den Beamten das Verbleiben auf die Dauer nicht zugemutet werden kann und die erst von dem Beamten mit Möbeln ausgestattet werden, wogegen möblierte Wohnungen (Räume) nicht als Notwohnungen gelten.

(6) Beziehen die Beamten — Abs. 1 — mit ihrer Familie an ihrem neuen dienstlichen Wohnsitz oder in dessen unmittelbarer Nähe eine möblierte Wohnung

a) ohne Küchenbenutzung, so darf ohne Rücksicht darauf, ob die Möbel gegen oder ohne Entgelt untergestellt sind, eine WB. bis zu den Sätzen nach Ziff. 6 Abs. 1a bzw. Abs. 1b bewilligt werden
b) mit Küchenbenutzung, so darf eine WB. gewährt werden
   aa) bei entgeltlicher Unterstellung der Möbel bis zu den Sätzen in Ziff. 6 Abs. 1b 2,
   bb) bei unentgeltlicher Unterstellung der Möbel bis zu den Sätzen in Ziff. 6 Abs. 1b 3.

(7) Beamten ohne Familie, aber mit eigenem Hausstand kann in den vorbezeichneten Fällen eine WB. gewährt werden, und zwar
a) wenn die Möbel gegen Entgelt untergestellt sind, bis zu den Sätzen in Ziff. 6 Abs. 1b 2 Sp. 3 oder 5,
b) wenn die Möbel unentgeltlich untergestellt sind, bis zu 50 v. H. dieser Sätze.

**9.** Haben Beamte, abgesehen von den Fällen der Ziff. 7 und 8, ihre bisherige Wohnung freiwillig aufgegeben und die Möbel untergestellt, so haben sie kein Anrecht mehr auf Gewährung einer WB. Sollten hierdurch Härten entstehen, so kann in besonders begründeten Ausnahmefällen, insbesondere wenn die freigewordene Wohnung von einem Beamten bezogen worden ist, der bis dahin WB. erhielt oder ein Anrecht auf WB. hatte und somit die WB. für diesen Beamten auf einen längeren Zeitraum erspart worden ist, der zuständige Fachminister mit Zustimmung des Finanzministers eine WB. bewilligen.

**10.** (1) Es gehören von den in der Besoldungsordnung zum Beamtendiensteinkommensgesetze v. 17. 12. 1920/1. 4. 1924 (GS. 1924 S. 487, PrBesBl. 1924 S. 149) aufgeführten Beamten

| zur Stufe | die Beamten mit festen Grundgehaltssätzen in Gruppe | Mindestgrundgehaltssätzen in Gruppe | Einzelgehältern in Gruppe |
|---|---|---|---|
| 1 | 2 | 3 | 4 |
| I | 1 bis 5 | — | — |
| II | 6 bis 8 | 1 und 2 | — |
| III | 9 bis 12 | 3 | — |
| IV | 13 | 4 und 5 | I bis III |
| V | — | — | IV und V |

(2) Bei nichtplanmäßigen Beamten ist die Besoldungsgruppe zugrunde zu legen, in der der Beamte beim regelmäßigen Verlaufe seiner Dienstlaufbahn zuerst planmäßig angestellt wird.

(3) Beim Aufrücken der Beamten in eine höhere Stufe kann der höhere Satz der WB. in der Regel von dem Tage des Aufrückens an zugrunde gelegt werden, beim Aufrücken mit rückwirkender Kraft frühestens von dem Tage an, an dem die entsprechende Veränderung den Beamten dienstlich bekanntgemacht worden ist.

**11.** Die Sätze für besonders teure Orte sind zugrunde zu legen, wenn der Ort, an den der Beamte versetzt worden ist, zu diesen Orten gehört. Als besonders teure Orte sind anzusehen:

a. Städte:

Aachen, Altona, Augsburg, Barmen, Berlin (Ges. v. 27. 4. 1920, GS. S. 123), Bochum, Braunschweig, Bremen, Breslau, Cassel, Chemnitz, Coblenz, Crefeld, Cuxhaven, Dortmund, Dresden, Duisburg, Düsseldorf, Elberfeld, Emden, Erfurt, Essen, Flensburg, Frankenthal, Frankfurt (Main), Fürth, Gelsenkirchen, Hagen (Westf.), Halle, Hamborn, Hamburg, Hannover, Kaiserslautern, Karlsruhe, Kiel, Köln, Königsberg (Pr.), Konstanz, Landau (Pfalz), Leipzig, Lübeck, Ludwigshafen, Magdeburg, Mainz, Mannheim, Mülheim (Ruhr), Münster (Westf.), München, M. Gladbach, Neustadt (Haardt), Nürnberg, Oberhausen, Offenbach, Oppeln, Pirmasens, Plauen, Rheydt (Bez. Düsseldorf), Saarbrücken, Speyer, Stettin, Stuttgart, Trier, Wandsbek, Wiesbaden, Wilhelmshaven-Rüstringen und Zweibrücken.

b. Nordseeinseln:

Amrum, Borkum, Föhr, Helgoland, Hooge, Juist, Langenees, Neuwerk, Norderney, Sylt, Wangerooge.

**12.** (1) Unter Familie sind nicht nur Ehefrau, Kinder oder Eltern, sondern auch andere nahe Verwandte, Adoptiv- und Pflegekinder zu verstehen, sofern der Beamte ihnen in seinem eigenen Hausstand Wohnung und Unterhalt auf Grund einer gesetzlichen oder sittlichen Verpflichtung gewährt.

(2) Ein eigener Hausstand ist anzunehmen, wenn der Beamte eine Wohnung mit eigener oder selbstbeschaffter Geräteausstattung und Kochgelegenheit besitzt (nicht etwa in einem möblierten Zimmer wohnt), in seiner Wohnung die zum Lebensunterhalt notwendigen Speisen (wenigstens eine Hauptmahlzeit) durch einen Haushaltsgehilfen (auch Familienangehörigen) für eigene Rechnung herstellen läßt, und wenn er für dessen Beköstigung auch während seiner Abwesenheit ganz oder doch vorwiegend aufzukommen hat.

**13.** Beamten ohne Familie, die am bisherigen Wohnort einen eigenen Hausstand hatten, kann die WB. nach Ziff. 6, Abs. 1b 1 nur gewährt werden, wenn der eigene Hausstand unter Beibehaltung einer Wirtschafterin in der bisherigen Wohnung auf Kosten des Beamten weitergeführt wird. Andernfalls darf nur eine WB. bis zu den Sätzen in Ziff. 6 Abs. 1b 2 gewährt werden wenn die dort angegebenen Voraussetzungen noch erfüllt sind.

**14.** (1) Verheirateten Beamten, die versetzt worden sind, ihren Hausstand aber wegen Wohnungsmangels am bisherigen dienstlichen Wohnsitz oder in dessen unmittelbarer Nähe bis zur Versetzung nicht einrichten konnten und ihre Möbel schon ganz oder zum größten Teil beschafft hatten, können ausnahmsweise WB. nach Ziff. 6 Abs. 1b oder Entschädigungen nach Ziff. 23 von dem Zeitpunkt an gewährt werden, an dem sie noch am bisherigen dienstlichen Wohnsitz oder in dessen unmittelbarer Nähe einen Hausstand in einer eigenen und mit Küche (nicht nur Küchenbenutzung) versehenen Wohnung eingerichtet haben, und wenn im übrigen die Voraussetzungen für die Gewährung erfüllt sind.

(2) Vorstehendes gilt auch für die kurz vor ihrer Verheiratung versetzten Beamten, wenn diese bereits vor der Bekanntgabe der Versetzungsverfügung die zur Eheschließung gesetzlich notwendigen Schritte — Bestellung des Aufgebots — unternommen und den Tag der Eheschließung festgesetzt hatten.

**15.** Bei mehrtägigen, d. h. solchen Dienstreisen, die eine Abwesenheit von mehr als 24 Stunden erfordern (vgl. Ziff. 63 der AusfBest. v. 17. 1. 1923 zum RKG.), ist den Beamten ein Drittel der WB. auf die bei Dienstreisen zustehenden Tagegelder für die Tage anzurechnen, an denen das volle Tagegeld für Dienstreisen zusteht. Die Anrechnung des Drittels kommt jedoch nicht in Frage, wenn nach Lage des Einzelfalles nur ein Teil der Höchstsätze zugebilligt worden und darin kein Betrag für Verpflegung enthalten ist.

**16.** Werden Beamte, die WB. erhalten, von dem neuen dienstlichen Wohnsitz aus zur vorübergehenden Beschäftigung an andere Orte überwiesen, so kann ihnen neben den Beschäftigungstagegeldern für diese vorübergehende Beschäftigung höchstens noch die Miete für die an dem neuen dienstlichen Wohnsitz beibehaltene Wohnung bis zur Höhe der bis dahin gewährten WB. erstattet werden, wenn die auswärtige Beschäftigung nur von kürzerer Dauer ist und es unbillig sein würde, die Aufgabe der bisherigen Wohnung von dem Beamten zu verlangen.

**17.** Beamten kann auch nach einer erneuten Versetzung eine WB. gewährt werden, wenn und solange die Voraussetzungen für die Gewährung noch erfüllt sind. In diesen Fällen gilt für die ersten 14 Tage des Aufenthalts der Beamten an dem nunmehrigen neuen dienstlichen Wohnsitz der Abs. 1a der Ziff. 6.

**18.** (1) Bei jedem Urlaub ist den Beamten die WB. bis zu 3 Tagen zu belassen. Für die übrige Urlaubszeit ist nur die Miete für die notwendige Beibehaltung der Wohnung am neuen dienstlichen Wohnsitz bis zur Höhe der bis dahin gewährten WB. zu erstatten. Den Beamten mit Familie, die während eines Urlaubs oder eines Teils desselben am neuen dienstlichen Wohnsitz verbleiben, kann die WB. für die Zeit des Verbleibens daselbst weitergewährt werden.

(2) Schulferien gelten für die Lehrkräfte als Urlaub.

**19.** (1) Den Beamten mit Familie, die bereits ein Vierteljahr WB beziehen, können zum Besuche ihrer Familie für jährlich 4 Reisen Reisebeihilfen gewährt werden. Im allgemeinen darf auf jedes Vierteljahr eine Reise entfallen. Beim Vorliegen besonderer Gründe (z. B. Urlaub zum Weihnachtsfest) kann bereits im ersten Vierteljahr eine Reisebeihilfe gewährt werden.

(2) Reisebeihilfen dürfen auch gewährt werden, wenn die Beamten infolge dienstlicher Gründe oder Krankheit nicht zu ihrer Familie reisen können und daher die Ehefrau oder ein anderes Familienmitglied zu sich kommen lassen oder wenn aus besonderen Gründen — z. B. wegen Krankheit in der Familie — in ein und demselben Vierteljahr noch eine zweite Reise ausgeführt wird, und wenn die Reisen noch innerhalb der Zahl der jährlich zulässigen 4 Reisen bleiben.

(3) Dienstreisen der Beamten nach dem Wohn- oder Aufenthaltsort ihrer Familie sind auf die jährlichen 4 Reisen anzurechnen, sofern nicht von den Beamten besondere Gründe dargetan werden, die eine Nichtanrechnung gerechtfertigt erscheinen lassen.

(4) Die Reisebeihilfen können bis zur Höhe der wirklich erwachsenen Fahrtauslagen, jedoch höchstens für die 3. Wagenklasse, gewährt werden; daneben kann bei Entfernungen von mehr als 200 km auch der etwaige Schnellzugzuschlag für die 3. Klasse berücksichtigt werden. Falls die Familie sich nicht an einem neuen dienstlichen Wohnsitz näher gelegenen Orte aufhält, kommt die kürzeste Strecke zwischen dem neuen dienstlichen Wohnsitz und dem bisherigen Wohnort des Beamten in Betracht. Weitere Ausgaben, z. B. für Pässe und Sichtvermerke, für Zu- und Abgang, für Gepäckbeförderung und -versicherung, Übernachtung usw. sind nicht zu erstatten.

(5) Einen Anspruch auf Urlaub können die Beamten aus dieser Regelung nicht herleiten. Dem zuständigen Vorgesetzten verbleibt die Entscheidung darüber, ob der Urlaub mit den dienstlichen Rücksichten vereinbar ist. Soweit die allgemeinen Urlaubsbestimmungen nichts Abweichendes enthalten, bestimmt der zuständige Vorgesetzte, ob und inwieweit diese Urlaubstage auf den jährlichen Erholungsurlaub anzurechnen sind.

**20.** (1) In Krankheitsfällen ist die WB. weiterzuzahlen, wenn die erkrankten Beamten wegen Reiseunfähigkeit am neuen dienstlichen Wohnsitz verbleiben müssen. Andernfalls kann höchstens die Miete für die notwendige

Beibehaltung der Wohnung an diesem Ort bis zur Höhe der bis dahin gewährten WB. erstattet werden, wenn ferner die Krankheit nur von kürzerer Dauer, eine baldige Wiederaufnahme des Dienstes zu erwarten ist und es unbillig sein würde, die Aufgabe der bisherigen Wohnung von den Beamten zu verlangen.

(2) Daneben kann den Beamten mit Familie zu den Fahrtauslagen für die Reise vom neuen dienstlichen Wohnsitz nach dem Wohnort ihrer Familie und zurück eine Reisebeihilfe im Rahmen der Ziff. 19 gewährt werden. Von einer Anrechnung der Reise auf die dort vorgesehenen 4 Reisen kann abgesehen werden.

**21.** (1) Bei der Berechnung des einzubehaltenden Teils des Diensteinkommens eines Beamten infolge vorläufiger Dienstenthebung ist die WB. mit zu berücksichtigen. Die WB. fällt weg, sobald Verhältnisse eintreten, nach denen eine Gewährung nicht mehr in Frage kommt — z. B. Rückkehr des Beamten in den Familienhausstand —.

(2) Während einer Untersuchungshaft kann die WB. weitergewährt werden, wenn die für die Gewährung gegebenen Voraussetzungen unverändert fortbestehen und die Nichtgewährung der WB. eine unbillige Härte bedeuten würde.

(3) Für die Zeit der Verbüßung von Freiheitsstrafen werden Entschädigungen auf Grund dieser Bestimmungen nicht gewährt.

**22.** (1) Für die Umzugstage ist die bisher gewährte WB. weiterzuzahlen. Waren die Beamten jedoch während der Zeit des Umzuges beurlaubt, so gilt Ziff. 18.

(2) Sollte unmittelbar nach dem Umzuge der gemeinsame Familienhausstand an dem neuen Wohnort noch nicht eingerichtet werden können und die Gewährung einer WB. dann noch in Frage kommen, so kann von dem Tage des Eintreffens der Möbel am Bestimmungsort ab eine WB. nur noch unter Berücksichtigung der veränderten Verhältnisse zugebilligt werden; vgl. Ziff. 8 und 9.

**23.** (1) Beamte, die täglich von ihrem neuen Dienstort nach ihrem Wohnort fahren, erhalten nach Ziff. 1 keine WB. Diesen Beamten mit eigenem Hausstand können vielmehr nur die Auslagen, gegebenenfalls nur die Mehrauslagen für die Fahrkarte (Monats- oder Wochenkarte) erstattet werden. Außerdem kann zur Bestreitung der Mehrkosten für Verpflegung usw. ein täglicher Zuschuß gewährt werden. Voraussetzung ist jedoch, daß diesen Beamten im Falle der doppelten Haushaltsführung eine WB. zugebilligt werden könnte.

(2) Die Auslagen oder Mehrauslagen für die Fahrkarte können nur bis zur Höhe des Betrages für die 3. Wagenklasse erstattet werden. Sollten sich aus dieser Regelung in einzelnen Gegenden für die Beamten Unzuträglichkeiten ergeben, so ist dem zuständigen Fachminister zu berichten. Es würden dann mit Zustimmung des Finanzministers für bestimmte, näher zu bezeichnende Züge Ausnahmen in der Richtung zugelassen werden können, daß die Auslagen oder Mehrauslagen für die Fahrkarte der 2. Wagenklasse erstattet werden, sofern die Beamten nach § 4 Abs. 2 des RKG. zur Benutzung dieser Klasse berechtigt sind.

(3) Kosten für Benutzung der Straßenbahn am Wohnort der Beamten sind nicht zu erstatten, da solche Kosten auch von den übrigen an demselben Orte wohnenden Beamten zu tragen sind.

(4) Der tägliche Zuschuß (Abs. 1) darf für Beamte mit Familie höchstens 1,50 RM., **im übrigen höchstens 1 RM.** betragen. Er ist im allgemeinen nur zu gewähren, wenn die Abwesenheit vom Wohnort länger als zwei Stunden über die festgesetzte Mindestarbeitszeit der Beamten hinaus dauert. Die Abwesenheitsdauer ist in der Weise zu ermitteln, daß die Zeitspanne als Maßstab zu dienen hat, die zwischen der fahrplanmäßigen Abfahrt und Ankunft der für die Hin- und Rückfahrt zu benutzenden Züge liegt. Für die Tage, an denen der Beamte am neuen dienstlichen Wohnsitz nicht dienstlich tätig ist, ist der Zuschuß nicht zu zahlen.

(5) Fahrtauslagen und Zuschüsse dürfen nicht gewährt werden,

a) wenn der Hausstand der Beamten an einem Orte eingerichtet ist, in dem nach der örtlichen Wohnsitte auch Personen wohnen, die an dem neuen dienstlichen Wohnsitze der Beamten ihrem Berufe nachgehen — z. B. Vororte der Großstädte —,
b) wenn die Beamten in einem eigenen Hause eines dem neuen dienstlichen Wohnsitze benachbarten Ortes wohnen,
c) für Fahrten innerhalb der Gemeinde Berlin (vgl. Ges. v. 27. 4. 1920 — GS. S. 123 —).

(6) Im übrigen wird auf den — nachstehend abgedruckten — RdErl. v. 26. 1. 1923, betr. die Ziff. 94a der PBV. — FMBl. S. 56 — verwiesen.

„Die Ziff. 94a der PBV. ist nur bei denjenigen Beamten mit eigenem Hausstand anzuwenden, die versetzt sind und den Umzug nach dem neuen Dienstort infolge äußerer Umstände (Wohnungsmangel, Hemmungen im Güterverkehr) nicht .... ausführen können. Für die Dauer der Fortführung des Hausstandes am bisherigen Wohnort gilt dann dieser Ort als dienstlicher Wohnsitz im Sinne der Ziff. 93 der PBV.

Diese Voraussetzung trifft auf die Beamten nicht zu, für die trotz der Versetzung ein Umzug nicht erforderlich wird. Dies ist der Fall, wenn die Lage des bisherigen Wohnorts sowie die dienstlichen Verhältnisse die Erledigung der Amtsgeschäfte vom bisherigen Wohnort aus gestatten und dessen Beibehaltung dem Beamten auf Antrag von der vorgesetzten Dienstbehörde genehmigt wird. Eine derartige Genehmigung mit der Wirkung, daß als dienstlicher Wohnsitz gemäß Ziff. 93 Abs. 2 a. a. O. der Amtssitz der Behörde gilt und daß später ein Anspruch auf Gewährung von Umzugskostenvergütung nicht fällig wird, kann auf Antrag des Beamten ebenso erteilt werden, wie es zulässig ist, **daß Beamte, die nicht versetzt sind**, statt am dienstlichen Wohnsitz mit Genehmigung ihrer vorgesetzten Dienststelle an einem benachbarten Orte Wohnung nehmen, ohne dadurch den Anspruch auf den Bezug des Ortszuschlages — jetzt Wohnungsgeldzuschusses — nach dem Satze des dienstlichen Wohnsitzes zu verlieren.

Hinsichtlich der Flüchtlingsbeamten gilt der Zufluchtsort als dienstlicher Wohnsitz im Sinne der Ziff. 93 a. a. O. Falls der weitere Umzug nach dem Dienstort aus den im Abs. 2 angeführten Gründen nicht in Frage kommt, finden die Bestimmungen des Abs. 2 sinngemäße Anwendung.

Sofern ein Beamter infolge seiner Versetzung von seinem bisherigen Wohnort fortzieht, aber nicht an seinem neuen dienstlichen Wohnsitz, sondern nur an einem dritten Ort Wohnung nehmen kann, findet die Ziff. 94a a. a. O. keine Anwendung, da der Hausstand nicht am bisherigen Wohnort fortgeführt wird. Dieser Beamte ist gemäß Ziff. 93 Abs. 2 a. a. O. mit dem Ortszuschlage nach seinem neuen dienstlichen Wohnsitz abzufinden."

Beispiele:

I. Ein von Celle nach Berlin versetzter verheirateter Beamter kann infolge Wohnungsmangels seinen Hausstand am neuen dienstlichen Wohnsitz nicht einrichten. Er hat, da Ziff. 94a der PBV. wirksam wird, den Wohnungsgeldzuschuß — Ortszuschlag — für Celle für die Dauer der Fortführung des Hausstandes am bisherigen Wohnort und die WB. für doppelte Haushaltsführung zu erhalten.

II. Ein Beamter wird von Potsdam nach Berlin versetzt.

a) Wegen Wohnungsmangels kann er die Familie nicht nach Berlin heranziehen. Er kehrt täglich von seiner Dienststelle nach Potsdam zurück. Nach Ziff. 94a der PBV. steht für die Dauer der Fortführung des Hausstandes am bisherigen Wohnort der Ortszuschlag für Potsdam zu. Der Beamte kann ferner nach Ziff. 23 die Auslagen oder Mehrauslagen für die Fahrkarte (regelmäßig Monatskarte) und gegebenenfalls einen Zuschuß zur Bestreitung der Mehrkosten für Verpflegung usw. erhalten.

b) Sofern der Beamte aus persönlichen Gründen nicht nach Berlin übersiedeln will und nicht dienstliche Rücksichten gegen sein weiteres Verbleiben in Potsdam sprechen, kann ihm auf Antrag die Beibehaltung des Wohnortes Potsdam mit der Wirkung gestattet werden, daß als dienstlicher Wohnsitz der Sitz der Behörde gilt (Ziff. 93 Abs. 2 der PBV.) Es ist von diesem Zeitpunkt an unter Wegfall der Fahrkostenvergütung und des Zuschusses der Wohnungsgeldzuschuß — Ortszuschlag — für Berlin und der örtliche Sonderzuschlag zu zahlen.

III. Ein Beamter wird von Magdeburg nach Berlin versetzt und nimmt mit seiner Familie Wohnung in Fürstenwalde. Er fährt täglich vom Wohnorte nach dem neuen dienstlichen Wohnsitz und von diesem nach dem Wohnorte zurück. Ziff. 94a der PBV. bleibt außer Betracht, da der Hausstand nicht am bisherigen Wohnort fortgeführt wird. Der Beamte ist nach Ziff. 93 a. a. O. mit Wohnungsgeldzuschuß — Ortszuschlag — und dem örtlichen Sonderzuschlag für Berlin abzufinden. Da die Wahl des Wohnortes nicht der herrschenden Wohnsitte entspricht, könnten nach der nachstehenden Ziff. 24 ausnahmsweise Fahrtauslagen und Zuschuß für Verpflegung usw. gewährt werden, wenn der Beamte seine Wohnung in Magdeburg unbedingt aufgeben mußte und eine Wohnung in Berlin oder in dessen unmittelbarer Nähe nicht sogleich erhalten konnte und ihm nunmehr durch die täglichen Fahrten e r h e b l i c h e Mehraufwendungen erwachsen. Bei Gewährung der Fahrtauslagen und bei Bemessung des Zuschusses wäre noch der etwaige Unterschied zwischen dem Wohnungsgeldzuschuß — Ortszuschlag — gegebenenfalls nebst Ausgleichszuschlag und örtlichem Sonderzuschlag des dienstlichen Wohnsitzes einerseits und den Bezügen des tatsächlichen Wohnsitzes anderseits zu berücksichtigen.

**24.** Abgesehen von den Fällen der Ziff. 8 steht den Beamten, die infolge der Versetzung ihre Wohnung am bisherigen Wohnort aufgegeben und einen Umzug nach einem anderen als dem neuen dienstlichen Wohnsitz ausgeführt und infolgedessen einen Anspruch auf die gesetzliche Umzugskostenvergütung haben oder denen infolgedessen auf Grund des RdErl. v. 4. 10. 1921 (FMBl. S. 490) eine Umzugskostenbeihilfe gewährt werden kann, die WB. vom Tage nach dem Eintreffen der Möbel am Bestimmungsorte nicht mehr zu. Sollten einzelne dieser Beamten durch die täglichen Fahrten zwischen dem tatsächlichen und dem dienstlichen Wohnsitz noch erhebliche Mehraufwendungen haben, so kann, wenn ein besonders begründeter Ausnahmefall vorliegt, der zuständige Fachminister mit Zustimmung des Finanzministers genehmigen, daß in diesem Einzelfall nach Ziff. 23 verfahren wird. Bei Bemessung des Zuschusses ist in diesen Fällen noch der etwaige Unterschied zwischen dem Wohnungsgeldzuschuß-Ortszuschlag, gegebenenfalls nebst Ausgleichszuschlag und örtlichem Sonderzuschlag für den neuen dienstlichen Wohnsitz und den Bezügen für den tatsächlichen Wohnort zu berücksichtigen; vgl. Beispiel III bei Ziff. 23 Abs. 6 am Schluß.

## B. Einberufene Beamte sowie wiederbeschäftigte Wartegeld- und Ruhegehaltsempfänger.

**25.** (1) Die Bestimmungen des Abschn. A gelten auch für die in den preußischen unmittelbaren Staatsdienst einberufenen oder in ihn übernommenen Beamten mit Familie sowie für die dort wiederbeschäftigten Wartegeld- und Ruhegehaltsempfänger mit Familie, jedoch mit der Maßgabe, daß an die Stelle der Versetzung die Einberufung, Übernahme oder Wiederbeschäftigung und an die Stelle des bisherigen dienstlichen Wohnsitzes im allgemeinen der bisherige Wohnort tritt. Sofern in Ziff. 26 nichts Abweichendes bestimmt ist, ist ferner Voraussetzung für die Gewährung, daß diese Beamten eine laufende Grundvergütung — § 11 des BDEG. vom 17. 02. 1920/1. 4. 1924 — GS. 1924 S. 487, PrBesBl. S. 149 — oder ein Grundgehalt beziehen. Für die Zeit einer probeweisen Beschäftigung kann eine WB. usw. aber nur gewährt werden, wenn bei Antritt der Probezeit bereits feststeht, daß nach ihrer Beendigung der Anwärter bei der Behörde verbleibt, bei der er die Probezeit ableistet. Wegen der Wartegeld- und Ruhegehaltsempfänger vgl. noch Ziff. 33.

(2) Auch die zur Probedienstleistung als Beamte einberufenen Anwärter müssen, wenn sie nach Abs. 1 eine WB. usw. erhalten können, ihre bisherige Wohnung, abgesehen von den Ausnahmefällen der Ziff. 3 und 4, ebenfalls sogleich und jederzeit für Tauschzwecke zur Verfügung halten; vgl. auch Ziff. 40 Abs. 1 und Ziff. 41 Abs. a und b Dem Wohnungstausche selbst und damit dem Umzuge wird jedoch erst nähergetreten werden können, wenn mit Sicherheit anzunehmen ist, daß die Anwärter in den Staatsdienst übernommen werden.

(3) Bei Beamten, deren bisherige Wohnung im abgetretenen Gebiet liegt, kann nicht gefordert werden, daß die Wohnung für Tauschzwecke zur Verfügung gestellt wird.

(4) Die innerhalb des preußischen unmittelbaren Staatsdienstes von einer zur anderen Verwaltung oder die aus dem mittelbaren oder außerpreußischen Staatsdienst in den preußischen unmittelbaren Staatsdienst übertretenden Beamten mit Familie oder die aus dem Angestelltenverhältnis in das Beamtenverhältnis übertretenden Personen mit Familie können eine WB. auch erhalten, wenn die Führung des doppelten Haushalts nicht erst durch diesen Übertritt oder diese Einberufung notwendig geworden ist. Voraussetzung ist jedoch in diesen Fällen, daß diese Beamten bis zu ihrem Übertritt oder ihrer Einberufung schon eine WB. oder eine ihr gleichstehende Ent-

schädigung bezogen haben, und daß diese nach den Bestimmungen des Abschn. A zu Recht zugebilligt war oder bei Anwendung dieser Bestimmungen hätte zugebilligt werden können. Vgl. indes noch Ziff. 29 bis 32.

(5) Die Ziff. 14 gilt im gegebenen Falle sinngemäß.

(6) Einberufene Beamte ohne Familie sowie wiederbeschäftigte Wartegeld- und Ruhegehaltsempfänger ohne Familie erhalten keine WB. usw.

**26.** Unter die Beamten im Sinne der Abs. 1 und 4 der Ziff. 25 fallen insbesondere

a) Versorgungsanwärter, Inhaber des Anstellungsscheins sowie Offiziere und Deckoffiziere a. D., denen die Aussicht auf Anstellung im Zivildienst verliehen worden ist, und sonstige zur Probedienstleistung einberufene Beamtenanwärter auch während der Probezeit und der etwa anschließenden weiteren Vorbereitungszeit, wenn diese Personen vom Tage der Übernahme an oder nach Ablauf der Vorbereitungszeit eine laufende Grundvergütung oder ein Grundgehalt beziehen und wegen der Mehrausgaben anläßlich der Wohnungsnot nicht anderweit entschädigt werden. Referendare, Regierungsbauführer, Zivilsupernumerare usw. fallen nicht hierunter. Die den Offizieren a. D. und Deckoffizieren a. D. etwa nach § 2 Abs. 2 und § 3 des Offizierentschädigungsgesetzes v. 13. 9. 1919 (RGBl. S. 1654 ff.) noch zahlbaren laufenden Entschädigungen können auf den nach Ziff. 35 Abs. 2 festzusetzenden Mehraufwand angerechnet werden;

b) die wissenschaftlichen Assistenten mit planmäßiger Vergütung an den Hochschulen, wenn diese Assistenten Inhaber einer planmäßigen Stelle sind. Die nur mit der Verwaltung einer solchen Stelle beauftragten Assistenten sowie die Assistenten mit außerplanmäßiger Vergütung und die Volontärassistenten erhalten keine WB,;

c) die Inhaber der planmäßigen Volldozenturen an den Hochschulen;

d) Assessoren, Regierungsbaumeister usw., die nach beendetem Vorbereitungsdienst und nach bestandener Prüfung erstmalig an eine Behörde eines anderen Dienstorts zur dauernden Verwendung überwiesen werden und von demselben Zeitpunkt an eine laufende Grundvergütung erhalten; wegen der Studienassessoren vgl. noch § 15 Abs. 3 der Anwärterordnung v. 24. 4. 1924 (ZentrBl. f. d. UnterrV. S. 157) in der Fassung v. 10. 11. 1924 — ebenda S. 300 —;

e) die Personen, die, ohne vorher im preußischen unmittelbaren Staatsdienst gestanden zu haben, in ihn als Beamte übernommen werden sollen und denen auf Grund des § 7 des Gesetzes, betr. die Umzugskosten der Staatsbeamten v. 24. 2. 1877 (GS. S. 15) eine Umzugskostenvergütung zugesichert ist, soweit nicht die Ziff. 29 bis 31 gelten und soweit diese Personen wegen der Mehrausgaben anläßlich der Wohnungsnot nicht anderweit entschädigt werden.

**27.** (1) Den von preußischen Behörden im Freistaatsgebiet Danzig an preußische unmittelbare Staatsbehörden im Reichsgebiet versetzten Beamten und den aus dem Dienst des Freistaats Danzig in den preußischen unmittelbaren Staatsdienst zurücktretenden Beamten können, wenn und solange sie infolge der Wohnungsnot Familie mit Hausrat in Danzig zurücklassen müssen, bis zur Höhe des tatsächlich entstandenen Mehraufwandes an Stelle der Beihilfe nach Ziff. 6 WB. gewährt werden, die betragen:

a) für die Ehefrau,
bei Beamten der Stufe I bis zu 5 Danziger Gulden täglich,
bei Beamten der Stufe II bis zu 6,5 Danziger Gulden täglich,
bei Beamten der Stufe III bis zu 8 Danziger Gulden täglich;

b) für jedes Kind bis zu 2 Danziger Gulden täglich.

(2) Für diese Beamten gilt der inländische Dienstort als dienstlicher Wohnsitz im Sinne der Ziff. 93 der PBV. Die Ziff. 94a, ebenda, ist nicht anzuwenden.

(3) Den geschiedenen oder verwitweten Beamten kann die für die Ehefrau vorgesehene Vergütung nur gewährt werden, wenn der Hausstand durch einen Haushaltsgehilfen (auch Familienangehörigen) weitergeführt wird, für dessen Unterhalt der Beamte auch während seiner Abwesenheit ganz oder doch überwiegend aufzukommen hat.

(4) Die wirtschaftliche Lage des Staates läßt es nicht zu, daß derart hohe WB. während einer längeren Zeit gezahlt werden. Diese Beamten haben daher die schleunige Verlegung ihres Hausstandes in das Reichsgebiet nachdrücklichst zu betreiben. Sie haben erforderlichenfalls auch eine Notwohnung oder nach einem Orte in der Nähe des neuen dienstlichen Wohnsitzes umzuziehen. Die Kosten der etwaigen Umzüge von der Notwohnung in die eigentliche Wohnung oder von dem anderen Ort nach dem dienstlichen Wohnsitz werden erstattet, wenn diese Umzüge noch notwendig sein sollten und wenn gegebenenfalls den Beamten das tägliche Fahren zum Dienst und zurück auf die Dauer nicht zugemutet werden kann; vgl. auch Nr. 3 Abs. 6 und 7 des Rundschreibens des Reichsministers der Finanzen v. 4. 9. 1922 (I. B. 21822), mitgeteilt durch Erl. v. 17. 11. 1922 (FMBl. S. 784).

(5) Wegen etwaiger Gewährung einer WB. usw. für die Zeit nach dem Umzuge in das Reichsgebiet gelten die Ziff. 8, 23 und 24 sinngemäß.

(6) Zu den Umzugskosten und Mietentschädigungen, zu denen der Freistaat Danzig nach § 16 des Deutsch-Danziger Beamtenabkommens v. 12. 11. 1920 mit einem Drittel beitragspflichtig ist, gehören nach einer Vereinbarung mit dem Senat der Freien Stadt Danzig auch die den Beamten gezahlten Beihilfen für die Führung eines doppelten Haushalts nach Ausführung der Versetzung mit der Maßgabe, daß die Beitragsleistung Danzigs zu diesen Beihilfen sich auf einen Zeitraum von längstens 2 Monaten beschränkt. Der Beitragsanteil Danzigs an den Kosten für die Führung eines doppelten Haushalts ist von der Dienststelle, die diese Beträge zur Zahlung angewiesen hat, alsbald nach Ablauf der zweimonatigen Frist unmittelbar bei dem Senat der Freien Stadt Danzig anzufordern. Unter das Deutsch-Danziger Beamtenabkommen fallen aber nur die Beamten, die im Dienste des Freistaats Danzig selbst gestanden haben.

**28.** Den aus dem Dienst des Memelgebiets in den preußischen unmittelbaren Staatsdienst zurücktretenden Beamten, die infolge der Wohnungsnot Familie mit Hausrat dort zurücklassen müssen und daher eine WB. nach Ziff. 6 beziehen, kann ein Zuschuß zur WB. bis zur Höhe des Unterschiedsbetrags zwischen den jetzigen Bezügen der Beamten und denen derselben Beamten am bisherigen dienstlichen Wohnsitz im Memelgebiet gewährt werden. Die Abs. 2 bis 5 der Ziff. 27 gelten entsprechend.

**29.** (1) Die durch die Umgestaltung des Staatswesens oder aus Anlaß des Friedensvertrags entbehrlich gewordenen Heeres-, Marine- und Kolonialbeamten, die seit dem 14. 7. 1921 in den preußischen unmittelbaren Staatsdienst übergetreten sind und noch übertreten werden, können Trennungsentschädigungen (WB.) nach dem Reichsgesetz v. 21. 5. 1920 (RGBl. S. 1061) und den dazu erlassenen Ausführungsbestimmungen aus Reichsmitteln erhalten, sofern und solange die sonstigen Voraussetzungen des Gesetzes und der Ausführungsbestimmungen auf diese Beamten zutreffen. Vor der Übernahme eines solchen Beamten hat sich die übernehmende Stelle bei der zuständigen Reichsbehörde zu vergewissern, daß diese die Trennungsentschädigung für den Beamten auch tatsächlich übernimmt und in welcher Höhe sie zu zahlen ist.

(2) Die Entschädigungen nach dem vorbezeichneten Gesetz sind diesen Beamten vorschußweise durch die Behörden zu zahlen, bei denen die Beamten beschäftigt oder angestellt sind. Die gezahlten Beträge sind seitens dieser Behörden unmittelbar bei der der früheren Dienststelle der Beamten zuletzt vorgesetzten Reichsbehörde halbjährlich zur Erstattung anzufordern, und zwar die für die Monate April bis September gezahlten Beträge in der ersten Hälfte des Monats Oktober, die für die Monate Oktober bis März gezahlten Beträge in der ersten Hälfte des Monats April.

(3) Die zum Reichsgesetz v. 21. 5. 1920 ergangenen Ausführungsbestimmungen des Reichsministers der Finanzen decken sich im wesentlichen mit den vorliegenden Bestimmungen.

(4) Für die vor dem 14. 7. 1921 übergetretenen ehemaligen Heeres-, Marine- und Kolonialbeamten gelten Ziff. 25 und Ziff. 26 Abs. e.

**30.** Die Abs. 1 bis 3 der Ziff. 29 gelten auch für die durch die Umgestaltung der Reichsschatzverwaltung überzählig werdenden Reichsbeamten, sobald sie in den preußischen unmittelbaren Staatsdienst übergetreten sind.

**31.** (1) Die ehemaligen elsaß-lothringischen Beamten, die in den preußischen unmittelbaren Staatsdienst endgültig übergetreten sind, können vom Tage dieses Übertritts an beim Vorliegen der Voraussetzungen Trennungsentschädigungen (WB.) nach dem Reichsgesetz v. 21. 5. 1920 (RGBl. S. 1061) und den dazu erlassenen Ausführungsbestimmungen aus Reichsmitteln erhalten. Vor der Übernahme eines Beamten hat sich die Anstellungsbehörde unmittelbar mit dem Reichsministerium des Innern darüber zu benehmen, daß dieses die Trennungsentschädigung für den Beamten auch tatsächlich übernimmt und in welcher Höhe sie zu zahlen ist. Die Entschädigungen sind durch die Anstellungsbehörden vorschußweise zu zahlen und halbjährlich (vgl. Ziff. 29 Abs. 2) bei diesem Ministerium anzufordern.

(2) Reisebeihilfen (vgl. Ziff. 19 und Ziff. 20 Abs. 2) für die im Abs. 1 bezeichneten Beamten sind ebenfalls von der Anstellungsbehörde vorschußweise zu zahlen und zusammen mit den Trennungsentschädigungen bei dem vorbezeichneten Ministerium anzufordern.

**32.** (1) Wenn die bei Reichsbehörden kommissarisch beschäftigt gewesenen preußischen unmittelbaren Staatsbeamten durch den Rücktritt in den Staatsdienst gezwungen sind, einen doppelten Haushalt zu führen oder ihre Möbel unterzustellen oder täglich an ihren Wohnort zurückzufahren, erhalten sie eine WB. oder die Fahrtauslagen und einen Zuschuß nach den Bestimmungen des Abschn. A zu Lasten der Reichskasse. Voraussetzung für die Gewährung ist jedoch, daß dem Beamten von der Reichsbehörde mit Zustimmung seiner preußischen Behörde die Genehmigung zur Übersiedlung nach dem Orte der Beschäftigungsbehörde erteilt war und daß er infolgedessen dorthin umgezogen ist. (Die Kosten dieses Umzugs und des Rückumzuges werden nach den für die Reichsbeamten geltenden Grundsätzen von der Reichsbehörde zu Lasten der Reichskasse gezahlt.)

(2) Die WB. usw. ist dem Beamten von der Behörde, bei der er beschäftigt oder angestellt ist, vorschußweise zu zahlen und halbjährlich (vgl. Ziff. 29 Abs. 2) bei der Reichsbehörde, bei der der Beamte zuletzt beschäftigt war, zur Erstattung anzufordern.

(3) Die Gewährung einer WB. usw. aus Staatsmitteln kommt in diesen Fällen nicht in Frage.

**33.** (1) Preußischen Wartegeldempfängern mit Familie können WB. usw. bewilligt werden, wenn sie im preußischen unmittelbaren Staatsdienste wiederbeschäftigt und wenn ihre Bezüge für diese Zeit nach den Grundsätzen für die Besoldung der nichtplanmäßig beschäftigten Beamten geregelt werden (vgl. die RdVf. des Ministers des Innern v. 21. 4. 1922 — II. B. 841. 155 — MBliV. S. 466 —). Von der den Beamten nach Ziff. 40 Abs. 1 allgemein auferlegten Verpflichtung sind die Wartegeldempfänger entbunden, da die Gewährung der Umzugskosten aus Anlaß einer vorübergehenden Wiederbeschäftigung im Staatsdienst nicht in Frage kommt. Wenn aber im Einzelfall die Wiederanstellung des Wartegeldempfängers in kürzerer Zeit mit Sicherheit feststeht und er am Beschäftigungsort, der nun Wiederanstellungsort werden wird, schon eine Wohnung gefunden hat, die anderenfalls verloren gehen würde, kann der zuständige Fachminister mit Zustimmung des Finanzministers genehmigen, daß der Wartegeldempfänger den Wohnsitz bereits vor der endgültigen Wiederanstellung gegen Gewährung der Umzugskosten an den künftigen Wiederanstellungsort verlegt.

(2) Vorstehendes gilt auch für vorübergehend wiederbeschäftigte preußische Ruhegehaltsempfänger mit Familie.

## C. Zahlung der Wohnungsbeihilfen usw.; Übergangs- und Schlußbestimmungen.

**34.** (1) WB., Fahrtauslagen, Zuschüsse usw. sind nur auf Antrag zu gewähren. Die Anträge sind bei der unmittelbar vorgesetzten Dienststelle schriftlich einzureichen und haben die tatsächlichen Verhältnisse zu klären. Die Beamten haben insbesondere anzugeben, welcher Mehraufwand — ziffermäßig — ihnen bisher erwachsen ist (vgl. Ziff. 35 Abs. 2) sowie was sie zur Erlangung einer Wohnung veranlaßt haben und mit welchem Erfolge, gegebenenfalls warum diese Maßnahmen erfolglos waren.

(2) Die Beamten sind außerdem verpflichtet, jede Änderung in ihren Wohnungsverhältnissen, in ihren persönlichen Verhältnissen und in der Berechnung des Mehraufwandes sofort ihrer vorgesetzten Dienststelle schriftlich anzuzeigen, sofern diese Änderung eine anderweite Festsetzung oder den Wegfall der WB., der Fahrtauslagen, des Zuschusses usw., nach sich ziehen kann. Hat

der Beamte die aufgegebene Wohnung nicht als Tauschsache benutzt, so hat er dies auch seiner bisher vorgesetzten Dienststelle und der Wota im FinMin. unverzüglich anzuzeigen, damit das Weitere nach der Anordnung des Ministers für Volkswohlfahrt v. 16. 6. 1923 (vgl. Ziff. 42) sofort veranlaßt werden kann.

(3) Die Gewährung einer Reisebeihilfe (Ziff. 19 und Ziff. 20 Abs. 2) ist ebenfalls schriftlich unter Darlegung der Verhältnisse zu beantragen.

(4) Die Angaben sind nachzuprüfen.

(5) Die Anträge usw. sind gegebenenfalls an die übergeordnete Provinzialbehörde weiterzuleiten, die über den Antrag nach den vorliegenden Bestimmungen zu entscheiden hat. Ist in Ausnahmefällen die Entscheidung dem Fachminister vorbehalten, so ist diesem der Antrag vorzulegen. Dabei ist unter eingehender tatsächlicher und gegebenenfalls rechtlicher Begründung die eigene Ansicht über die Frage zu entwickeln; die bisherigen Auffassungen, Erlasse und Entscheidungen sind zu berücksichtigen und in dem Bericht anzuführen.

**35.** (1) Die WB. sind gegebenenfalls von dem Tage nach dem Eintreffen der versetzten oder einberufenen Beamten an ihrem neuen dienstlichen Wohnsitz an und nach Aufnahme der Beschäftigung daselbst zu gewähren; vgl. jedoch Ziff. 14 und Ziff. 25 Abs. 5.

(2) Die Sätze (Ziff. 6, 8, 23, 27 und 28) sind Höchstbeträge, bis zu denen die Entschädigungen gewährt werden können. Mit Rücksicht auf die wirtschaftliche Lage des Staates wird erwartet, daß die Verhältnisse in jedem Einzelfalle genau erörtert werden und daß die Behörde die Höhe der WB. usw. nur nach dem tatsächlichen Bedürfnis und dem unbedingt notwendigen Mehraufwand festsetzt. Als Maßstab, auch für die Höhe der anzurechnenden häuslichen Ersparnisse, haben nur Verhältnisse zu dienen, wie sie im allgemeinen bei Beamten derselben Besoldungsgruppe üblich sind. Kosten für die Benutzung der Straßenbahn, Entschädigungen für den Verschleiß von Möbeln und ähnliche Ausgaben müssen jedoch unberücksichtigt bleiben. Von einem kleinlichen Eindringen in die persönlichen Verhältnisse des Beamten und von umständlichen Berechnungen ist abzusehen.

(3) Der im Einzelfall zulässige Höchstsatz darf grundsätzlich nicht überschritten werden.

**36.** (1) Die WB., Fahrtauslagen, Zuschüsse usw. sind, vorbehaltlich der Einziehung überzahlter Beträge, monatlich im voraus zu zahlen. Der Betrag ist aber schon entsprechend herabzusetzen, wenn die Trennung von der Familie usw. nicht mehr einen ganzen Monat dauern wird. Die Beträge sind sogleich bei den in den Haushalten der einzelnen Verwaltungen oder Verwaltungszweige vorgesehenen Titeln oder Titelabschnitten „Wohnungsbeihilfen" endgültig zu verrechnen.

(2) Hinsichtlich der Form der Empfangsbescheinigungen über WB. wird für alle Zweige der Staatsverwaltung — mit Ausnahme der Justizverwaltung — folgendes bestimmt:

Für diejenigen Empfänger von WB., die ihre Bezüge an der Zahlstelle persönlich abheben, ist der neue Vordruck 186 zu verwenden, der vom Kassenverwaltungsbureau der Regierung in Merseburg in üblicher Weise angefordert werden kann. Der Vordruck reicht für 13 Zahlungen aus. Die Empfangsbescheinigungen sind bei den Provinzialhauptkassen aufzubewahren, geordnet nach den verschiedenen Buchhaltereien (Handbüchern) und innerhalb der Buchhaltereien nach dem ABC. Die Zahlenangaben sind von der anweisenden Stelle jedesmal vor einer neuen Zahlung zu ergänzen.

(3) Die WB. nach Ziff. 27 an die in Danzig zurückgebliebenen Familien der Beamten können auf Antrag des Beamten durch die dem Generalkonsulat in Danzig angegliederte Zahlstelle in Danziger Gulden gezahlt werden. Wegen rechtzeitiger Überweisung der erforderlichen Beträge an die Zahlstelle oder wegen Erstattung der gezahlten Beträge hat sich die Stelle, die die dem Beamten zustehenden Bezüge endgültig verrechnet, mit der Zahlstelle unmittelbar zu benehmen. Die Beamten, die die Zahlung durch die Danziger Zahlstelle nicht wünschen, erhalten die WB. nur in Reichsmark unter Zugrundelegung des am Vortage des Auszahlungstages bei der Berliner Börse amtlich notierten Kurses für telegraphische Auszahlung Danzig (Gulden), Mittelkurs zwischen Geld- und Briefkurs. Es muß diesen Beamten dann überlassen bleiben, die Beträge etwa zusammen mit den zum Unterhalt der Familie noch erforderlichen Mitteln dieser zu übersenden.

**37.** (1) Die WB. dürfen nur bis zu dem Tage gewährt werden, bis zu dem die erforderlichen Voraussetzungen erfüllt sind. Sie sind insbesondere vom Tage nach dem Eintreffen der Möbel am neuen Wohnort an nicht mehr zu gewähren. Wegen etwaiger Ausnahmen vgl. jedoch die Ziff. 8 und 9, Ziff. 27 Abs. 5 und Ziff. 28. Im Falle des Ablebens eines Beamten steht die WB. nur bis zum Todestage zu.

(2) Längstens dürfen gewährt werden

a die auf Grund der Ziff. 4 bewilligten WB. sowie die Fahrtauslagen und der Zuschuß nach Ziff. 23 auf 1 Jahr,

b) die WB. nach Ziff. 27 und der Zuschuß nach Ziff. 28 auf 6 Monate,

c) die übrigen WB., auch wenn die Beamten inzwischen nochmals versetzt worden sind, auf 2 Jahre.

Diese Fristen beginnen mit dem Zeitpunkt der Versetzung oder Einberufung und laufen ohne Rücksicht darauf, von welchem Tage an die vorbezeichneten Entschädigungen tatsächlich gewährt worden sind oder ob die Gewährung unterbrochen worden ist.

(3) Sollte nach Ablauf der Fristen in besonders begründeten Ausnahmefällen eine Weitergewährung von Entschädigung notwendig sein, so ist die Entscheidung des zuständigen Fachministers und des Finanzministers einzuholen. In den Anträgen ist die Sachlage erschöpfend und zweifelsfrei darzustellen; insbesondere müssen folgende Fragen beantwortet werden:

a) Seit wann, in welcher Höhe, für welche Mehraufwendungen und auf Grund welcher Ziffer usw. der Bestimmungen wurde bisher die WB. usw. gewährt?

b) Welche einzelnen Tatsachen rechtfertigen die Gewährung dieser Beihilfe?

c) Seit wann ist Antragsteller in der Liste der dringlich oder vordringlich zu berücksichtigenden Wohnungssuchenden seines neuen dienstlichen Wohnsitzes eingetragen?

d) Warum ist gegebenenfalls die bei der früheren Gemeinde abgeleistete Wartezeit als Wohnungssuchender nicht voll angerechnet worden — vgl. Ziff. 5 der Anordnung des Ministers für Volkswohlfahrt v. 16. 6. 1923, GS. S. 288, nachstehend unter Ziff. 42 abgedruckt —

e) Welche Schritte hat Antragsteller unternommen, um eine Wohnung an seinem neuen dienstlichen Wohnsitz oder in dessen unmittelbarer Nähe zu erlangen und warum waren diese Schritte bisher erfolglos?

f) Aus welchen Gründen war es dem Antragsteller nicht möglich, eine gleiche Notwohnung oder Unterkunft, wie er sie an seinem bisherigen Wohnort inne hatte, auch am neuen dienstlichen Wohnsitz oder in dessen unmittelbarer Nähe zu erhalten?

g) Aus welchen Gründen sind etwa angebotene Wohnungen abgelehnt worden?

Zu den Fragen zu e und f sind gegebenenfalls Erklärungen der Wohnungsämter darüber einzuholen, daß und aus welchen Gründen der Antragsteller bei Vergebung von Wohnungen usw. bisher nicht hat berücksichtigt werden können. Diese Erklärungen sind nötigenfalls von dem Regierungspräsidenten nachzuprüfen — vgl. auch Entscheidung des Oberverwaltungsgerichts v. 18. 12. 1923, II. B. 27. 22, PreußVerwBl. 1924 S. 164 —. Außerdem hat die vorgesetzte Dienstbehörde anzugeben, wie sie sich zu den Antworten zu e bis g stellt. Soweit Antragsteller nicht dem Geschäftsbereiche eines Regierungspräsidenten untersteht, wird die für den Antragsteller zuständige Provinzialbehörde sich gegebenenfalls mit dem zuständigen Regierungspräsidenten benehmen müssen.

**38.** Konnte die möblierte Wohnung am neuen dienstlichen Wohnsitz nicht sofort anderweit vermietet werden und war infolgedessen noch die Miete zu entrichten, so kann diese insoweit erstattet werden, als sie auf die Zeit vom Tage nach dem Beziehen der eigenen Wohnung oder nach dem Ableben des Beamten bis zu dem Tage entfällt, zu dem die Auflösung des Mietverhältnisses frühestens möglich gewesen wäre. Die Miete wird außerdem nur insoweit erstattet, als sie, auf den Tag berechnet, den bisher gewährten Tagessatz der WB. nicht übersteigt. Der erstattete Mietbetrag ist als WB. zu verrechnen.

**39.** Die Reisebeihilfen sind bei den Titeln oder den Titelabschnitten „Wohnungsbeihilfen" zu verrechnen.

**40.** (1) Jeder Beamte, der eine WB. oder einen Zuschuß bezieht oder die Fahrtauslagen erstattet erhält, muß sich fortgesetzt bemühen, am neuen dienstlichen Wohnsitz eine eigene Wohnung, insbesondere durch Tausch, zu erlangen.

(2) An einen Beamten, der sich nicht fortgesetzt und ernstlich um eine Wohnung oder Notwohnung bemüht, ist keine WB. usw. mehr zu zahlen.

(3) Falls ein Beamter eine Wohnung zurückweist, die seiner dienstlichen Stellung und seinem tatsächlichen Raumbedarf einigermaßen entspricht oder die Wohnungssuchenden in derselben Lage von den Wohnungsämtern als Dauerwohnung zugewiesen wird, so steht WB. usw. von dem

Tage an nicht mehr zu, an dem diese Wohnung von dem Beamten frühestens hätte bezogen werden können. Besondere Ansprüche an die Wohnung sind unter den heutigen Wohnungsverhältnissen nicht mehr zu rechtfertigen und müssen zurückgestellt werden. Insbesondere sind die Beamten, die auf Grund der Ausnahmevorschrift der Ziff. 4 eine WB. erhalten, verpflichtet, am neuen dienstlichen Wohnsitz oder in dessen unmittelbarer Nähe unter Umständen eine gleiche einfache Wohngelegenheit, wie am bisherigen Wohnort, zu beziehen. Die Höhe der Miete allein bietet keinen ausreichenden Grund zur Ablehnung einer Wohnung.

**41.** Der Behördenvorstand oder die vorgesetzte Dienststelle hat

a) für jeden versetzten oder einberufenen Beamten, der eine WB. usw. erhalten kann, bei Ausfertigung der Versetzungsverfügung usw. auch sofort eine Doppeltauschkarte (Muster A) auszufüllen und an die Wota im Finanzministerium einzusenden; vgl. die RdVf. v. 2., 5., 17. und 28. 11. 1923 (PrBesBl. S. 152, 166, 187 und 205);

b) darüber zu wachen, daß die Beamten sich ohne Zeitverlust in die Liste oder in die Dringlichkeitsliste und gegebenenfalls in die Vordringlichkeitsliste der Wohnungssuchenden ihres neuen dienstlichen Wohnsitzes aufnehmen lassen; auch bei einer auf unbestimmte Zeit bemessenen auswärtigen Dienstleistung, die zu einem Dauerverhältnis führen kann, ist die Aufnahme der Beamten in diese Listen sofort zu betreiben;

c) die Beamten bei den Bemühungen zur Erlangung einer Wohnung nachdrücklichst zu unterstützen;

d) sich von Zeit zu Zeit davon zu überzeugen, daß die Beamten jede ihnen gebotene Gelegenheit zur Erlangung einer eigenen Wohnung benutzt haben und zu prüfen, aus welchem Grunde ihre Bemühungen erfolglos geblieben sind;

e) fortlaufend darüber zu wachen, daß die Beamten keine der ihnen angebotenen Wohnungen ohne hinreichenden Grund zurückweisen.

Wegen der Zuständigkeit der staatlichen Aufsichtsbehörden bei Beschwerden gegen die Anordnungen der Wohnungsämter vergleiche die Entscheidung des Oberverwaltungsgerichts, II. Senat, v. 18. 12. 1923 (II. B. 27. 22 — PrVerwBl., 1924 S. 164 —).

**42.** Die — nachstehend abgedruckte — Anordnung des Ministers für Volkswohlfahrt v. 16. 6. 1923 — GS. S. 288 — betr. Unterbringung versetzter Beamter usw. ist zu beachten.

„Auf Grund des § 9 des Gesetzes über Maßnahmen gegen Wohnungsmangel in der Fassung v. 11. 5. 1920 (RGBl. S. 949), jetzt § 6 des Wohnungsmangelgesetzes in der Fassung v. 26. 7. 1923 (RGBl. I S. 754), ordne ich mit Zustimmung des Reichsarbeitsministers unter Aufhebung meiner Verordnung v. 23. 7. 1921 (GS. S. 484) für den Umfang des Preußischen Staates folgendes an:

1. Die Wohnung eines versetzten Beamten wird nur frei, sofern dem versetzten Beamten eine andere Wohnung am Orte seiner neuen Dienststelle zur Verfügung gestellt wird. Ist das nicht der Fall, so hat der Beamte das Recht, seine bisherige Wohnung als Tauschobjekt zu benutzen. Ein derartiger Tausch ist auf Verlangen der dem Beamten vorgesetzten Behörde zu genehmigen.

2. Über die durch Versetzung eines Beamten freiwerdende Wohnung kann die zuständige Behörde entweder zugunsten des Amtsnachfolgers oder eines oder mehrerer Beamten ihres Amtsbereichs verfügen. Einer Versetzung gleichzustellen ist die Einberufung eines Beamten zur Dienstleistung in einen anderen Zweig der Reichs- oder Staatsverwaltung.

3. Die durch Todesfall oder beim Ausscheiden eines Beamten aus dem Reichs- oder Staatsdienst freiwerdende Wohnung unterliegt nicht dem Zugriff des Wohnungsamtes, sofern die für den Beamten zuständige Behörde diese Wohnung innerhalb einer dreiwöchigen Frist für einen Beamten ihres Amtsbereichs in Anspruch nimmt. Die Gemeindebehörde (das Wohnungsamt) ist verpflichtet, der dem verstorbenen bzw. ausscheidenden Beamten vorgesetzten Behörde von dem Freiwerden der Wohnung Mitteilung zu machen. Die Frist von drei Wochen beginnt mit dem Tage des Eingangs dieser Mitteilung bei der vorgesetzten Behörde.

4. Weigert sich der Vermieter, die Zustimmung zu einem Tausch zu erteilen oder mit dem von der vorgesetzten Behörde bezeichneten Beamten einen Mietvertrag abzuschließen, so hat das Wohnungsamt die Festsetzung eines Zwangsmietvertrages beim Mieteinigungsamt zu beantragen.

5. Beamte sind den im § 9c des Gesetzes über Maßnahmen gegen Wohnungsmangel in der Fassung v. 11. 5. 1920 — jetzt § 14 des Wohnungsmangelgesetzes in der Fassung v. 26. 7. 1923 (RGBl. I S. 754) — aufgeführten Personen gleichzustellen und deshalb bezüglich der Zuteilung einer Wohnung von den Gemeinden **vorzugsweise** zu berücksichtigen. Waren diese Beamten vor ihrer Versetzung an dem Ort ihrer früheren Dienststellung in der Wohnungsliste als Wohnungsuchende eingetragen, so ist ihnen die Wartezeit bei der Eintragung in die Wohnungsliste ihres neuen Dienstortes anzurechnen.

6. Die Bestimmungen dieser Anordnung gelten in gleicher Weise für planmäßige wie für außerplanmäßige unmittelbare Reichs- und Staatsbeamte sowie Reichswehrangehörige.

7. Die Vorschriften dieser Anordnung finden auch Anwendung auf bereits versetzte Beamte, denen die Wohnung eines Amtsvorgängers nicht zugewiesen werden konnte oder denen ein Recht zum Tausch ihrer Wohnung nach den bisherigen Bestimmungen nicht zustand."

Die hiernach freiwerdenden Wohnungen sind möglichst Beamten zuzuweisen, die WB. usw. beziehen oder ein Anrecht darauf haben.

**43.** Wegen Räumung der Dienstwohnungen durch die in den dauernden oder einstweiligen Ruhestand versetzten Beamten oder durch die Hinterbliebenen verstorbener Beamten wird auf den — nachstehend auszugsweise abgedruckten — RdErl. des Preuß. Finanzministers v. 10. 7. 1923 — I. C. 2. 2269 ff. — verwiesen.

„Aus dem Staatsdienst ausgeschiedene oder einstweilen in den Ruhestand versetzte Inhaber von Dienstwohnungen haben zu dem Zeitpunkt ihres Ausscheidens — im Falle der einstweiligen Versetzung in den Ruhestand zu dem Zeitpunkt des Beginns der Zahlung des Wartegeldes — die Wohnungen zu räumen; Hinterbliebenen von Beamten ist die Dienstwohnung nach Ablauf des Sterbemonats noch drei weitere Monate zu belassen. Wo infolge der Wohnungsnot die rechtzeitige Räumung nicht möglich ist, kann die Wohnung dem Inhaber noch weiter bis zu sechs Monaten mit der Maßgabe überlassen werden, daß er die Wohnung auch vor Ablauf der Frist zu räumen hat, wenn ihm eine andere Wohnung — sei es auch nur eine Notwohnung — angeboten wird. Auf die Vorschriften im § 32 Abs. 2 des Gesetzes über Mieterschutz usw. v. 1. 6. 1923 (RGBl. I. S. 353) wird dieserhalb verwiesen.

Um die Dienstwohnung für den neuen Stelleninhaber möglichst bald verfügbar zu machen, ersuche ich, rechtzeitig mit den Wohnungsämtern wegen vorzugsweiser Überlassung von Wohnungen oder Notwohnungen an bisherige Dienstwohnungsinhaber in Verbindung zu treten.

Gegen Dienstwohnungsinhaber, die sich sträuben, angebotene Wohnungen oder Notwohnungen anzunehmen, ist bei den zuständigen Gerichten die Räumungsklage anzustrengen.

Fortan darf beim Verbleiben eines Beamten in der bisherigen Dienstwohnung nach seinem Ausscheiden aus dem Staatsdienst die Dienstwohnung in keinem Fall als Mietwohnung bezeichnet oder mit dem bisherigen Dienstwohnungsinhaber ein Mietvertrag abgeschlossen werden, damit nicht der Auffassung Vorschub geleistet wird, durch die Weiterbelassung in der Wohnung sei ein neues bürgerlich-rechtliches Vertragsverhältnis an Stelle des bisherigen öffentlich-rechtlichen abgeschlossen (zu vgl. Entscheidung des Reichsgerichts v. 17. 6. 1922 (I. 115. 1922), abgedruckt im RFBl. 1922 S. 421); es wird jedoch hierdurch nicht ausgeschlossen, daß die bisher für die Wohnungsbenutzung zu entrichtenden Entschädigungen nach Ausscheiden aus dem Dienst anderweit . . . . . . . . festgesetzt werden."

**44.** (1) Wenn sich ein Beamter, um möglichst bald in den Besitz einer Wohnung — nicht Notwohnung — zu gelangen, zur Zahlung von Abstandssummen hat verpflichten müssen, so kann ihm hierzu eine Beihilfe gewährt werden. Als Abstandssummen gelten auch die anteiligen Kosten für das Ausziehen des Vormieters oder eines Teilnehmers am Ringtausch, ferner die diesen erstatteten anteiligen Kosten für das Instandsetzen einer Wohnung, für eine Beleuchtungsanlage und für sonstige Einrichtungen. Voraussetzung für die Gewährung ist jedoch, daß durch das Beziehen der Wohnung die WB. für diesen Beamten noch auf einen längeren und innerhalb der in Ziff. 37 Abs. 2 bezeichneten Frist liegenden Zeitraum erspart wird. Die Erlangung einer Wohnung mit Zentralheizung darf wegen der hohen Heizungskosten durch Gewährung von Abstandssummen nicht gefördert werden. Sofern dem Vormieter oder einem Ringtauschteilnehmer als Wartegeld- oder Ruhegehaltsempfänger usw. für das Ausziehen aus der Wohnung eine Beihilfe nach den preußischen Grundsätzen über die Gewährung von Umzugskostenbeihilfen an Wartegeldempfänger usw. v. 31. 3. 1924 (PrBesBl. S. 101) oder nach den entsprechenden Reichsbestimmungen gewährt werden kann, kommt die Gewährung einer weiteren Entschädigung für das Ausziehen auf Grund dieses Absatzes nicht in Frage.

(2) Kann für einen Beamten eine Wohnung — nicht Notwohnung — durch Ausbau von Räumen in Privathäusern gewonnen werden, und ist der Beamte bereit, die Kosten hierfür ganz oder teilweise zu übernehmen, so kann ihm hierzu gleichfalls eine Beihilfe gewährt werden, vorausgesetzt, daß für ihn die WB. noch auf einen längeren und innerhalb der in Ziff. 37 Abs. 2 bezeichneten Frist liegenden Zeitraum erspart wird. Die auszubauenden Räume sind vor der Bauausführung durch einen Beauftragten der dem Beamten vorgesetzten

Dienststelle zu besichtigen. Außerdem sind die Zweckmäßigkeit des Ausbaues und seine billige Ausführung in einem kurzen Gutachten darzutun. Besondere Kosten dürfen dem Staat hierdurch nicht erwachsen. Es ist vorzusorgen, daß die geschaffene Wohnung auf mindestens 10 Jahre nur an preußische, unmittelbare Staatsbeamte vermietet wird und daß dem preußischen Staat Kosten weder für die laufende Unterhaltung noch für die Beseitigung des Ausbaues erwachsen.

(3) Beihilfen nach Abs. 1 und 2 sind in der Regel nicht zu gewähren, wenn den Beamten eine Wohnung durch die Wota im Finanzministerium hätte nachgewiesen werden können oder nachgewiesen worden ist oder wenn der Umzug nach Ablauf der in Ziff. 37 Abs. 2 bezeichneten Frist erfolgt. In begründeten Ausnahmefällen ist die Entscheidung des zuständigen Fachministers und des Finanzministers einzuholen.

(4) Die Provinzialbehörden sind ermächtigt, Beihilfen nach Abs. 1 und 2 bis zur Höhe der Beträge zu bewilligen, die den Beamten als WB. für die auf den Umzug folgenden drei Monate zu zahlen gewesen wären. In den Bewilligungsverfügungen ist anzugeben, daß und inwieweit die vorbezeichneten Voraussetzungen erfüllt sind. Die Beihilfen sind bei den Titeln oder den Titelabschnitten: „Wohnungsbeihilfen" zu verrechnen. Falls die Gewährung einer höheren Beihilfe notwendig oder wünschenswert sein sollte, ist unter eingehender Darlegung des Sachverhalts an den zuständigen Fachminister zu berichten, der über den Antrag im Einvernehmen mit dem Finanzminister entscheidet. Der Antrag muß insbesondere ergeben, inwiefern und in welcher Höhe WB. erspart werden würde.

**45.** (1) Diese Bestimmungen gelten v. 1. 4. 1925 an. Alle entgegenstehenden Bestimmungen sind von demselben Zeitpunkt an aufgehoben. Sofern in Vorschriften usw. auf die bisherigen Bestimmungen verwiesen ist, treten an deren Stelle diese Bestimmungen.

(2) Die Provinzialbehörden haben in allen Fällen, in denen WB., Fahrtauslagen oder Zuschüsse gewährt werden, nachzuprüfen, ob sie nach diesen Bestimmungen noch zu Recht gewährt werden und nötigenfalls das Weitere zu veranlassen.

(3) In den Fällen, in denen nach Ziff. 37 Abs. 2 die Zahlung der WB. nur nach Ablauf bestimmter Fristen einzustellen ist und die Fristen bereits abgelaufen sind, können diese WB., wenn deren Zahlung noch nicht eingestellt ist, ausnahmsweise noch bis 31. 5. 1925 gewährt werden.

# 5. Zusammenstellung

## der nach dem 1. Juli 1923 ergangenen Abänderungsgesetze zum Volksschullehrer-Diensteinkommensgesetz, Mittelschullehrer-Diensteinkommensgesetz, Gewerbe- und Handelslehrer-Diensteinkommensgesetz, Zivilruhegehaltsgesetz, Hinterbliebenenfürsorgegesetz, Wartegeldverordnung, Hofbeamtenverordnung.

| Abgeänderte Gesetze | Gesetz und Verordnung, durch welche die Änderungen erfolgt sind | die Änderung betrifft | Bemerkungen |
|---|---|---|---|
| 1. Volksschullehrerdiensteinkommensgesetz vgl. 3. Aufl. S. 138 | a) Ges. vom 10.7.23 G. S. S. 317 | §§ 1, 6, 11, 46, 47, 57, 58 | Das V. D. G. ist am 18.2.25 in der G. S. S. 17 unter Berücksichtigung aller nebenstehenden Änderungen neu abgedruckt worden. |
| | b) Ges. vom 10.10.23 G. S. S. 471 | § 46 | |
| | c) Verord. vom 24.11.23 G. S. S. 511 | §§ 17, 36–42, 46, 47, 49, 50, 58 | |
| | d) Ges. vom 24.11.23 G. S. S. 531 | §§ 6, 50 | |
| | e) Ges. vom 7.1.24 G. S. S. 21 | §§ 1, 6, 42–44, 46, 50 | |
| | f) Verord. vom 17.4.24 G. S. S. 472 | §§ 1, 46 | |
| | g) Verord. vom 9.10.24 G. S. S. 624 | § 1 | |
| 2. Mittelschullehrerdiensteinkommensgesetz vgl. 3. Aufl. S. 177 | a) Ges. vom 10.7.23 G. S. S. 322 | §§ 1, 20, 25 | Das M.D.G. ist in der am 14.1.24 gültigen Fassung in der G. S. S. 61 abgedruckt. |
| | b) Ges. vom 16.8.23 G. S. S. 397 | §§ 1, 4, 24 | |
| | c) Ges. vom 24.11.23 G. S. S. 511 | §§ 16, 18, 20, 21 | |
| | d) Ges. vom 7.1.24 G. S. S. 23 | § 1 | |
| | e) Verord. vom 17.4.24 G. S. S. 473 | §§ 1, 20 | |
| | f) Verord. vom 9.10.24 G. S. S. 625 | § 1 | |

| Abgeänderte Gesetze | Gesetz und Verordnung, durch welche die Änderungen erfolgt sind | die Änderung betrifft | Bemerkungen |
|---|---|---|---|
| 3. Gewerbe- und Handelslehrer-diensteinkommens-gesetz vgl. 3. Aufl. S. 187 | a) Ges. vom 25.8.23 G. S. S. 413<br>b) Verord. vom 22.4.24 G. S. S. 219 | §§ 16, 17<br>§§ 16, 17 | |
| 4. Zivilruhegehalts-gesetz vgl. 3. Aufl. S. 208 | a) Ges. vom 10.7.23 G. S. S. 305<br>b) Verord. vom 8.2.24 G. S. S. 90 | §§ 8, 9, 27, 28, 29, 29a<br>§§ 14, 24 | |
| 5. Hinterbliebenen-fürsorgegesetz vgl. 3. Aufl. S. 219 | a) Ges. vom 10.7.23 G. S. S. 305<br>b) Verord. vom 8.2.24 G. S. S. 90 | § 8<br>§ 12, 12a, 19, 19a, 19b | |
| 6. Wartegeldverord-nung vgl. 3. Aufl. S. 199 | a) Ges. vom 4.7.23 G. S. S. 301<br>b) Ges. vom 10.7.23 G. S. S. 305<br>c) Verord. vom 8.2.24 G. S. S. 89 | § 3<br>§§ 1, 2, 3, 3a, 4, 11<br>§§ 3a, 5 | |
| 7. Hofbeamtenver-ordnung vgl. 3. Aufl. S. 00 | Verord. vom 8.2.24 G. S. S. 92 | §§ 5, 8, 9, 11 | |

# 6. Tabellarische Übersicht über die abgerundeten Monatsbeträge der Grundgehälter und Ortszuschlagssätze am 1. Juni 1925 (einschließlich der durch das Gesetz vom 6. Juni 1925 bewilligten Zuschläge).

## I. Aufsteigende Gehälter.

### A. Gehälter mit festen Grundgehaltssätzen:

| Gruppe: | | RM. |
|---|---|---|
| 1 | 75.50– 79.00– 81.00– 84.50– 88.00– 93.50– 99.00–104.50–109.00 | „ |
| 2 | 82.00– 85.50– 89.00– 94.50–100.00–106.00–111.50–116.00–119.50 | „ |
| 3 | 90.00– 95.50–101.50–107.00–112.50–118.00–122.50–126.00–129.50 | „ |
| 4 | 103.50–110.50–117.00–124.00–130.50–134.00–138.50–143.00–147.50 | „ |
| 5 | 121.50–129.50–136.00–143.00–149.50–156.50–161.00–166.50–171.00 | „ |
| 6 | 149.50–160.00–170.00–180.00–190.00–199.00–207.00–215.00–223.00 | „ |
| 7 | 192.50–203.50–214.50–225.50–242.00–253.00–264.00–275.00–286.00 | „ |
| 8 | 220.00–236.50–253.00–269.50–280.50–297.00–313.50–330.00 | „ |
| 9 | 258.50–275.00–291.50–308.00–324.50–341.00–357.50–379.50 | „ |
| 10 | 330.00–357.50–379.50–401.50–423.50–445.50–467.50–495.00 | „ |
| 11 | 385.00–412.50–440.00–467.50–495.00–522.50–550.00–577.50 | „ |
| 12 | 445.50–478.50–511.50–544.50–583.00–621.50–660.00 | „ |
| 13 | 577.50–660.00–742.50–797.50–880.00. | „ |

### B. Gehälter mit Mindestgrundgehaltssätzen.

Gruppe:

1 192.50–206.50–220.00–234.00–247.50–261.50–275.00–286.00 RM.
2 220.00–236.50–253.00–269.50–280.50–297.00–313.50–330.00 „
3 596.00 RM. monatlich im Durchschnitt.
440.00–446.50–492.50–518.00–544.00–570.00–596.00–621.50 RM.
in besonderen Einzelfällen bis zu 802.50 RM.
4 765.50 RM. monatlich im Durchschnitt.
544.50–581.50–618.50–655.00–692.00–729.00–765.50–802.50 RM.,
in besonderen Einzelfällen bis zu 962,50 RM.
5 898.50 RM. monatlich im Durchschnitt.
577.50–642.00–706.00–770.00–834.50–898.50–962.50 RM.,
in besonderen Einzelfällen bis zu 984 RM.

## II. Einzelgehälter.

| Gruppe | | |
|---|---|---|
| I | 962.50 | RM. |
| II | 1100.00 | „ |
| III | 1237.50 | „ |
| IV | 1650.00 | „ |
| V | 2475.00 | „ |

### III. Ortszuschlagssätze.

| In Ortsklasse | bei einem Grundgehalt von monatlich | | | | | | |
|---|---|---|---|---|---|---|---|
| | bis 79 RM. | über 79 bis 115 RM. | über 115 bis 198 RM. | über 198 bis 345 RM. | über 345 bis 600 RM. | über 600 bis 1000 RM. | über 1000 RM. |
| | Tarifklasse | | | | | | |
| | VII | VI | V | IV | III | II | I |
| Sonderklasse | 26.50 | 42.00 | 57.00 | 76.00 | 104.50 | 133.00 | 166.50 RM. |
| A | 23.00 | 35.00 | 48.50 | 66.50 | 90.50 | 114.00 | 142.50 „ |
| B | 19,00 | 29.50 | 40.00 | 52.50 | 71.50 | 95.00 | 119.00 „ |
| C | 14.50 | 23.00 | 31.50 | 43.00 | 57.00 | 71.50 | 90.50 „ |
| D | 10.50 | 17.00 | 23.00 | 31.50 | 43.00 | 52.50 | 66.50 „ |

### IV. Frauenbeihilfe.

12.00 RM.

### V. Kinderbeihilfen.

18.00 20.00 22.00 RM.

Kolibri 360 GmbH
Ferdinand-Jühlke-Straße 7
99095 Erfurt, Deutschland
produktsicherheit@kolibri360.de